민간투자사업
Hand Book

민간투자사업 Hand Book

초판 1쇄 인쇄	2014년 10월 08일
초판 1쇄 발행	2014년 10월 15일

지은이	이종윤, 김남용		
펴낸이	손 형 국		
펴낸곳	(주)북랩		
편집인	선일영	편집	이소현, 김아름, 이탄석
디자인	이현수, 신혜림, 김루리, 추윤정	제작	박기성, 황동현, 구성우
마케팅	김회란, 이희정		
출판등록	2004. 12. 1(제2012-000051호)		
주소	서울시 금천구 가산디지털 1로 168, 우림라이온스밸리 B동 B113, 114호		
홈페이지	www.book.co.kr		
전화번호	(02)2026-5777	팩스	(02)2026-5747
ISBN	979-11-5585-331-3 13320 (종이책)		979-11-5585-332-0 15320 (전자책)

이 책의 판권은 지은이와 (주)북랩에 있습니다.
내용의 일부와 전부를 무단 전재하거나 복제를 금합니다.

이 도서의 국립중앙도서관 출판예정도서목록(CIP)은 서지정보유통지원시스템 홈페이지(http://seoji.nl.go.kr)와
국가자료공동목록시스템(http://www.nl.go.kr/kolisnet)에서 이용하실 수 있습니다.
(CIP제어번호 : CIP2014029126)

민간투자사업
Hand Book
Public Private Partnership

| 민간투자사업의 활성화와 문제점 개선을 위한 현실적인 대안 |

이종윤 · 김남용 공저

사회간접자본 시설에는 정부만 투자할 수 있다?
NO! 민간투자사업에 눈을 뜨면 당신도 가능하다!

북랩 book Lab

추천의 글

실로 반갑고 어려운 일을 해낸 두 저자의 노고에 감사를 드린다.

민간투자법에 의한 민간투자사업이 추진되어 성장기와 성숙기를 거쳐 온 지난 20년……. 그동안 민간투자사업의 추진과정을 일목요연하게 정리한 도서가 없어 아쉬웠는데, 이 책은 추진 절차와 방법 등 사업 진행 과정을 체계적으로 일목요연하게 정리하고 이해하기 쉽게 기술하였다.

특히, 'Ⅵ. 표준실시협약 분석'에서 BTO 및 BTL 사업을 도표로 비교하여 간단명료하게 설명한 내용은 저자들의 민간투자사업에 대한 풍부한 know-how와 연륜에서 묻어나는 경험을 엿볼 수 있는 부분이다.

저자들이 책머리에서 밝힌 바와 같이 민간투자사업에 대한 헌신과 열정적인 노력 없이는 어려웠을 것이라 생각하면서, 민간투자사업이 이 책을 바탕으로 보다 더 한층 발전하길 기원한다.

아울러 관련 법령이나 지침의 개정 등 여건 변화를 반영하고 독자들에게 도움이 되는 구체적인 사례를 수록하는 수정·보완판이 지속적으로 발간되길 기대한다.

이 책이 민간투자사업에 관심이 있는 독자들은 물론이고 정책 수립자나 실무자들에게도 좋은 길잡이가 될 것으로 믿어 의심치 않는다.

울산광역시 경제부시장 이태성(전 기획재정부 재정관리국장)

민자사업이 출범한 지 20년이 지났지만, 민간투자사업에 대한 안내서는 아직까지 없었던 것이 현실이다. 건설업계와 회계분야에 종사하는 20년 경력의 민간투자사업분야 두 베테랑이 뭉쳐서 책을 출간한다는 소식을 접하고서 어떤 책일지 궁금하고 놀랍기도 하였다. 이 책은 방대한 분야의 내용이 알기 쉽게 요약되었기 때문에 실무지침서로서 제 역할을 톡톡히 할 것이라 생각된다. 민간투자사업의 영역은 워낙 방대해서 초보자들이 접하기에 어려운 분야였던 것이 사실이다. 이 책을 통해 많은 사람들이 민간투자사업에 대한 이해도를 높이고, 더욱 많은 민간투자사업 전문가들이 생겨나서 침체되어 있는 최근 분위기에 활력소가 될 수 있기를 기대한다.

한국건설산업연구원 원장 김흥수

두 저자들 중 한 분인 이종윤님과 민간투자사업 부서에서 오랫동안 함께 근무하면서 몇 가지 느낀 점이 있습니다.

우선 민간투자사업에 필요한 그 방대하고 복잡한 내용의 각종 협약과 약정, 조건들에 대해 전체 구조를 보는 동시에 세부 디테일을 상세히 파악하여 그 내용을 아우르는 탁월한 전문성에 항상 놀라움을 금치 못하였습니다.

또 그에 그치지 않고 대형 민간투자사업에서 필연적으로 나타나는 무수한 문제점들을 끊임없는 창의적 아이디어로 해결해 나가는 그 창조적 열정에 진심으로 감동하지 않을 수 없었습니다.

이제 국내 민간투자사업 분야 최고의 전문가인 저자들이 오랜 실전경험에서 우러나온 탁월한 전문성과 창의적 열정으로 『민간투자사업 HANDBOOK』을 출간하신다고 하니 진심으로 기대되는 바가 큽니다. 국내 민간투자사업의 역량을 한 단계 높이고, 나아가 전 세계를 대상으로 다양한 민간투자사업을 추진하기 위한 최고의 지침서가 될 것이라 믿습니다.

SK건설 개발영업본부장 이형원

책을 내면서

민간투자사업은 재무(금융), 회계, 기술, 보험 등의 전문가들이 만들어가는 소위 앙상블의 결정체로서 종합예술이며 행위예술이라고들 표현한다. 그중 저자들의 경력은 특히 99%가 민간투자사업이라고 해도 과언이 아니다.

저자 이종윤은 경영·경제 분야를 전공하고 관리부문의 경리부터 시작한 경리통이지만, 1995년부터 토목부문에서 민간투자사업의 사업성 분석, 금융, 회계, 계약, 협상(대정부, 대금융기관), 그리고 사업제안 업무를 담당한 경력을 가지고 있다. 경영·경제를 전공하면서 토목 부문에서 20년을 근무한 특이한 경력의 소유자로, 나름 고충도 많았다. 항상 승진 등의 상황에선 기술직이 아니라는 이유로 불이익을 받을 때도 있었으나, 민간투자사업이 전부라고 생각하는 단 하나의 이유로 지금껏 국내 민간투자사업의 역사와 같이 해왔다. 벌써 업계에선 원로가 되어가고 있고 전문가란 소리도 듣게 되었다.

저자 김남용은 우연한 기회에 민간투자사업을 접하게 되었지만, 그것은 필연이었던 것 같다고 생각하며 20여 년의 시간 동안 민간투자사업과 함께 하였다. 그는 민간투자사업이 자신의 분신임을 느끼며 일했고 이제는 전문가라는 평가를 받게 되었다. 화려한 경력만큼이나 민간투자사업의 역사와 함께해온 산증인이기도 하다. 저자들은 국내 민간투자사업의 '도입기'부터 시작하여 '성장기'를 거쳐 '성숙기'를 거치는 동안 수많은 우여곡절을 현장에서 겪었다. 그래서 저자들은 건설사에서 쌓은 경력과 회계법인에서 쌓은 경력을 바탕으로 민간투자사업을 담당하는 업계에서 받은 사랑과 은혜에 보답하고자 부족하나마 이 책을 출간하기로 결심하고 의기투합하였다.

민간투자사업은 1995년 민간투자법(구 민자유치촉진법) 도입 이래로 활발히 진행되어왔지만, 실무자 입장에서 변변하게 민간투자사업의 추진절차와 방법 등에 대해서 체계적으로 정리한 매뉴얼 등이 없어 매우 답답함을 느껴온 것이 출간의 동기가 되었다.

이 책은 ① PPP 사업의 개요, ② PPP 사업의 제도, ③ 사업진행과정에 대한 Review, ④ Project Financing, ⑤ 민간투자사업 회계 및 실무, ⑥ 표준실시협약 분석 ⑦ 자금재조달, ⑧ 민자 적격성조사, ⑨ 주요 factor가 사업성에 미치는 영향과 Risk 관리 방안 등 9개 Chapter로 구성되어 있으며, 부록으로 주요 용어 설명을 첨부하여 관련 분야 종사자들에게 도움이 되고자 했다.

이 책은 또한 불필요한 내용을 과감히 삭제하고 간결한 형태로 도표화된 다소 모험적인 형식을 도입하여, 독자들이 쉽게 이해하고 간편히 휴대할 수 있도록 하는 데 중점을 두었다.

그러나 워낙 방대한 분야라서 이 작은 책에 모든 이론과 현실을 담아내는 데에는 분명히 한계가 있다. 현 상태로서 출간하는 데 많은 부족함이 있다는 것을 알고 있지만, 이러한 부족함은 독자들의 조언을 통해 수정하면서 반영해 가고자 한다. 아무쪼록 이 책이 민간투자사업을 담당하는 독자들에게 많은 도움이 되었으면 한다.

최근 민간투자사업이 마치 국가 재정을 어렵게 하는 하마처럼 부정적인 시각으로만 보이는 것에 많은 책임감을 느끼지만, 민간투자사업이 경제 발전과 효율적인 재정 운용에 기여했다는 신념 하나는 변함이 없으며, 민간투자를 위한 제도가 존속하는 한 저자들은 지속적으로 민간투자사업의 활성화를 위해 헌신하고 노력할 것이다.

이 책이 만들어지기까지 물심양면으로 조언을 아끼지 않은 SK건설의 이형원 본부장님, 최영주 상무님, 민자사업 팀원들, 회계법인 새길의 회계사들, 그리고 금융부문에 대한 좋은 자료를 제공하여 책의 깊이와 넓이를 더해준 KB국민은행의 송태훈 팀장에게 진심으로 감사드린다.

2014년 9월
治山 이종윤
회계법인 새길 김남용

Contents

추천의 글 / 4

책을 내면서 / 6

I. PPP 사업의 개요 / 13

1. PPP 사업의 정의 / 14
2. 사회기반시설 유형 / 15
3. PPP 사업 추진 방식 / 16
4. 민간투자제도의 변천 / 17
5. PPP 사업의 현황 / 19
6. BTO 사업 최소운영 수입 보장 현황과 BTL 사업 정부지급금 추이 / 20
7. 민간자본 투자 추이 / 21
8. PPP 사업의 투자 실적 / 22
9. SOC 부문별 stock 추이 / 23
10. 민간투자사업의 최근 동향 / 24
11. BTO, BTL 사업의 특징 / 25
12. 민간투자사업의 특성 / 26
13. PPP 사업의 ISSUE / 27

II. PPP 사업의 제도 / 29

1. 추진절차 / 30
2. 수익형 민자사업 추진절차 / 32
3. 임대형 민자사업 추진절차 / 33
4. BTL 사업의 정부지급금 산정방법 / 34
5. 금리 변동값의 구간별 위험분담 방법 및 금리변동 위험분담금 정산 / 35
6. 산업기반 신용보증의 종류 및 보증요율 / 36
7. 부대 부속사업의 이익 처리기준 / 37
8. 복합화 시설에 대한 국고보조금 지급방법 / 38
9. 부담금 및 조세 관련 / 39
10. 금융관련 규제 완화 등 / 41
11. 사용료산정공식 비교 / 43

III. 사업추진절차 Review / 45

- SWOT 분석 / 46
1. 사업 추진 단계별 참여자의 역할 / 47
2. PJT의 고시에서 인출까지 주요사항 / 48
3. 사업 추진 FLOW / 49
4. 사업 시행 단계 / 121

IV. Project Finance / 149

1. Project Finance의 정의 / 150
2. Project 참여자별 역할 / 151
3. Project Finance의 장점 / 152
4. Project Finance에 대한 오해 / 152
5. SOC 사업의 간접금융시장 현황 / 153
6. Project Finance와 전통적 기업 대출 / 154
7. 금융기관의 Project Financing Flow / 156
8. 금융관계자의 역할 / 157
9. 금융자문의 역할 / 158
10. 금융주선기관의 역할 / 159
11. 대리은행의 역할 / 160
12. 금융 주선 절차 / 161
13. 금융기관의 투융자의사결정 절차: Loan / 168
14. 금융기관의 투융자의사결정 절차: Equity / 176
15. 출자자와 Lender의 Position / 178
16. 출자자와 Lender의 금융약정 Concept / 179
17. Financing Agreement(BTO A Project 사례): SPC / 180
18. 주주협약서 Head of terms (BTO A Project 사례) / 181
19. Financing Documentation / 184

V. 민간투자사업 회계 및 실무 / 197

1. 회계 및 재무보고 / 198
2. 현금주의와 발생주의 / 199
3. 기업활동에서 재무정보를 제공하는 과정 / 200
4. 재무제표 작성 예시 / 201
5. 재무제표의 이해 / 202
6. 한국채택국제회계기준(K-IFRS) / 205
7. SOC 회계와 IFRS / 206
8. BTL 회계처리 실무 / 210
9. BTL 사업의 세무상 주요 이슈 / 215
10. BTO 회계처리 실무 / 218
11. 기타 세무상 고려할 사항 / 221
12. Case study / 225

VI. 표준실시협약 분석 / 241

1. 실시협약과 제 협약간의 관계 / 242
2. SPC와 각각의 이해당사자 / 243
3. 매수청구권 및 해지시지급금 / 244
4. 해지 처리 절차도 / 245
5. 해지시지급금 산정공식의 주요사항 / 246
6. 해지시지급금 산정금액 / 248
7. 해지시지급금 산정공식 / 249
8. 건설기간 중 사업 flow / 250
9. 사업시행자의 지정 / 252
10. 사업시행자의 의무 / 252
11. 총민간투자비 / 253
12. 총민간사업비 / 총민간투자비 / 254
13. 총민간사업비의 변경 / 254
14. 위험물 및 지장물의 발견 / 255
15. 자기자본의 조달 및 투입 / 255
16. 타인자본의 조달 및 투입 / 256
17. 실시계획의 승인 / 256

18. 용지 보상 / 257
19. 문화재 / 258
20. 사업이행보증보험 / 259
21. 지체상금 / 260
22. 보험가입 / 261
23. 민원처리 / 262
24. 공사 책임감리 / 263
25. 유지관리 및 운영의 수행 / 264
26. 부속(부대)시설의 유지관리 운영 / 265
27. 성과평가 결과에 대한 조치 / 266
28. 본사업시설의 임대차계약 / 268
29. 시설임대료 산정 및 조정 / 269
30. 해지시지급금에 대한 대주단의 ISSUE / 270
31. 매수청구 및 해지시지급금의 연도별 변천사 / 271

VII. 자금재조달(Refinancing) / 277

1. 개요 / 278
2. 출자자 기대수익률 증가이익 산정 / 288
3. WACC 효과 이익공유에 대한 반론 / 302

VIII. 민자 적격성조사 / 303

1. 민자사업 타당성조사의 개요 / 304
2. 조사의 법적 근거 / 305
3. 타당성 재검증 / 306
4. 수행절차 / 307
5. 정량적 VFM 분석 / 313

IX. 주요 factor가 사업성에 미치는 영향과 Risk / 323

1. 주요 Factor / 324
2. Risk에 대한 이해 / 325
3. Risk 관리 절차 / 325
4. Risk 관리 방안 / 326

부록 주요 용어 해설 / 329

I. PPP 사업의 개요

1 PPP 사업의 정의

■ 사회기반시설(SOC) 사업이란?

사회기반시설의 신설, 증설, 개량 또는 운영에 관한 사업을 말하며, 사회기반시설(SOC)이란 각종 생산활동의 기반이 되는 시설, 해당시설의 효용을 증진시키거나 이용자의 편의를 도모하는 시설 및 국민생활의 편익을 증진시키는 시설이라고 정의한다.

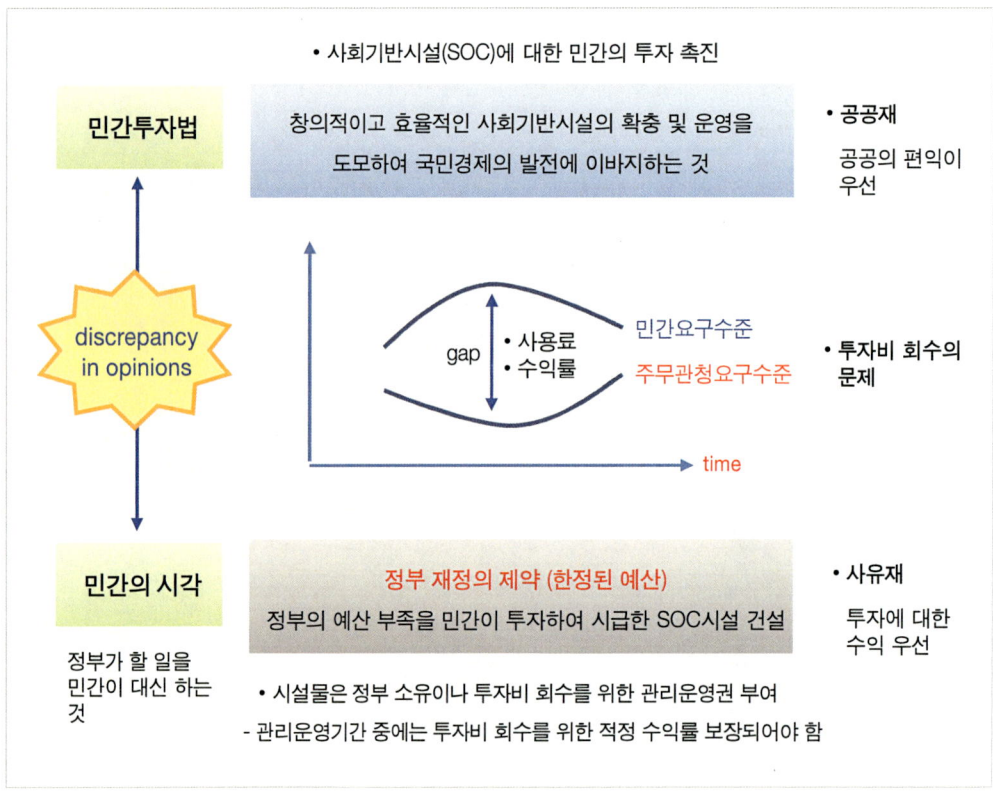

2. 사회기반시설 유형(민간투자법 제2조 및 시행령)

분야	소관부처	사회기반시설 유형
도로분야(5)	국토교통부	도로 및 도로의 부속물, 노외주차장, 지능형 교통체계, 국가기간복합환승센터 · 광역복합환승센터 · 일반복합환승센터, 자전거도로
철도분야(3)	국토교통부	철도, 철도시설, 도시철도
항만분야(3)	해양수산부	항만시설, 어항시설, 신 항만건설 대상시설
공항분야(1)	국토교통부	공항시설
수자원분야(3)	국토교통부	다목적 댐, 하천시설
	환경부	수도 및 중수도
정보통신분야(5)	방송통신위원회	전기통신설비, 정보통신망, 초고속정보통신망, 유비쿼터스 도시기반시설
	국토교통부	지리정보체계
에너지분야(4)	지식경제부	전원설비, 가스공급시설, 집단에너지시설, 신·재생에너지설비
환경분야(6)	환경부	하수도, 공공하수처리시설 및 분뇨처리시설, 폐기물 처리시설, 폐수종말처리시설, 재활용시설, 공공처리시설
유통분야(2)	국토교통부	물류터미널 및 물류단지, 여객자동차터미널
문화관광분야(9)	문화체육관광부	관광지 및 관광단지, 청소년수련시설, 전문체육시설 및 생활체육시설, 도서관, 박물관 및 미술관, 국제회의시설, 문화시설
	교육과학기술부	과학관
교육분야(1)	국토교통부	도시공원
	교육과학기술부	유치원 및 학교
국방분야(1)	국방부	군 주거시설 및 그 부속시설
주택분야(1)	국토교통부	공공임대주택
복지분야(4)	보건복지가족부	노인주거복지시설·노인의료복지시설·재가노인복지시설, 공공보건의료시설, 보육시설, 장애인복지시설
산림분야(2)	농림수산식품부	자연휴양림, 수목원

3 PPP 사업 추진 방식

(1) 사회기반시설

각종 생산활동의 기반이 되는 시설, 해당 시설의 효용 증진 또는 이용자의 편의를 도모하는 시설 및 국민생활의 편익을 증진시키는 시설로서 '사회기반시설에 대한 민간투자법 및 동 시행령(이하 민투법)' 제2조에서 열거하는 사업이다.

추진 방식 (민투법 제4조)

BTO (Build –Transfer- Operate)   BLT (Build –Lease- Transfer)
BTL (Build-Transfer-Lease)   RTO (Rehabilitate-Transfer-Operate)
BOT (Build Operate-Transfer)   ROT (Rehabilitate-Operate-Transfer)
BOO (Build-Own-Operate)   ROO (Rehabilitate-Own-Operate)
BTO + BTL   RTL (Rehabilitate-Transfer-Lease)

- BTL (Build-Transfer-Lease): 대상 시설별 총 한도액 설정 후 국회 승인 필요 (민투법 제7조의 2)

---

(2) 민간투자사업과 관련된 제 규정

민간투자법 및 동 시행령, 민간투자 기본 계획, 자금재조달 지침

4 민간투자제도의 변천

우리나라의 민간투자사업이 본격적으로 제도화된 시기는 1994년 8월 민간자본을 활용한 사회기반시설의 필요성이 시급히 요구되던 시기에 민간자본유치를 위한 민자유치촉진법이 제정 입법화를 검토하면서 민자유치를 위한 제도적 장치가 본격화되면서 시작되었다.

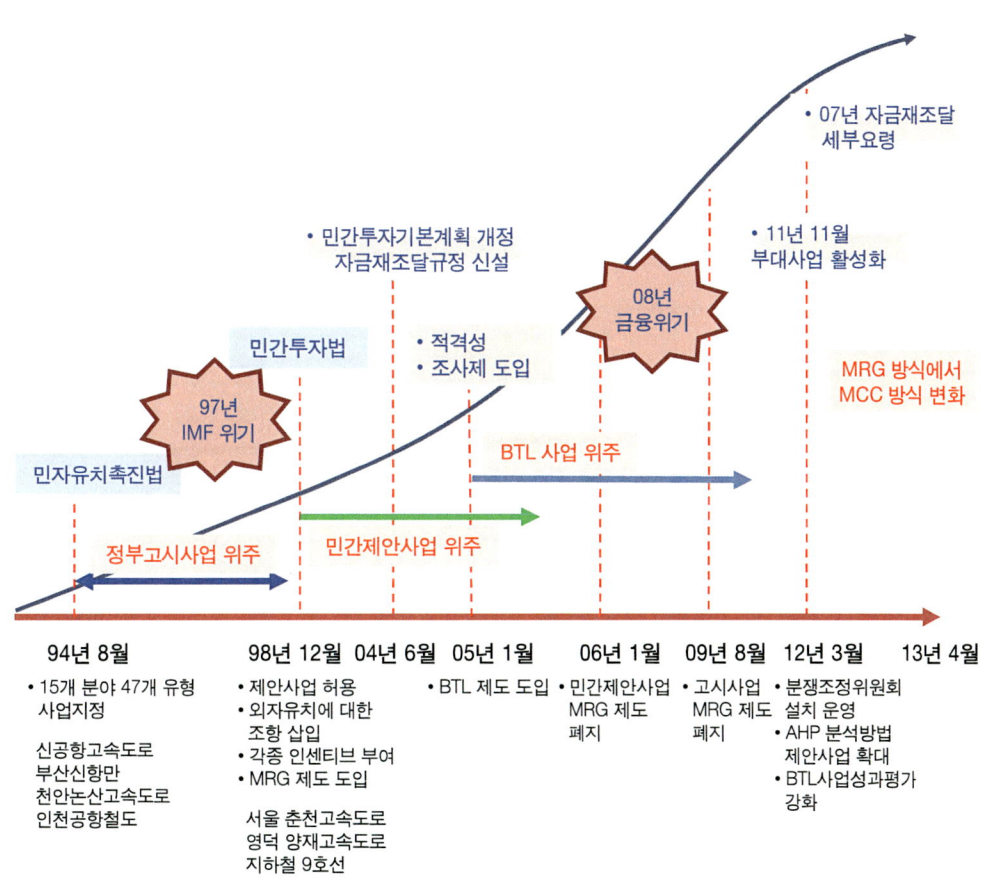

민간투자가 1997년 IMF위기를 겪으면서 최대의 위기를 맞게 되자 정부는 위축된 민간투자를 활성화하기 위하여 민간투자제도에 대해 대폭적인 수정을 하게 되었다. 1998년 12월 민자유치촉진법이 민간투자법으로 개정되면서 정부고시 위주로 진행되던 사업들이 민간제안 위주로 개편되었다. 이때가 민간투자사업의 전성기였으며, 그 이후 7년 뒤인 2005년 1월에 임대형(BTL) 민간투자사업제도가 도입되었고, 2006년과 2009년에는 민간투자사업에 대한 최소운영수입보장(MRG)제도가 연이어 폐지되면서 쇠퇴기를 맞이하게 된다. 새로운 방식 또는 새로운 형태의 민간투자사업 발굴이 시급한 시점이기도 하다.

또한 민간자본을 이용한 사회기반시설의 건설은 지속적으로 추진되어야 한다. 다만 민간투자로부터 발생하는 사회·경제적 부작용에 대해서는 정책을 입안하고 시행하는 정부의 적극적인 사전적인 대책이 필요하다.

우리나라의 민간투자사업은 외국의 경우와 다르게 2005년 이전까지 수익형 사업(BTO) 위주로 도로, 항만, 경전철, 하수처리장 등이 시행되었다. 특히 도로부문이 가장 대규모로 많이 진행되었는데, 시점과 종점 부분이 다른, 같은 축의 정부발주사업과 민간투자사업이 혼재되어 투자되었기 때문에 중복투자에 대한 논란과 민자도로 사업성 결여 등 문제점이 나타나고 있다.

수익형 민간투자사업(BTO)에서 사업수익률은 투자비 회수를 위한 현금흐름의 양을 나타낸다. 사업수익률이 높을수록 현금흐름의 양이 많아져 사업의 안정성이 높아진다. 그러나 한편으로 사회기반시설은 공공성이 높은 준공공재이기 때문에 정부의 입장에서는 사업수익률을 정책적으로 낮게 가져가려는 요인이 된다.

이처럼 상반된 니즈(needs)로 인해 정부와 사업자 간 갈등이 발생하고 있으며, 최근에는 세금 등 여러 가지 문제들이 연이어 발생되고 있어 민자사업의 문제점으로 대두되고 있다.

5 PPP 사업의 현황

▪ **PPP 사업은**

정부의 재정 여력이 어렵고, 효율적인 재정 운용을 위해 부족한 SOC 재원 충당을 위한 민간투자 유인이 필요하다. (출처: 국회예산정책처,「2013~2017년 국가재정운용계획 분석」, 2013.11)

부작용
1. 조달금리의 효율성 저하 ---▶ 국채이자율보다 200bp 이상 높음
2. 제안사업 확대 (BTL 사업 허용) ---▶ 해당 사업의 타당성, 효율성 검토의 의문
3. MCC 방식 도입 (MRG 有 사업) ---▶ 계약 변경의 법리적 문제, 이자비용 설정(국고채 + α) 등 적정비용 산정 문제

PPP 사업 현황   기준 : 2012년 12월 말   단위: 건, 억 원

구분		사업 수		총 투자비		평균 투자비
		건수	비중	금액	비중	
BTO	제안사업	105	50.24%	379,397	55.84%	3,613
	고시사업	104	49.76%	300,077	44.16%	2,885
	소계	209	100.00%	679,474	100.00%	3,251
BTL	고시사업	424		269,251		635
합계	제안사업	105	16.59%	379,397	39.99%	3,613
	고시사업	528	83.41%	569,328	60.01%	1,078
	계	633	100.00%	948,725	100.00%	1,499

출처: 국회예산정책처,「2013~2017년 국가재정운용계획 분석」, 2013.11

6. BTO 사업 최소운영 수입 보장 현황과 BTL 사업 정부 지급금 추이

국회예산정책처의 보고서에 의하면 최근 4년 동안 최소운영 수입보장으로 지급된 금액은 2012년 6,517억 원으로 연평균증가율이 12.89%인 반면, 환수액은 188억 원으로 연평균 증가율 7.96% 정도밖에 되지 않아 사회·경제적 이슈가 심각하게 대두되고 있어 이에 대한 대책 마련이 시급하다.

또한 BTL 사업의 가장 고민거리는 민간투자로 발생한 투자비에 대해 매년 임대료로 정부가 지급하는 확정부채의 성격이 강한 정부지급금이 향후 연간 5조 8123억 원에 이를 것으로 추정(매년 평균 1조 1625억 원)하고 있다.

BTO 사업 최소운영 수입보장 현황

단위: 건, 억 원, %

구분	2009년	2010년	2011년	2012년	연평균증가율
운영 중인 사업 수	119	133	144	153	8.73
지급액(A)	4,550	5,073	5,331	6,517	12.89
환수액(B)	149	160.25	91.1	188	7.96
순지급액(A-B)	4,401	4,913	5,240	6,329	13.05

출처: 국회예산정책처, 「2013~2017년 국가재정운용계획 분석」, 2013.11

BTL 사업 중기 정부지급금 추이

단위: 억 원

구분	2013년	2014년	2015년	2016년	2017년	합계	평균/년
국가사업	5,716	6,699	7,471	8,744	10,582	39,212	7,842
국고보조	2,717	3,772	4,016	4,195	4,211	18,911	3,782
평균	4,217	5,236	5,744	6,470	7,397	29,062	5,812
합계	8,433	10,471	11,487	12,939	14,793	58,123	11,625

출처: 국회예산정책처, 「2013~2017년 국가재정운용계획 분석」, 2013.11

7 민간자본 투자 추이

단위: 조 원

구 분	'04	'06	'08	'09	'10	'11
정부 SOC 예산	17.4	18.4	20.5	25.5	25.1	24.4
공기업자체투자	4.5	4.2	4.4	5.8	9.9	9.2
민간자본투자	1.7	2.9	3.8	3.9	4.1	2.2
합계	23.6	25.5	28.7	35.2	39.1	35.8
GDP 대비	2.85%	2.81%	2.80%	3.31%	3.33%	

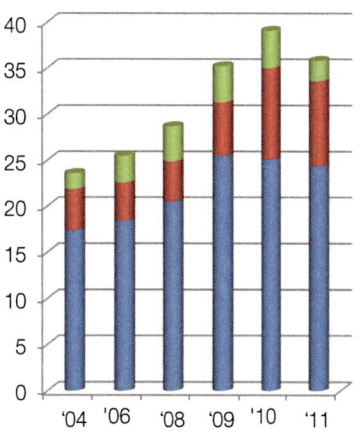

구 분	'04	'06	'08	'09	'10	'11
정부 SOC 예산	73.7%	72.2%	71.4%	72.4%	64.2%	68.2%
공기업자체투자	19.1%	16.5%	15.3%	16.5%	25.3%	25.7%
민간자본투자	7.2%	11.4%	13.2%	11.1%	10.5%	6.1%
합계	100.0%	100.0%	100.0%	100.0%	100.0%	100.0%

SOC 투자 추이

- soc 예산 연평균 증가율
  - 94~98년: 20%   - 99~03년: 5.5%

- soc 예산 규모 증가: 10배
  - 90년: 2.4조   - 11년: 24.4조

- 2010년 민간자본투자가 4.1조원으로 증가한 이유는 4대강 사업으로 인한 투자 때문이다.

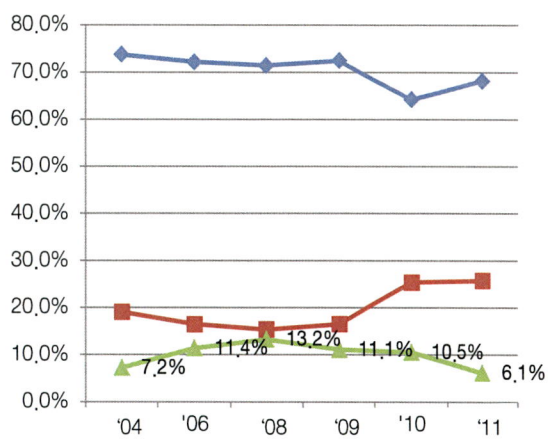

출처: 기획재정부, 「2012~2015 국가재정운용계획: SOC분야」

I. PPP 사업의 개요

8. PPP 사업의 투자 실적

민간투자사업의 투자 실적
단위: 억 원, 건

구분	1995년 이전	1996년	1997년	1998년	1999년	2000년	2001년	2002년
총 투자비	17,806	3,262	51,242	26,730	5,892	21,715	51,395	31,182
협약건수	5	3	16	4	12	11	17	16

구분	2003년	2004년	2005년	2006년	2007년	2008년	2009년	2010년 9월
총 투자비	50,597	54,921	67,935	66,637	109,813	92,316	90,796	20,689
협약건수	15	19	24	78	121	79	99	37

- 1996년 민간투자규모는 3,262억에서 2007년 10조 9813억 원 수준으로 33.67배 증가했으나 2007년 이후 급격히 감소하였다.

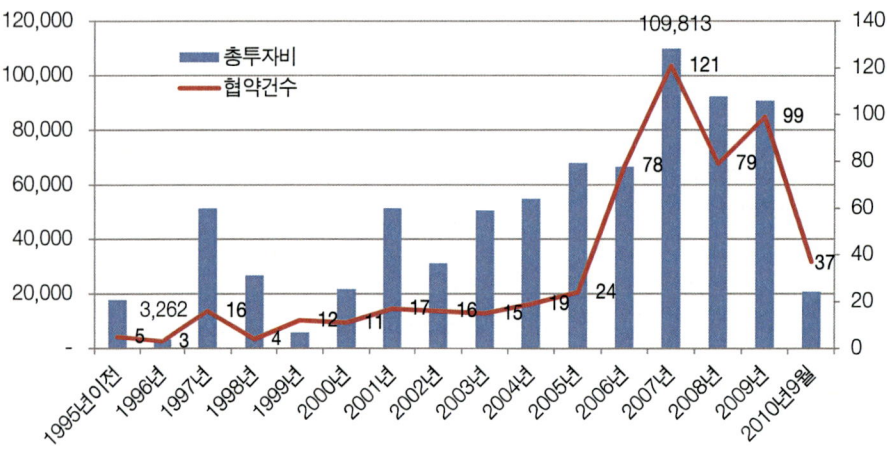

- 1994. 08: 민자유치촉진법 제정, 15개 분야 47개 유형 사업 지정
- 1998. 12: 사회간접자본시설에 대한 민간투자법 (이하 「민간투자법」 개정 IMF(외환위기)
  - 외자유치에 대한 조항 삽입, 각종 인센티브의 부여, MRG 제도 도입
- 2006. 01: 민간제안사업 MRG 폐지
- 2009. 08: 정부고시사업 MRG 폐지

9 SOC 부문별 stock 추이

SOC 부문별 stock 추이

부 문	'00(A)	'02	'04	'06	'08	'09(B)	B/A
도로 연장(천-km)	89	96	100	102	104	105	1.18
고속국도 연장(km)	2,131	2,778	2,923	3,103	3,447	3,776	1.77
철도 연장(철도-km)	3,123	3,129	3,374	3,392	3,381	3,378	1.08
복선 연장(km)	939	1,004	1,318	1,376	1,433	1,483	1.58
항공기운항회수(천회)	274	303	314	341	388	380	1.39
항만하역능력(백만톤)	430	487	524	682	759	793	1.84
컨테이너처리실적(천 TEU)	7,959	11,890	14,523	15,965	17,927	20,711	2.6

		구분	국가 중 순위	비고
도로	OECD 회원국	국토면적당 총도로연장	16	30개국
		국토면적당 고속도로연장	5	
		국토면적당 국도 연장	8	
		국토면적당 지방도 연장	17	
	G-20 국가	국토면적당 총도로연장	5	20개국
		국토면적당 고속도로연장	1	
		국토면적당 국도 연장	3	
		국토면적당 지방도 연장	6	
철도	OECD 회원국	국토면적당 총철도연장	16	30개국
		국토면적당 복선연장	15	
	G-20 국가	국토면적당 총철도연장	6	20개국
		국토면적당 복선연장	6	

출처: 기획재정부, 「2012~2015 국가재정운용계획: SOC분야」

10 민간투자사업의 최근 동향

(1) 대형 민간투자사업의 완공, 신규착공 증가 등 투자 및 운영 본격화
(2) 새로운 민간투자 사업모델(MCC 방식: Minimum Cost Compensation) 발굴
(3) 재원 조달 다양화, risk management 강화

금융조달방식 다양화	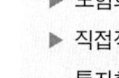	▶ 보험회사, 공제회, 연기금, 인프라펀드, 외국 투자회사 등 ▶ 직접적인 지분 참여 외 후순위 채권 발행, 프로젝트 금융 투자회사(PFV) 활용 등을 통한 다양한 참여 방안 강구 ▶ 보험사의 자산 운용 제한 완화
출자사의 다변화		▶ SOC 채권, ABS, ABL, ABCP을 통한 직접금융 조달방식 활성화 ▶ 환리스크, Hedge 기법 등의 활용을 통한 환리스크 부담 완화로 외자도입
투자자산 유동화 시장 활성화		▶ 금융기관의 대출채권을 기초로 한 자산유동화증권(ABS) 발행 활성화 ▶ 최초 출자자의 출자지분, 관리운영권 등의 유동화를 통한 출자자의 신규 투자여력 확보

11 BTO, BTL 사업의 특징

구분	BTO	BTL	비고
타인자본상환재원	사용료수입	정부지급 시설임대료	
운영기간	STP: 20년, 도로: 30년, 항만:50년	20년	국방부 통신 BTL: 10년
사용료/임대료	사용료 매년 물가상승률 적용	임대료 재산정 5년/년	
사업수익률* (IRR)	총비용 = 총수입 수준의 IRR	지표금리 + α	지표금리: 고시시점 5영업일 산술평균
건설이자	사업자 자율제시	기준금리 + β	기준금리: 시설사업기본계획 고시일로부터 협상대상자 지정 후 120일까지의 금리 산술평균 값
부대(부속)사업 수입	사업자 수입으로 반영	정부지급금에서 공제	
운영비용	사업자 부담	정부 부담	

Q. BTL 사업의 사업수익률은 경상일까요, 불변일까요?

BTL 사업의 사업수익률은 물가 3%가 반영된 경상수익률이며 기준금리(국고채 5년 만기수익률)에 가산율(α)를 더해서 산정한다.

국내 민간투자사업에서 사업수익률에 대한 용어는 경상사업수익률과 불변사업수익률의 두 가지 개념으로 사용되고 있다. 민간투자사업을 처음 접하는 실무자라면 '경상'의 의미와 '불변'의 의미를 잘 모를 것이라 이해한다. 물가상승률이 반영되었는지 여부에 따라서 반영된 경우는 경상, 반영되지 아니한 경우는 불변이라고 한다.

<BTO 사업의 사업수익률 결정 방식>

경상사업수익률 = (1 + 불변사업수익률) × (1 + 물가상승률) - 1

예를 들어, 물가상승률이 3%이고 불변사업수익률이 4.5%라고 가정할 때, 경상사업수익률은 (1+4.5%)×(1+3%)-1=7.63%가 된다.

12 민간투자사업의 특성

- 민간투자사업은 다음과 같이 크게 6가지의 특성을 가지고 있다.

총괄적 사업구조	시공, 재원조달, 재무/회계, 운영관리 및 Project Risk Management 등 총체적인 사업구조
수익창출형 사업구조	일반적인 도급공사 및 발주공사와 달리, 사업기획에 의한 다양한 투자 수익 창출 가능
일정 투자여력이 전제되는 사업구조	투자비중 일정 자기자본 선 출자의무 이행을 위한 사업(지분) 참여자의 출자금 투자 여력 요건 필요
효율적 Financing 기법의 도입	대단위 투자비가 소요되는 사업, 경쟁력 있는 재원 조달 Schedule 확보가 사업 성공 요인 (Project Financing 및 새로운 금융기법의 중요성 부각)
Consortium에 의한 사업추진	대규모 투자비에 따른 추진사간의 컨소시엄 구성 일반화
다양한 전문가와 Advisor 역할 증대	사업 추진 관련 전문인력과 Advisor(기술, 재무/회계, 금융, 법률, 보험 등)의 비중 증대

위의 내용을 살펴보면 재원조달이 주요 핵심사항이라는 것을 알 수 있다. 그러므로 프로젝트 자체가 수익을 창출할 수 있어야 하는 신규투자사업(greenfield project)이어야만 한다. 또한 본사업은 특정된 사업에 국한하기 때문에 반드시 독립된 특수목적회사(SPC; Special Purpose Company)가 이를 수행하여야 한다. 대출원리금 상환의 투명성과 확실성을 보장받고, 본사업으로 인해 출자한 모기업이 예기치 못한 부정적(negative) 사항에서 발생할 수 있는 risk로부터 보호되어야 하기 때문이다. 그러므로 본사업 추진을 위한 6가지의 특성이 반드시 필요하다.

13 PPP 사업의 ISSUE

- BTO + BTL 방식의 사업 가능
- BTL 사업 방식 민간 제안 가능

✓ BTO 사업:
- 수요예측의 불신과 부정확성
- 높은 통행료 & PJT IRR의 적정 수준
- Refinancing에 따른 이익 공유
- Refinancing에 대한 새로운 paradigm (Mcc 방식*)
- 매년 물가상승률을 반영한 통행료 인상 & 통행료 부가세

✓ BTL 사업:
- 사업수익률 산정 시 지표금리와 가산율

✓ BTO & BTL:
- 정부 재정의 한계와 배분 (복지사회 구현)
- 지자체 재정자립도 하락, 지방세수 감소
- 공기업 부채 증가
- 금융기관의 infra 사업 참여 부정적 시각
- 해지시지급금 산정대상에서 후순위채 제외 (2012.12.31 일몰)
- 부대사업 risk

* Mcc: 최소비용보전방식(Minimum Cost Compensation)

II

PPP 사업의 제도

1 추진절차

(1) 재정사업으로 예비타당성조사를 신청한 경우

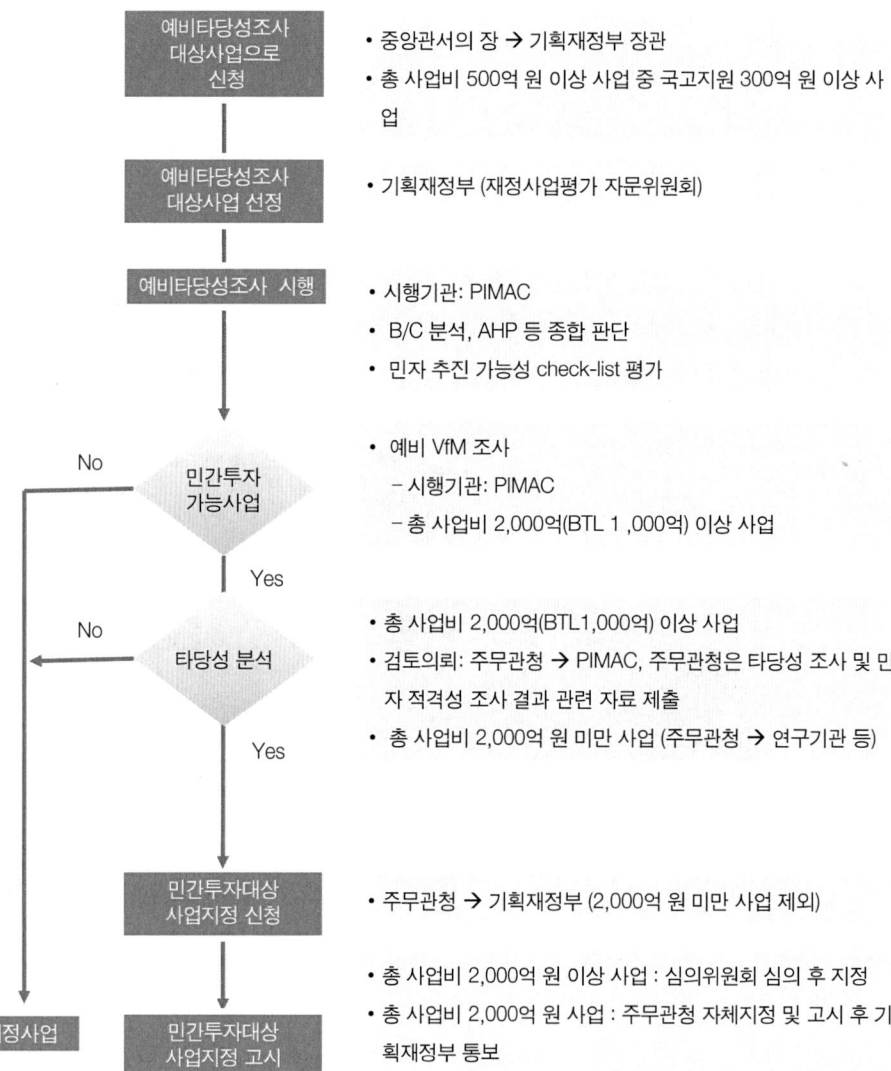

(2) 정부고시 민자사업으로 예비타당성조사 및 타당성 분석을 신청한 경우

정부고시사업의 대상사업 지정절차

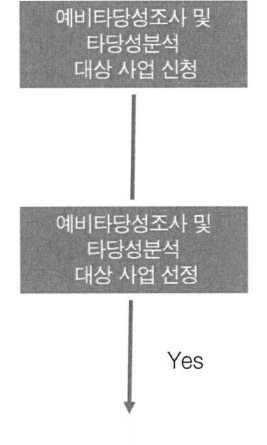

- 중앙관서의 장 → 기획재정부 장관
- 총 사업비 500억 원 이상 사업 중 국고지원 300억 원 이상 사업
- 정부 고시 민자사업 대상

- 기획재정부 (재정사업평가 자문위원회)
- 기 착공 재정사업의 민간투자사업으로의 전환은 예타 생략 가능

〈 예비타당성조사와 타당성분석 일괄 시행 〉
- B/C, AHP 등 종합분석(예타와 동일방법)을 통해 타당성 판단 및 적격성 판단(VfM test) 시행
- 시행기관 : PIMAC (주무관청은 해당사업 관련자료 제출)
- 총 사업비 2,000억 원(BTL은 1,000억 원)미만이면서 국고지원 300억 원 미만 사업(주무관청 → 전문기관)

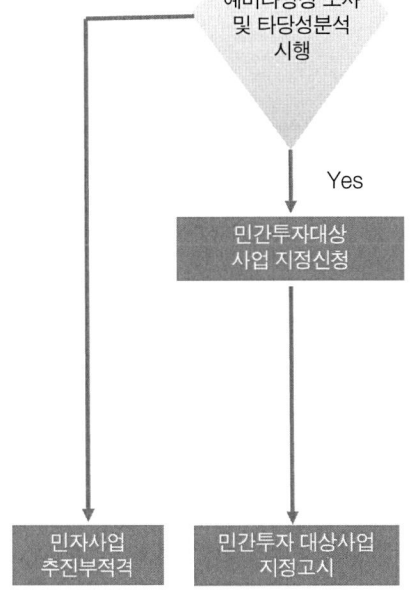

- 주무관청 → 기획재정부 (2,000억 원 이상 사업 또는 국고지원대상 사업 (BTL 사업은 한도액 편성 및 국회 의결 필요)

- 총 사업비 2,000억 원(BTL 1,000억) 이상 사업 또는 국고지원대상 사업: 심의위원회 심의 후 지정
- 총 사업비 2,000억 원(BTL 1,000억) 미만이고 국고지원비 대상사업 : 주무관청 자체지정 및 고시 후 기획재정부 통보

2 수익형 민자사업 추진절차

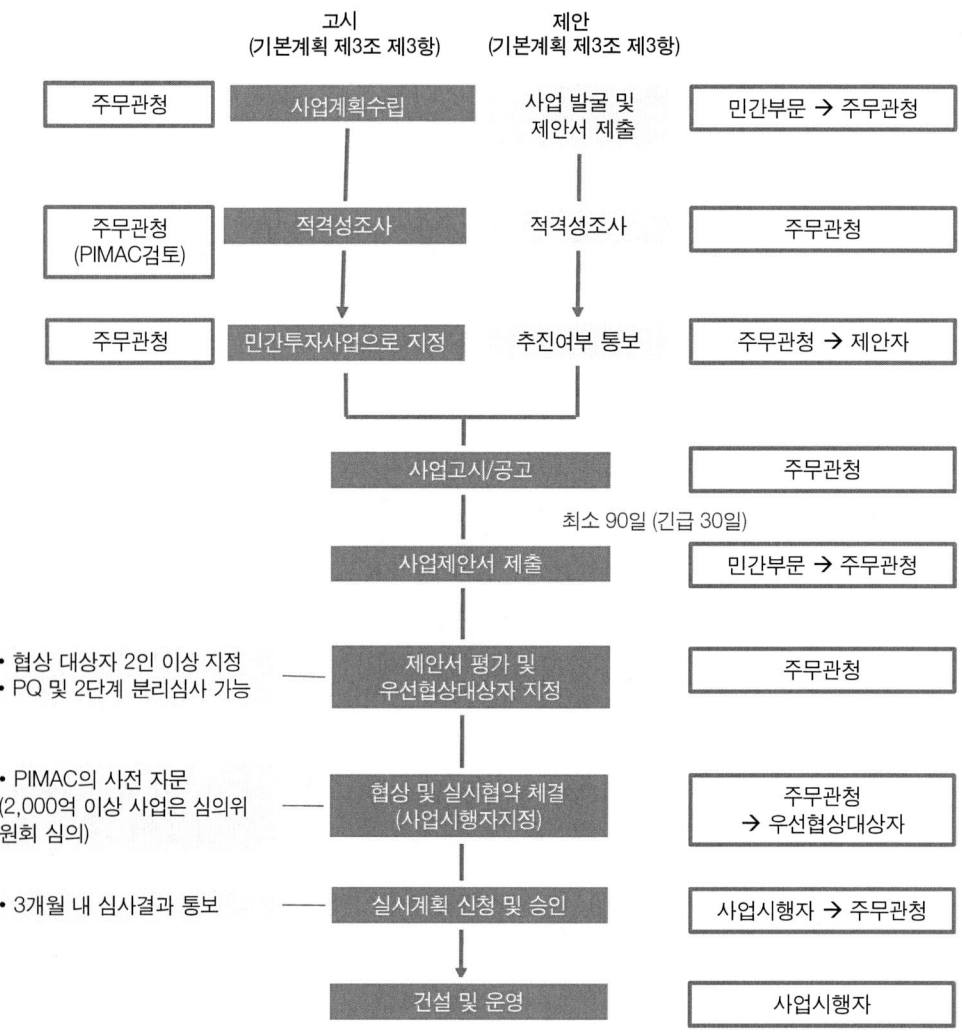

- 우대점수비율: 제3자 공고 시 명시
- 최초 제안자 우대 총 평가점수의 10/100 이내, 수정 제안 시 총 평가점수의 5/100

3. 임대형 민자사업 추진절차

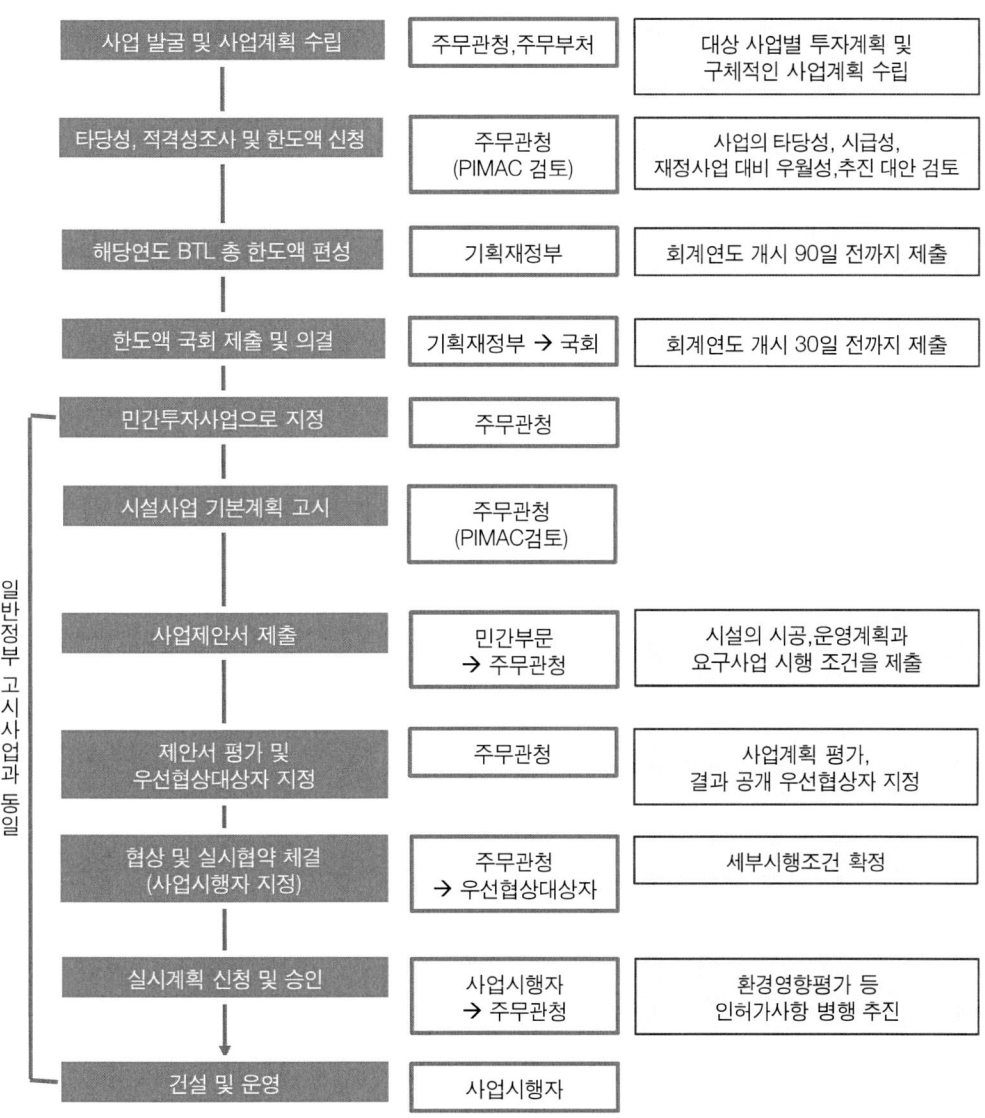

4. BTL 사업의 정부지급금 산정방법(민간투자기본계획 제15조)

정부지급금 = (시설임대료 − 부대사업순이익 − 부속사업순이익) + 운영비용

가정

구분	조건
임대기간	20년
연차임대료 지급방식	매년 동일금액 지급 (원리금균등)
물가상승률	4%
세전(경상)수익률	5.5%
총 민간투자비	100억 원
부대사업순이익	2억 원/년 (05.1.1불변가)
부속사업순이익	없음
운영비용	3억 원/년 (05.1.1불변가)

- 시설임대료산정: EXCEL에 PMT(5.5%, 20,100) 입력
- 부가가치세 제외한 모형, 실지급 시는 부가세를 별도로 산정하여 지급 필요

단위: 억 원

항목	건설기간 05년~07년	운영기간 08년		27년	총지급액 경상	(불변)
총민간투자비	100		-------			
시설임대료(A)		8.37	-------	8.37	167.36	
부대사업순이익(B)		2.34	-------	4.93	69.67	(40)
운영비용(C)		3.51	-------	7.39	104.51	(60)
정부지급금(A-B+C)		9.54	-------	10.83	202.19	-

5 금리 변동값의 구간별 위험분담 방법 및 금리변동 위험분담금 정산 (민간투자기본계획 제34조 제2항)

(1) 금리변동값(γ=금리차이-50bp) 구간별 위험분담 방법

- $|\gamma| \leq$ 50bp : 60% 지원 또는 환수
- 50bp $< |\gamma| \leq$ 100bp : 70% 지원 또는 환수
- 100bp $< |\gamma|$: 80% 지원 또는 환수

(2) 금리변동에 따른 위험분담분 정산방법

- 관리운영권 설정일 이후 매 2년 단위 정산
- 해당기간의 금리 평균값을 적용하여 산정
- 정산을 통한 회수 시는 기지원금액을 한도로 회수
- 정산을 통한 지원 시는 미회수금액이 있는 경우 이를 차감하고 지급
- 세부적인 정산방법 등에 관한 것은 주무관청과 사업시행자 간 협의에 의해 정할 수 있다.

✓ 2년마다 정산은 현실적으로 어려우며 실제로 적용한 사례는 거의 없다. 그 이유는 민간투자사업의 재무적 투자자로서 자본출자와 타인자본조달의 주체인 생명보험사를 비롯한 보험사 등이 대주주로 참여하고 있어 보험사의 자금운용주기상 현실적으로 맞지 않기 때문이다.

(3) 금리변동에 따른 위험부담금 산정 예

- 당해 기간의 금리 평균값이 국채 4.20%, 은행채 5.90%인 경우
- 위험분담금 정산
  - 금리차이 = 5.90% - 4.20% = 170bp
  - 금리 변동값(γ) = 170bp - 50bp
  - 구간별 위험분담 120bp: 50bp(×60%) + 50bp(×70%) + 20bp(×80%) ➔ 81bp
  - 당해 기간의 수익률(국채+α)에 위험분담금(81bp)을 가산하여 정산

6. 산업기반 신용보증의 종류 및 보증요율 (민간투자기본계획 제44조)

구분		종류	내용	보증요율
산업기반 대출보증		사회기반시설 채권보증	민투법 제58조에 따라 발행한 SOC 채권 및 그 채권의 원리금 지급을 위한 자금조달에 대한 보증	보증요율 0.15~1.5%*
		시설자금보증	건설기간에 필요한 자금에 대한 보증	
		운영자금보증	운영기간에 필요한 자금에 대한 보증	
		재정지원보증	재정지원을 주무관청으로부터 보조받기 전에 일시적으로 자금을 조달하기 위한 보증	
		Refinancing 보증	자금조달에 대한 보증	
		브릿지 financing 보증	건설기간에 필요한 자금을 주무관청으로부터 지급받기 전에 일시적으로 자금을 조달하기 위한 보증	
			주무관청으로부터 보조금을 지급받기 전 보상비를 선조달하기 위해 일시적으로 자금을 조달하기 위한 보증	보증요율 0.1%
		산업기반유동화 회사 보증	유동화 회사를 통하여 민투법 제58조에 따라 발행한 SOC 채권 및 그 채권의 원리금 지급을 위한 자금조달에 대한 보증	보증요율 0.2%
		민간선투자 대출 보증	민간 선투자사업자**가 민간 선투자사업을 위해 조달하는 자금에 대한 보증	보증요율 0.2%

* 사업리스크, 기업 신용도 및 자금 용도 등에 따라 보증요율을 차등 적용
** 정부 발주사업을 초과 시공하는 자 중 기획재정부 장관이 필요하다고 인정한 자

7. 부대 부속사업의 이익 처리기준 (민간투자기본계획 제62조 제3항)

구분		부속사업	부대사업
활용시설 및 운영		• 사회기반시설(본시설+부속시설)을 활용	• 사회기반시설과 다른 시설을 활용 • 사업시행자 책임 하에 운영
협약상 처리	수익형 (BTO 등)	• 매년 세전순이익(운영수입-운영비용) 추정치를 협약에 계상 • 사용료, 재정지원금 등으로 반영	• 부대사업으로 인한 매년도 세전순이익(수입-비용)을 BTO 사업의 수익률 및 사용료의 결정 공식에 반영하여 처리
	임대형 (BTL 등)	• 매년 세전순이익(운영수입-운영비용) 추정치를 협약에 계상 • 세전순이익은 정부지급금에서 사전 공제	• 세전순이익(운영수입-시설비-운영비용) 추정치를 현가로 환산 • 세전순이익의 현가를 시설임대료 산정 시 총 민간투자비에서 사전 일괄공제

■ 사용료 상한 제시 기준 (민간투자기본계획 제69조 제5항)

도로
- 건설보조금 30/100 수준 전제로 재정사업 통행료의 2배 이하에서 제시
- 특수교량 등에 대해서는 예외 적용 가능

철도
- 도시철도: 건설보조금 50/100 수준 전제로 서울시 도시철도요금(1호선)의 1.8배 이하에서 제시
- 광역철도: 건설보조금 50/100 수준 전제로 서울시 도시철도요금(1호선)의 2.0배 이하에서 제시
- 높은 표정속도(역 정차시간을 감안한 평균속도)등 차별화된 서비스를 제공하는 경우 등에는 예외 적용 가능

8. 복합화 시설에 대한 국고보조금 지급 방법(민간투자기본계획 제109조 제3항)

적용 대상	지자체가 국고 보조대상이 되는 민투법상 대상시설 중 2개 이상의 시설을 복합화하여 BTL 단위사업으로 추진하는 경우와 학교 복합시설로 추진하는 경우
국고 보조금 계산	• 복합시설의 총 투자비를 적정기준(예: 해당 시설별 건물사용 면적비율)으로 나눠 해당 시설별 총 투자비 산정 • 해당 시설별 총 투자비에 10%p(학교 복합시설의 경우 20%p) 가산된 국고보조비율을 적용하여 보조금 소요 계산 • 정률보조사업은 현행 국고보조비율에 10%p(학교복합시설의 경우 20%p) 추가된 보조율 적용 • 정액보조사업은 현행 정액보조금에 해당시설 총 투자비의 10%p(학교복합시설의 경우 20%p) 금액 추가

※ 총 투자비 = 총 민간투자비 + 건설보조금

국고보조금 산정 예

- 예시 1: 복합시설(총 투자비 300억) = 문예회관(200억) + 복지시설(100억)
  - 문예회관: 정액보조금 20억 + 인상분 20억 (200×10%) = 40억
  - 복지시설: 100억 × 보조율 60%(통상 50% + 인상분 10%) = 60억
- 예시 2: 학교복합시설(총 투자비 50억) = 체육관(40억) + 복지시설(10억)
  - 체육관: 40억 × 보조율 50%(기준 30% + 인상분 20%) = 20억
  - 복지시설: 10억 × 보조율 70%(통상 50% + 인상분 20%) = 7억

* 사업비 100억인 정액보조사업이 학교복합시설로 건립될 경우
  = 정액보조금 10억 + 인상분 20억(100 × 20%) = 30억

9. 부담금 및 조세 관련 (민간투자기본계획 제137조)

국가 및 지방자치단체는 법 제56조, 제57조 및 농지법, 산지관리법, 조세특례제한법, 지방세법, 법인세법 등의 관련법령이 정하는 바에 따라 아래와 같이 부담금 및 조세를 감면할 수 있다.

관련규정	감면내용	비고
• 농지법시행령 제52조 • 산지관리법시행령 제23조 제1항	민간투자사업 수행을 위해 설치하는 일정한 시설에 대한 농지보전부담금, 대체산림자원조성비는 시설별로 전액 면제 또는 50/100 감면 가능	
조세특례제한법 제29조	민간투자사업의 시행을 위한 SOC 채권 발행을 사업시행자 등에게 허용하고 7년 이상의 동 채권의 이자소득에 대해 14/100 분리세율 적용	2014.12.31 까지 적용
조세특례제한법 제105조 제1항 제3의 2호	법 제2조 제7호의 규정에 의한 사업시행자가, 부가가치세가 과세되는 사업을 영위할 목적으로 법 제4조 제1호 내지 제3호의 규정(BTO, BTL, BOT)에 의해 국가 또는 지방자치단체에 공급하는, 동법에 의한 사회기반시설 또는 동 시설의 건설용역에 대한 부가가치세는 영세율을 적용	2015.12.31 까지 적용
조세특례제한법 제105조 제1항 제3호	법 제2조 제7호에 의한 사업시행자에게 직접 공급하는 도시철도건설용역에 대한 부가가치세는 영세율 적용	2015.12.31 까지 적용
조세특례제한법 제121조의2 제1항 제2호 및 조세특례제한법시행령 제116조의2 제3항 제3호 마목	외국인 투자지역 안에서 외국인 투자금액 미화 1천만 불 이상으로 새로이 설치하는 민간투자사업(민간투자법 제2조 제3호의 규정에 의한 귀속시설을 조성하는 사업)에 대해 법인세, 소득세, 취득세 및 재산세를 각각 감면	
• 법인세법 제35조 제1항 • 법인세법 시행령 제63조 제1항 제3호 및 제2항	민간투자법에 의한 산업기반신용보증기금의 구상채권상각충당금의 손금산입인정	
• 법인세법 제36조 제1항 • 법인세법 시행령 제64조 제6항 제3호	내국법인이 민간투자사업 수행을 위해 보조금 등의 자산을 지급받아 사업용 자산의 취득 또는 개량에 사용한 경우 이에 상당하는 금액을 당해 사업연도의 소득금액 계산에 손금으로 산입	

관련규정	감면내용	비고
• 법인세법 제55조의 2 제2항 제3호 및 제2항 제4호 • 다목법인세법시행령 제92조의 8 제1항 제3호	민간투자사업 수행을 위해 조성한 토지에 대하여 양도소득 법인세 추가과세를 면제	
• 법인세법 제51조의 2 • 법인세법시행령 제86조의 2 제5항 제1호	사업시행자가 법인세법 제51조의 2에 의한 명목투자회사 요건(임대형 민자사업 이외의 사업시행법인은 자본금 50억 원 이상. 임대형 민자사업 사업시행법인은 최소자기자본금 10억 원 이상)을 구비하여 배당가능이익의 90/100을 배당한 경우 그 금액은 소득금액 계산 시 공제	
• 지방세법 제13조 제2항 • 지방세법 시행령 제26조 제1항 제1호	과밀억제권역에서 민간투자법에 따른 사회기반시설사업(부대사업 포함)에 직접 사용할 목적으로 부동산을 취득할 경우 취득세 중과에 대한 예외 인정	
지방세법 제9조 제2항	국가, 지방자치단체에 귀속 또는 기부채납(민간투자법 제4조 제3호에 따른 방식으로 귀속되는 경우를 포함한다)을 조건으로 취득하는 부동산 및 민간투자법 제2조 제1호 각목에 해당하는 사회기반시설에 대하여는 취득세 면제	

10 금융관련 규제 완화 등(민간투자기본계획 제138조)

국가 및 지방자치단체 또는 관련 감독기관은 독점규제 및 공정거래에 관한 법률, 보험업법, 자본시장과 금융투자업에 관한 법률, 은행법, 금융산업의 구조개선에 관한 법률, 금융지주회사법 등이 정하는 바에 따라 아래와 같이 금융관련 규정 적용의 예외를 인정할 수 있다.

관련규정	감면내용	비고
독점규제 및 공정거래에 관한 법 제2조, 동법 시행령 제3조의 2 제2항 제1호	국가, 지방자치단체, 공공기관의 운영에 관한 법 제5조에 따른 공기업, 특별법에 의하여 설립된 공사, 공단 그 밖의 법인 등이 20/100 이상 출자한 민간투자사업법인에 대해서는 다른 회사의 상호 출자가 없고 출자자 외의 자로부터 채무보증이 없는 경우에 한하여 동일인이 지배하는 기업집단의 범위에서 제외 가능	
독점규제 및 공정거래에 관한 법 제2조, 동법 시행령 제3조의 2 제2항 제2호	민간투자법 제4조 제1호 내지 제4호의 규정에 의한 방식으로 민간투자사업을 추진하는 회사 중 최다출자자가 2인 이상으로서 당해 출자자가 지배적인 영향력을 행사하지 아니한다고 인정되는 회사에 대해서는 동일인이 지배하는 기업집단의 범위에서 제외	
독점규제 및 공정거래에 관한 법 제10조의 2 제1항, 동법 시행령 제17조의 5 제2항 제7호	민간투자법 제4조 제1호 내지 제4호의 규정에 의한 방식으로 민간투자사업을 영위하는 계열회사에 출자한 경우로서 국내금융기관이 당해 계열회사에 행하는 여신에 대한 보증 허용	
보험업법 제115조 제1항 및 시행령 제59조 제1항 제15호	보험회사가 민간투자법에 따른 사회기반시설사업 및 사회기반시설사업에 대한 투융자사업을 하는 회사를 자회사로 소유할 경우에는 금융위원회에 신고로 할 수 있음.	
자본시장과 금융투자업에 관한 법률시행령 제362조 제8항 제8호	산업기반신용보증기금이 보증한 SOC 채권은 자본시장과 금융투자업에 관한 법률시행령 제362조에 의한 보증사 채권으로 인정	
은행법 시행령 제20조의 3 제1항 제3호	사회기반시설의 추진을 위해 금융위원회가 인정하는 경우 동일 차주에 대한 금융기관의 신용공여가 자기자본의 25/100 초과 가능	

관련규정	감면내용	비고
은행법 시행령 제20조의 3 제1항 제3호	사회기반시설의 추진을 위해 금융위원회가 인정하는 경우 동일 차주에 대한 금융기관의 신용공여가 자기자본의 25/100 초과 가능	
• 금융산업의 구조개선에 관한 법률시행령 제6호 제1항 • 은행업 감독규정 제49조	금융기관이 민간투자시행법인(법인세법 제51조의 2 제1항 제9호에 해당하는 회사에 한함)에 출자할 경우 출자한도 규제 완화	
금융지주회사법 시행령 제2조 제3항 제4호	금융지주회사가 민간투자시행법인(법인세법 제51조의 2 제1항 제9호에 해당하는 회사에 한함)을 손자회사로 둘 수 있도록 허용	
금융감독원 지침	민간투자사업에 대한 금융기관의 대출자산 위험가중치를 0/100까지 적용 가능, 임대형 민자사업 사업시행자에 대한 출자금액은 표준방법에 의한 위험가중치 적용 가능	사회기반시설 관련 대출 등에 대한 위험 가중치 적용 관련 (2009.2.13)

11 사용료 산정공식 비교

민간투자사업에서 수익형(BTO) 사업과 임대형(BTL) 사업의 사용료 산정방식은 아래와 같이 다르게 산정한다.

BTO 방식은 도로사업의 경우 교통량에 의해서 사용료 단가를 정하는 방식이고, BTL 방식의 경우는 주무관청이 시설을 임대하고 일정기간 동안 임대료를 지급하는 방식이므로 민간이 투입한 자금에 대한 일정 가산율을 보장하여 운영기간 동안 원리금을 상환하는 구조다.

BTO: 수익률, 사용료 산정공식

$$\sum_{i=0}^{n} \frac{CC_i}{(1-r)^i} = \sum_{i=n+1}^{N} \frac{OR_i - OC_i}{(1+r)^i} + \sum_{i=0}^{N} \frac{ANR_i}{(1+r)^i}$$

n: 시설의 준공시점
N: 무상 사용기간 또는 관리운영권 설정기간의 종료시점 (다만, 민간에게 소유권이 영구 귀속되는 시설인 경우는 분석대상기간)

- CC_i: 시설의 준공을 위해 매년도 투입되는 비용 (다만, 정부재정지원 금액은 제외)
- OR_i: 매년도 운영수입
- OC_i: 매년도 운영비용 (다만, 법인세 제외)
- *ANR_i: 부대사업으로 인한 매년도 세전순이익 (수입 - 비용)
- r: 사업의 세전 실질수익률(IRR)

* ANR: Ancillary Net Revenue

BTL: 시설임대료 산정공식

$$시설임대료 = 총민간투자비 \times \frac{수익률}{1-(1+수익률)^{-(임대기간)}}$$

총민간투자비 = 총민간사업비+물가변동비+건설이자

1. 물가변동분:
   건설투자부문 GDP 디플레이터 (별도정산)
2. 건설이자: (기준금리+가산율(β))

기준금리: 협상대상자 지정 후 120일 직전 5영업일의 3년 만기 무보증 회사채(AA-) 금리의 평균값

가산율(β): 자금조달의 가능성 등을 감안하여 개별 사업별로 사업제안 경쟁 등을 통해 결정

III
사업추진절차 Review

■ SWOT 분석

strength
- 능동적인 사업 발굴 가능 (민간의 창의)
- 제한적인 전문가그룹 활용 가능
- SOC 포럼 등 각종 단체 존재 (정보공유)
- 정부의 인프라 시설 구축 의지

weakness
- 업계 간 과당경쟁
- 사업특성에 대한 인식 부족 (공공발주공사)
- 전문인력 부재
- 제도 변화에 능동적 대처 부족
- 대형 건설사와 중견 건설사의 시각 차
- 경실련, 환경 단체 등의 부정적 시각
- 정치적 issue
- 수요 예측 실패에 대한 부담 (CDS)

opportunity
- 물류 인프라 시설 부족
- 사업 방식의 다양화
- 신용보증기금의 확대 적용
- 자본금비율 완화
- 해지 시 지급금의 산정 기준 변경 (정액법)
- 기준이자 적용 방식의 현실화

threat
- 민간투자사업 제도 변화 등
  - BIS 비율*   - RBC 비율**
- 정부의 지나친 규제
- 주무관청의 파트너쉽 실종/문제전가
- 주무관청의 사업 이해도 부족
- 경실련 등 민자사업에 대한 부정적 시각
- 대내외 경기 변동에 민감
- 건설사의 장기투자사업에 대한 인식 부족
- 민자사업에 대한 금융기관의 보수적 입장

* BIS(bank for international settlement) 비율: 국제결제은행의 자기자본 비율
** RBC(risk based capital) 비율: 보험사의 위험자산 대비 지급여력 비율

1 사업 추진 단계별 참여자의 역할

구분	컨소시엄 구성	사업단	법인설립(SPC)	건설	운영/소유,운영
정부 주무관청	시설사업 기본 계획 고시	사업계획서 평가	실시협약 체결 사업시행자 지정	관리,감독, 정부지원사항 이행	
출자사	A사, B사, C사	합동사업단 구성, 운영 ▶ 사업계획서 제출	• Special Purpose Company • 실시계획 승인 신청/공사 발주 • BTO ,BTL 방식 등에 의한 운영		운영관리에 대한 감시기능 수행
시공사	건설사			지분율에 따른 시공	
설계감리자		기본 및 실시 설계		감리, 감독업무	
회계법인		• 사업성 분석 • 적정 사용료 및 통행료 단가 산출 • 기타 회계 자문	• 세무분야 지원 • 법인설립 관련 자문	• 회계감사 및 기타자문	
법무법인		• 제 협약, 주주협약, 정관 등 법률 자문 • 대정부 실시협약 관련 자문 • 금융관련 및 제반 분쟁 시 해결방안 자문 등	• 컨소시엄, PJT 법률 자문	• PJT 법률 자문	
금융기관 (금융,보험)		• 투자재원 조달 관련 금융 자문 • 금융조건 관련 협상 및 대출약정서 체결 등 • 차입금 조달을 위한 주간사 은행 선정 및 대주단 구성	• Escrow Account 관리 및 원리금 회수 • PJT 리스크 관리를 위한 제 보험 자문 및 계약체결		

2. PJT의 고시에서 인출까지 주요사항

PJT의 성공은 사업의 고시부터 시작해서 첫 인출까지를 1차적인 성공요인으로 본다. 대주단의 인출 선행조건 충족은 모든 조건들이 서류상으로 완벽히 갖춰져 있다고 보기 때문이다. 고시에서 실시계획 승인까지의 소요기간은 최소 5년 정도로, 이에 대한 투자비 증가로 인한 사업성 악화가 가장 큰 문제이다.

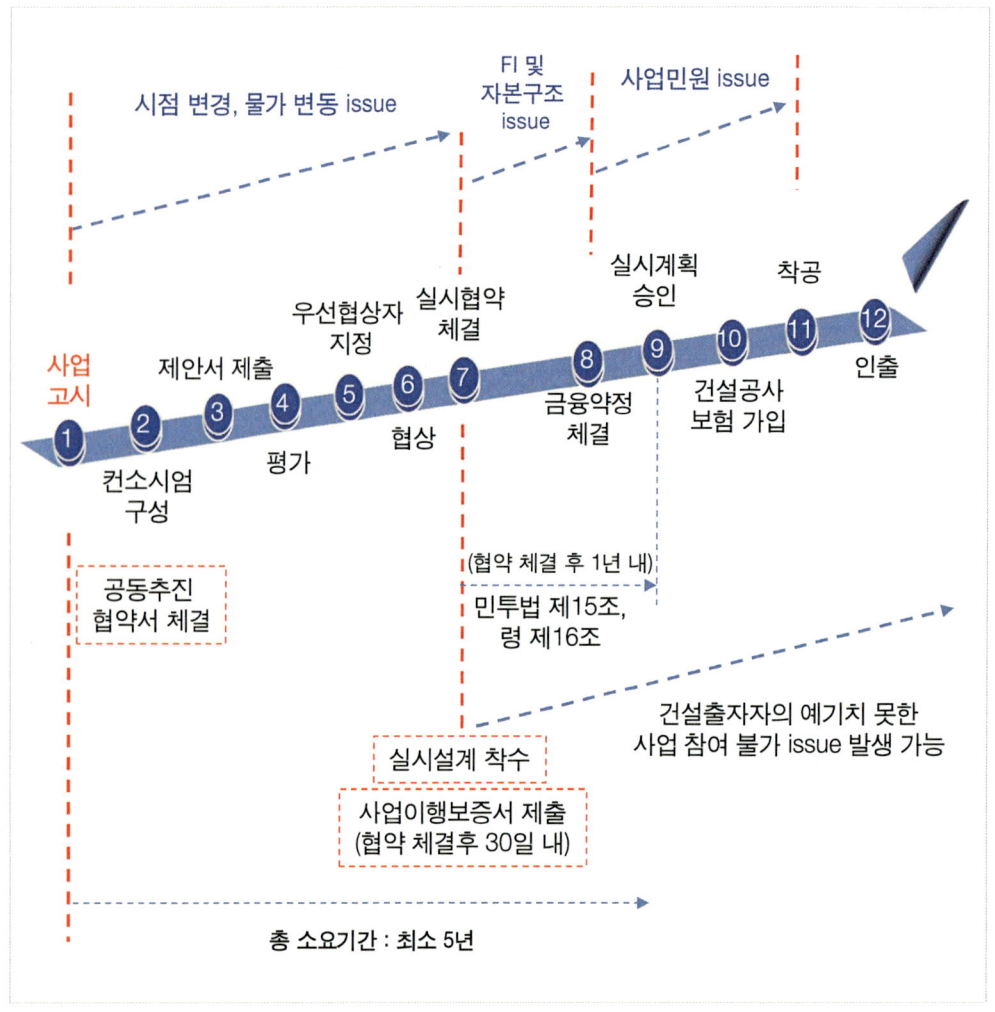

3 사업 추진 FLOW

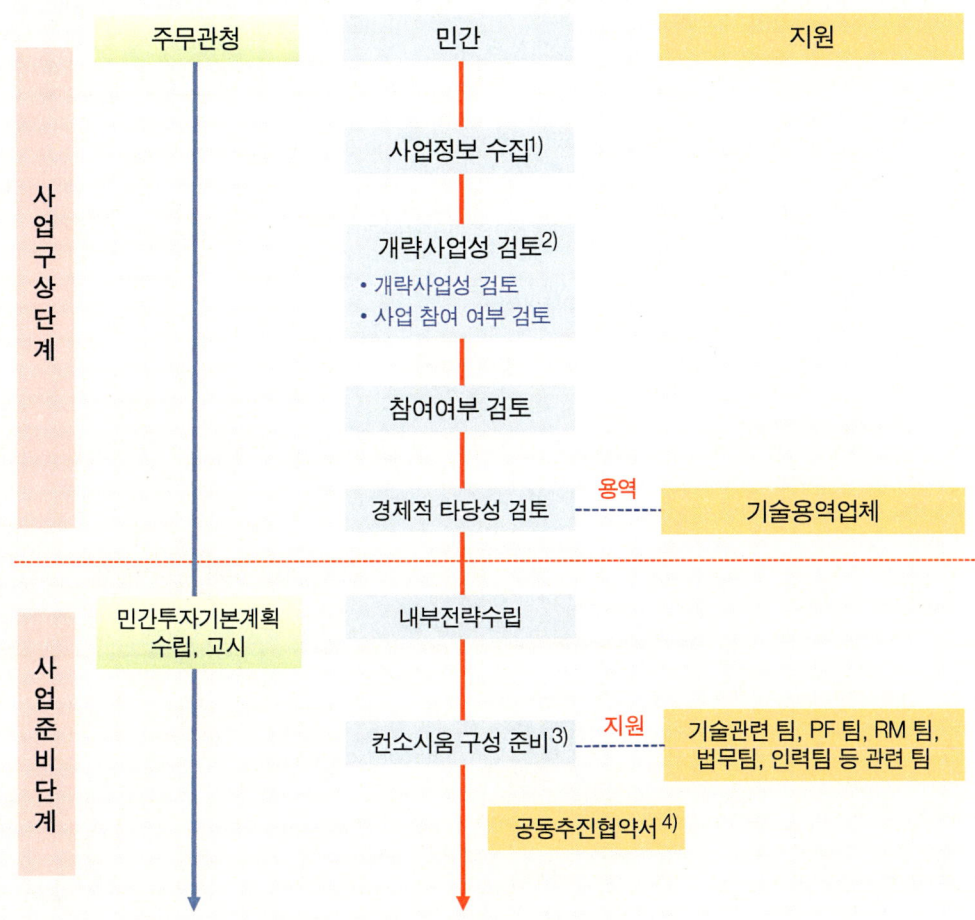

1) 중앙부처: 기획재정부, PIMAC, 국토부, 해수부, 교육부, 국방부, 환경부 등 공사공단: 환경공단, 국토연구원, 교통연구원, 경기개발연구원, 도로공사, 각 지자체 등

2) 그룹의 방침, 이미지, 당사 사업 참여기준 등에 적합 여부 (IRR, ROE, NPV 등)

3) 컨소시움 구성 시 고려하여야 할 요소로 첫째, 그 구성원의 사업 경험, 둘째, 보유기술 수준, 셋째, 재무적 능력 등이 충분히 고려되어야 한다. 따라서 국내외를 망라하여 사업의 전·후방 유관기업 중 신임도가 높은 기업으로 구성되어야 한다. 이와 관련하여 동일업종 다수의 소액주주로 참여하는 것은 사업 추진력의 악화를 초래할 우려가 있으므로 부득이한 경우가 아닌 한 피하는 것이 좋다. 컨소시움 멤버 간에는 비용 및 역할 분담에 대한 예비약정이 체결되고 독점적인 정보를 공유하게 된다.

4) 참여사 간 공동추진협약서 준비 및 체결

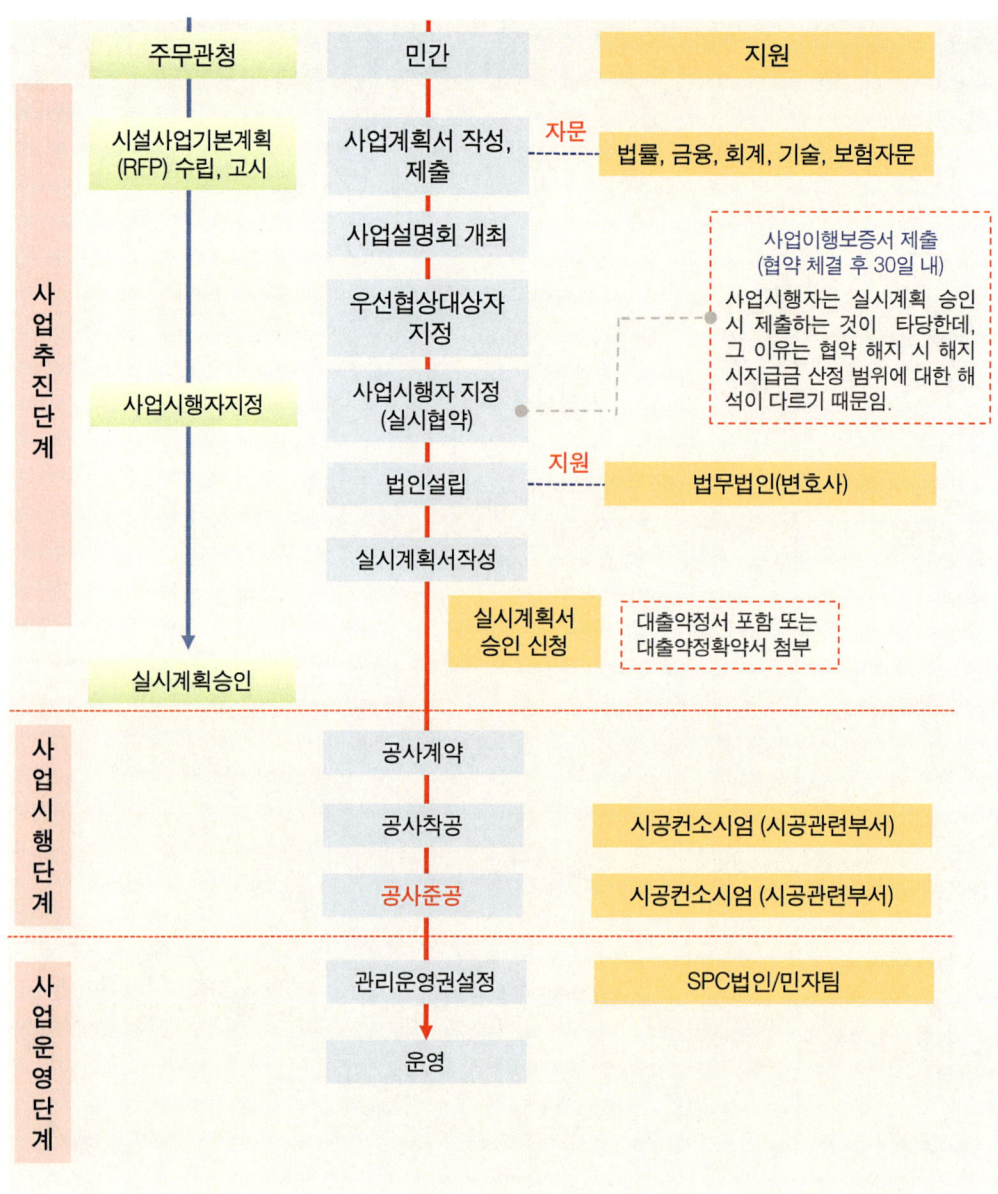

- 법인설립: 모집설립에 의함. 법인 설립 후에는 보통 이사회나 주총소집기일 및 개최절차를 생략하고 추진하는 경우가 많기 때문에 이러한 기간단축동의서는 법률상 인정되는 문구로 작성해야 한다. 아무리 SPC라 하더라도 업무상 배임의 문제에서 이사들이 자유로울 수 없기 때문이다.

(1) 사업 구상 단계

사업정보 수집은 SOC 사업에 대하여 사업 기회 선점의 기초를 마련하는 것으로, 부서 거래선 정보 및 Specialist 정보 등 가능한 정보처를 최대한 활용하여 신속한 정보 수집이 가능하도록 한다.

① 사업정보 수집

정보 수집 및 정리 순서

정보처	• **관련부처** 　중앙부처: 국토부, 기재부, 환경부, 교육부, 국방부 등 　지방자치단체: 광역시, 경기도 등 수도권 지자체 • **연구기관** 　국토연구원, 교통연구원, 시정연구원, 각 지역의 공공기관인 발전연구원 등 • **용역회사**: 민간투자사업 경험 있는 설계용역사 등 • **그룹 내**: 관계사, 국내지사 • **매스컴**: 건설경제, 일간지, 건설관련잡지			
정보수집	• 관련부처 • 연구기관 발행 보고서 • 용역사 관련 계획 보고서		국내현장, 영업소 수집 정보		매스컴 발표 자료 (건설경제, 일간지 등)
	지인을 통해 보고서 및 관련정보 획득		수주회의 시 획득		매월 일간지 관련 정보 scrap
정보분류	사 업 별			지 자 체 별	
	• 도로 • 터널 • 철도 • 도시철도 • 항만 • 공항 및 기타			서울, 인천, 경기도 부산, 경남 대구, 경북 대전, 충청남·북도 광주, 전라남·북도	

정보정리	일자	주무 관청	사업명	사업비	사업 기간	사업 개요	주요 내용	참여 업체	자료 출처

② 개략 사업 검토

수집된 사업정보 및 자체 추진 사업에 대한 기초적인 자료를 토대로 사업 대상지 주변 상황 및 입지, 관련계획을 검토하여 예상되는 수요를 예측하고, 그에 따른 노선 및 운영계획을 수립한다. 또한 통행료 수입과 투자비를 개략적으로 산정하여 결과적으로 대상사업 입지 조건, 차입금 상환 능력 등 재무적 타당성이 있는지 등을 검토하고 「개략 사업검토서」를 작성하여 기초적인 사업성 여부를 판단한다.

주요 검토 사항

기술적 타당성 검토		재무적 타당성 검토	
입지조건	• 주변지역 개발 현황 • 주변지역 인구, 산업 등 현황 • 관련 및 상위계획	수익성	• NPV > 0 • IRR > 기대수익률 • ROE > 기업 자기자본수익률
노선선정	• 비교 노선대 선정 및 검토 • 유·출입시설 위치 검토	재원조달	• 참여방안 검토 • 재원조달방안 검토 • 투자여유 재원 검토
교통수요	• 전이/신규 수요 검토	차입금상환	• 차입금상환 방법 결정 • 차입금상환 가능성 검토
건설계획	• 건설 규모, 기간 • 공사비	할인율, 이자율, 물가상승률 수준	

사업성 검토 시 고려해야 할 요소

상업성 평가	• 잠재 수요자의 파악, 가격과 수급상황의 추이 • 현재·미래의 정부의 사용료 정책 • 규제 체제 • 경쟁시설물의 규모 • 유사시장의 경쟁특성의 파악
기술적 평가	• 시설에 대한 설계의 적정성과 합리적인 기술의 채용 • 국제적인 기준의 적합성 • 예정공기의 준수 및 예정비용 오차의 최소화 • 기대수준의 성능 발휘 여부, 기술상의 애로요인
환경 영향	• 설계, 건설, 운영 전 부문에 정부의 시설사업 기본계획 또는 실시협약(Project Agreement) 상의 환경기준 부합 여부
재무적 평가	• 재무적으로 실행 가능한가? • 필요한 비용을 충분히 충당할 자금력이 있는가? • NPV(net present value), IRR(internal rate of return) 분석에 의해 유사한 위험의 異種事業에 투자했을 경우의 비교투자수익 검토
경제성 평가	• 정부의 SOC 개발 프로그램상의 우선순위를 결정하기 위한 평가이나, 기업으로서는 입찰을 위해, 정부 평가의 검증을 위해 필요
잠정 금융조건 및 예비사업비	• 입찰서의 기준이 됨 (금융기관, 투자자, 시공회사, 설비공급자로부터 획득 가능) • 시설사업기본계획(Request for proposal)은 확정 금융조건은 아니더라도 신뢰성 있는 금융계획을 요구하는 경우가 일반적임.
수정제안, 대안제시	• 구체적인 방법, 기술명세, 가격명세 등 상세자료 첨부

특히 도로 민간투자 사업의 경우 성공사례를 보면 대부분 통행량이 많거나, 상대적으로 총 사업비가 낮거나, 정부의 지원규모가 큰 경우(재정지원이 있는 경우)이므로, 통행량 및 통행요금에 의한 통행료 수입과 투자비, 그리고 투자비 보전을 위한 부대사업에 대하여 보다 상세한 검토가 요구되며 다음과 같은 절차와 내용을 중심으로 작성하여야 한다.

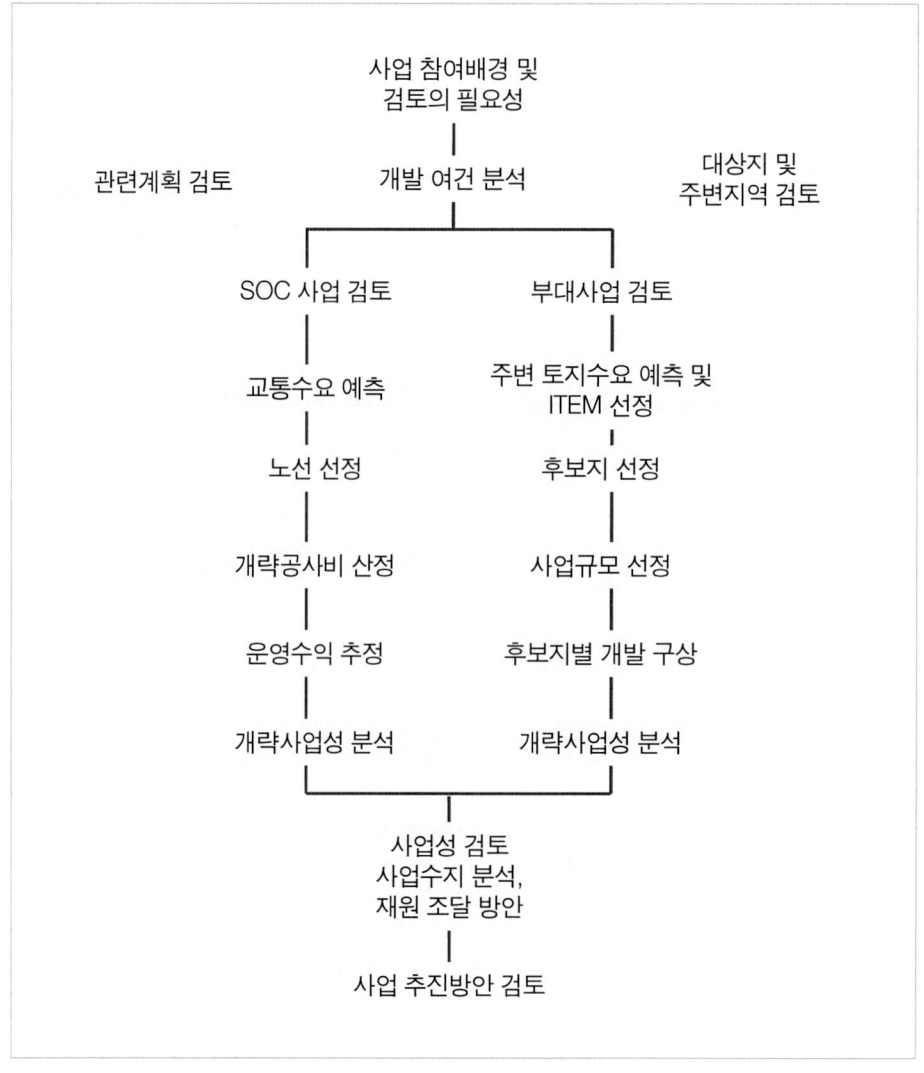

사업 참여 배경 및 필요성	사업에 참여하게 된 배경 및 장·단기적 필요성, 효과를 제시한다.
개발 여건 분석	이 단계에서는 자연환경 분석, 인문환경 분석, 상위계획 검토 등이 이루어져야 함. • **자연환경 분석**: 대상지 및 주변지역의 도시개발 현황, 지형, 기반시설(도로, 용수 전력 등), 개발가능지, 관광자원 등에 대한 구체적이고 체계적인 검토가 필요하다. • **인문환경 분석**: 도시 성격, 인구 증가 추이, 산업 현황, 운송 현황 등에 대한 검토가 필요하다. • **상위계획 검토**: 대상지 및 주변지역과 관련한 제3차 국토종합개발계획, 도·군 건설종합계획, 도시계획, 국토이용계획 등을 검토하여 대상사업과 관련된 사항, 영향력 등을 분석한다.
SOC 사업 검토	• **장래(교통) 수요 예측 (외부 용역업체 의뢰 필요)** 장래 수요예측을 위한 기초자료인 대상지 주변지역의 인구, GNP, 자동차 보유 대수, 인접지역 교통망 계획 등의 조사·분석을 통해 통행량 발생을 예측하고, 이를 근거로 당해 대상지의 교통수단별 교통수요를 목표년도까지 예측하는 과정으로, 컴퓨터 프로그램에 의해 분석이 수행된다. 수요예측 프로그램을 운용함에 있어 Feed-Back이 여러 회 진행될수록 정밀한 수요예측 결과를 얻을 수 있다. • **노선 선정** 기존 노선망과 상위 관련계획 및 관련계획상의 계획노선망과의 연계성, 접근성, 공사비, 선형 등을 감안하여 최적 노선을 선정한다. • **개략공사비 산정** 선정 노선에 대해 토공, 교량, 터널 구간별로 km당 공사비를 적용하여 개략공사비를 산정한다. • **운영수익/비용추정** 운영수익은 장래 교통수요 및 적정 통행요금을 적용하여 산정하며, 운영비용은 유사 유료시설의 운영비용을 적용하여 산정한다. • **개략 사업성 분석** 위에서 산출된 개략공사비, 운영수익/비용 등을 감안하여 본사업에 대해 검토한다.

부대사업 검토	- **주변 토지수요 예측 및 대상사업 ITEM 선정** 　주택지, 공업지, 관광지 등 부대사업이 가능한 사업별로 주변지역 토지 및 시설 수요를 분석, 대상지 주변에 입지 가능한 사업 ITEM을 선정하여야 한다. - **부대사업 후보지 및 규모 설정** 　선정된 대상사업의 입지 가능한 여러 개의 후보지를 선정하여 관련계획과의 연계성, 시장성, 주변 도시와의 관계, 개발 제약 여건 등 선정 기준에 따라 후보지별 특성을 분석하여 1~2개의 후보지를 확정하고, 본사업의 수익성을 보전할 수 있는 범위 및 관련법규 규정한도 내에서 주변 토지 수요를 재검토하여 대상사업의 적정 규모를 산정한다. - **후보지별 개발 구상** 　후보지별로 개발구상을 작성하고, 토지 이용 계획안을 마련하여 개략공사비를 산정한다. - **개략 사업성 분석** 　개략 공사비, 분양계획, 분양가, 각종 세금 등을 감안하여 부대사업에 대한 사업성 검토를 실시한다.
사업성 검토	- **사업수지 분석**: SOC 사업과 부대사업을 포함한 전체사업의 종합적인 수익성을 분석한다. - **재원 조달 방안**: 총 투자비에 대하여 자기자본비율을 결정하고, 타인자본에 대해서는 재원 조달기관별로 조달 규모를 결정한다.
사업 추진 방안	- **사업 참여 및 시행방식**: 단독 참여, 동업 타사 간 컨소시움 참여, 그룹사 간 컨소시움 참여 등 다양한 사업 참여 방안을 검토한다.

③ 참여 여부 검토

각 대상사업의 참여 여부는 각 사업에 대한 개략적 사업 검토를 기반으로 매년 초 정부의 민간투자 기본계획이 고시되는 시점에 맞추어 작성하는 「회사의 SOC 추진 계획」 수립 시 결정되며, 당해 사업에 대한 Check List를 통해 사업의 우선 순위를 결정하여야 한다.

참여 우선순위 결정을 위한 Check List

항목	내용
1. 그룹 및 당사 전략적 측면	그룹 및 당사의 이미지 제고, 사회 공헌성 등 그룹에서 전략적으로 추진하는 의지가 강력한지 여부
2. 사업의 수익성	본사업 자체만으로 높은 수익성이 보장되는지 여부
3. 투자 회수성	투자비 규모의 적정성, 투자 회수 기간이 짧은지 여부
4. 기술력 제고 측면	사업 참여로 신기술력 확보의 기회가 되어 기회 선점이 가능하고 사업의 다각화에 도움이 되는지 여부
5. 연고권 확보 측면	사업참여로 연관된 시설사업에 대한 투자 및 시공권을 우선적으로 확보할 수 있는지 여부
6. 그룹사 간 시너지 효과 측면	그룹 계열사 간 파급효과가 크게 기대되는지 여부
7. 국가 정책 방향과 부합성	정부의 최우선 추진 Project(대통령, 지자체 공약 사업 등)인지 여부
8. 경쟁력 우위 측면	동종업체와의 경쟁에서 기술력, 연고권 측면에서 우위에 있는지 여부
9. 투자여력	당 사업에 투자할 당사의 투자여력이 있는지 여부
10. 부대사업 측면	양호한 부대사업 입지 및 부대사업의 사업성이 있는지 여부
11. 사업의 용이성	사업 추진상의 법적 제도적 용이성

SOC 사업 참여 Check List

작성시기	매년 1~2월 (기타 수시로 작성)
검토 대상사업	1. 민간투자 기본계획상 대상사업 2. 회사 제안 사업 3. 지자체 민간투자사업
우선순위 선정	1. 주도적 참여 대상사업 2. 참여 대상사업 3. 기타(검토 중) 사업

CHECK-LIST

PROJECT별 일정 수립	정부 및 지자체 사업 추진 계획에 맞추어 회사의 세부 추진일정 수립

개략적 내부전략 수립

그룹 및 회사의 전략적 사업, 높은 수익성이 확보되는 사업, 기술력을 제고할 수 있는 사업, 연고권 확보가 가능한 사업 등에 주안점을 두고 SOC 사업을 추진하여야 한다.

민감도 분석 시 고려해야 할 주요 변수	
교통수요	• 통행료 수입의 변화에 영향을 미침 - 시설사업 기본계획의 보장 범위를 적용시킴
투자비	• 건설비용, 건설기간, 부대비 등 - 건설비용: 실행가, 설계가 등으로 검토 - 건설기간: 최소 가능 공기 및 최대 공기
운영비용	• 시설 유지관리비, 일반관리비, 보험료 등 • 법인세의 포함 조건
할인율	• 정부의 관점, F/A의 관점, 출자자의 관점을 고려하여 적정수준 산정 • 최저 기대수익률 수준에서부터 검토
세금	• 기부채납부가세, 법인세 등 제세금의 납세기준, 세율
차입조건 등	• 차입규모, 조달비중, 차입이자율, 상환조건 등 고려

- 전통적인 기법은 현금흐름의 시간적 개념을 고려하지 않은 기법이고, 현금흐름 할인기법은 현금흐름을 근거로 화폐의 시간가치 개념을 적용한 기법이다.
- 경제성 분석 시에는 현금흐름 할인기법에 의한 방식을 사용하며, 전통적인 방법은 보조자료로 활용한다.
- 민간투자 기본계획상 통행료 및 무상사용기간을 산정하는 방식은 총 투자비용의 현재가치와 운영수익의 현재가치를 같게 하는 시점을 구하는 방식으로 순현재가치법(NPV)을 이용하고 있다. 경제성을 검토하기 위한 대전제로서 각종 변수들에 대한 타당성 검토를 한 후 기준을 설정한다. 각종 변수로서는 분석기간, 현금흐름 추정을 위한 할인율, 물가상승률, 투자비 조달 방안, 대출 조건 등이 있으며, 이와 같은 주요 Factor들은 추후 민감도 분석 시 재검토된다.

④ 경제적 타당성 검토

● 전통적인 기법:
  - 회수기간법 (Payback period method; PPM)
  - 회계적 이익률법 (Accounting rate of return method; ARR)

● 현금흐름 할인기법:
  - 순현재가치법 (Net present value; NPV)
  - 내부수익률법 (Internal rate of return method; IRR)

항목	내용
분석도구	• 회수기간법 • 회계적이익률법 • 순현재가치법 • 내부수익률법
가정 조건 설정	• 각종 변수(Parameter)에 대한 타당성 분석
총 사업비 산정	• 민투법, 민간투자기본계획에 근거함
운영수입 및 비용 검토	• 추정 교통수요 적용 / 통행료 수입 산정 • 향후 운영관리 계획 및 비용 산출
추정 cash flow 작성	• 향후 현금흐름 추정 - Cash flow를 통한 투자내부수익률 산출
민감도 분석	• 각종 변수별 민감도 분석 • 사업성 분석 결과에 대한 해석과 종합 의견 제시

[보충] 자본예산기법(Capital Budgeting Method)

① 투자안 평가의 4가지 기법

- 화폐의 시간가치 개념을 고려하지 않은 방법: 회계적이익률법(ARR), 회수기간법(PBM)

- 화폐의 시간가치 개념을 고려한 방법: 내부수익률법(IRR), 순현가법(NPV)
  - 현금흐름 할인모형(Discounted cash flow)이라고 함.

② 회계적이익률법(ARR)의 투자안 평가

$$\frac{연평균순이익}{연평균투자액} = \frac{연평균순익}{총투자액/2} \qquad 목표이익률 < ARR : Accept$$

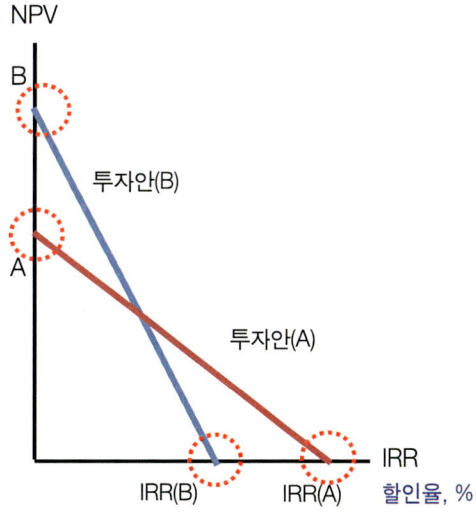

NPV와 IRR

- 상반된 결과를 가져올 경우: NPV가 유리

  - NPV는 재투자수익률 가정
  - IRR은 투자로부터 기대되는 CF를 투자안의 IRR로 재투자한다고 가정 (항상 수익률이 높은 사업기회가 존재하지 않음)
  - NPV는 자체가 투자로부터 얻는 기업가치의 증가분을 의미
  - IRR은 투자자로부터 얻는 수익률을 의미
  - NPV는 값이 항상 일정
  - IRR은 복수의 IRR 존재 투자의사 결정하기가 어려움

[보충] NPV vs IRR 기본개념 잡기

[예제] 수근이는 편의점에서 아르바이트를 하던 중 편의점 주인인 호동으로부터 700만 원에 편의점을 인수할 것을 제안받았다. 수근이는 3년 후 결혼을 준비하고 있기 때문에 3년만 운영할 계획이다. 이 편의점은 1년 후 200만 원, 2년 후 300만 원, 3년 후 400만 원의 순현금흐름이 예상된다. 현재 시장이자율이 10%라면 이 투자안으로부터 기대되는 현재가치는 어떻게 될까?

✓ **NPV의 이론적 바탕**

$$NPV = \sum_{i=1}^{n} \frac{CI_n}{(1+i)^n} - CO_n$$

- 만일 위의 식에서 총 현금유입(CI)과 총 현금유출(CO)이 같다면 분모의 이자율로 인해 NPV는 -(負)가 되고, NPV 값이 "0"이 되려면, 보다 높은 이자율이 되어야 한다.
- 따라서 기대수익률은 이자율보다 높아야 한다.
- 그러므로 시장이자율 = 투자수익률 = 사업수익률 = 할인율이 된다.
- 따라서 IRR은 NPV= 0이 되는 할인율을 의미한다.

Solution

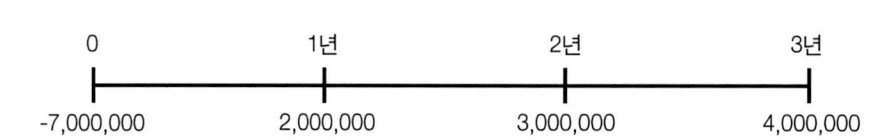

$$302{,}780 = \frac{2{,}000{,}000}{(1+0.1)^1} + \frac{3{,}000{,}000}{(1+0.1)^2} + \frac{4{,}000{,}000}{(1+0.1)^3} - 7{,}000{,}000$$

- 수근이가 현재 7,000,000원을 투자할 때 매년 현금유입이 위와 같다면, 3년 간 얻게 되는 현금흐름은 302,780원이 된다.

[보충] WACC(Weighted Average Cost of Capital) 기본 개념 잡기

[예제] 편의점 인수자금 700만 원 중 수근이가 운전을 잘해서 번 돈으로 140만 원을 조달하고, 은행으로부터 560만 원을 연리 10%로 차입해서 조달했다. 수근이의 자기자본에 대한 기대수익은 20%이며, 투자에 대한 기회손실 등을 포함해서 12%의 수익률이 기대된다. 은초딩은 어떻게 수근이에게 자문을 할 수 있을까?

- ✓ WACC (Weighted Average Cost of Capital)
- ✓ IRR (Internal rate of return)
- ✓ WACC = 자기자본 / (타인자본+자기자본) x 자기자본비용+타인자본 / (타인자본+자기자본) x 타인자본비용

Solution

자본구성	자본구성비	기회비용&이자율	계
140만원	20%	20%	4.0%
560만원	80%	10%	8.0%
700만원	100%		12.0%

WACC = IRR

- IRR = 12%이고 WACC와 동일한 수준이므로, 투자해도 손실은 보지 않는다고 조언해주었다.

✓ 타인자본비용 적용 시 tax 효과를 반영하지 않고 WACC를 산정하는 경우는 세전사업수익률을 의미하고, tax 효과를 반영하여 WACC를 산정하는 경우는 세후사업수익률을 의미한다.

[보충] 회수기간법(Payback Period Method) 기본 개념 잡기

✓ **회수기간법**
- 현금 유입액과 현금 유출액을 단순 합계할 경우 (+)로 전환되는 시점을 측정
- 회수기간이 짧을수록 우수한 사업이라고 판단함

[1안] 4년차에 (+)로 전환

구분	계	1년	2년	3년	4년	5년
현금유출	-250	-50	-50	-50	-50	-50
현금유입	300			100	100	100
합계	50	-50	-50	50	50	50
누계		-50	-100	-50	0	50

[2안] 5년차에 (+)로 전환

구분	계	1년	2년	3년	4년	5년
현금유출	-250	-30	-40	-50	-60	-70
현금유입	30	10	20	50	90	130
합계	5	-20	-20	0	30	60
누계		-20	-40	-40	-10	50

VS

다시 한 번 생각하기: 할인율 10% 시

NPV	16	-45	-41	37	34	31
누계		-45	-86	-49	-15	16

VS

NPV	23	-18	-16	0	20	37
누계		-18	-34	-34	-14	23

- 위의 표를 보면 PPM 법에 의해 [1안]이 [2안]보다 회수기간이 짧아 사업성이 있는 것으로 평가되었으나, 화폐의 시간개념을 고려할 경우 동일하게 5년차에 회수되는 것으로 나타났고, 현금 유입금액의 크기 비교에서는 [2안]이 더 유리한 상반된 결과가 나온다.

[보충] Nominal interest rate VS Real interest rate and Inflation

[예제] 고리대금업자인 '수전노'는 이자를 받아 생활을 하는 사람이다. 당신은 2012년 1월 1일부터 수전노로부터 연 10%의 이자율로 1,000만원을 빌려 쓰고 있다. 2013년 당시 물가상승률은 4%였으나 지금은 물가상승률이 2% 수준이다. 그렇다면 부자인 수전노가 당신 눈치를 보는 이유는 뭘까?

$$명목이자율 = (1 + 실질이자율) \times (1 + 물가상승률) - 1$$

수전노의 C/F	물가 하락 전 C/F	물가 하락 후 C/F
명목이자율	10%	7.89%
물가지수	4%	2%
실질이자율	5.77%	5.77%
실질이자	57.7만원	57.7만원
명목이자	100만원	78.9만원

현재 [시설사업기본계획고시]
- BTO: 물가 4%가정
- BTL: 물가 3%가정
- 사업수익률(재무모델)
  - BTO 사업 : 실질수익률 5%초반
  - BTL 사업 : 명목수익률 (국고채 yr 5) + α

[보충] 수익률과 할인율 기본 개념 잡기

채권수익률: 채권 가격을 나타내는 수단

- 투자채권의 미래현금흐름의 현재가치를 일치시키는 할인율
- r은 **투자수익률, 시장수익률, 유통수익률, 내부수익률, 만기수익률**(yield to maturity)

만기시점에만 현금흐름 발생 시 채권 가격(P)	만기 전에 **여러 번** 현금흐름 발생(이표채)하는 채권 가격(P)
$$P = \frac{S}{(1+r)^n}$$ S : 만기금액 (원금+이자) r : 채권수익률 n : 잔존기간	$$P = \sum_{t=0}^{n} \frac{I_t}{(1+r)^t} + \frac{S_n}{(1+r)^n}$$ I_t : t회차 채권의 표면 이자소득 t : 현금흐름 회차 S_n : 원금

채권공급 ↑   채권가격 ↓   채권이자율(금리) ↑   채권수익률 ↓

> 현재시점 1억 × (1+10%) → 미래시점의 1억 1천 (이 경우 10%는 **수익률 개념**)
> 미래시점 1억 1천 / (1+10%) → 현재시점의 1억 (이 경우 10%는 **할인율 개념**)

(2) 사업 준비 단계

사내 전략 수립을 위해서 본사업의 그룹 및 회사의 참여에 대한 사회기여도, 사업성, 장래성 등을 중점적으로 고려해야 하며 필요 시 사업의향서를 제출하는 등 적극적으로 행동(action)해야 한다.

- **사업의향서 내용**: 사업의 목적, 필요성, 사업개요, 개략사업성 분석, 재원조달 계획, 사업추진형식, 도면, 건의 등으로 표지 포함하여 10page 이내로 구성된다. (출처: 기획재정부 주무관청)

① 내부전략 수립

- ✓ 사업개요, 각계 동향 파악, 민자추진 전략, 부문별 업무 분장 및 일정계획, 사업성 분석 등을 면밀히 검토한 후 보고한다.
- ✓ 사업성, 사회적 인지도, 경영방침에 의거하여 사업 참여 구간, 시공 구간 등을 검토하고 참여여부를 결정해야 한다.
- ✓ 제2섹터 시행방식(단독참여/그룹 관계사 간 컨소시움)으로 참여할 것인가, 제3섹터 시행방식(당사+정부투자기관/민간 컨소시움+정부투자기관 등)으로 참여할 것인가를 결정해야 한다.

부문별 업무 분장 수립

부문	주요내용	담당
대관섭외	- 시설사업 기본계획 내용 입수, 개선사항 건의 등	SOC팀
설계 및 공사	- 대안 설계, 설계용역 외주관리, 설계도서 입수 - 시행 예산 편성, 기술 도입 계획, 시공 계획	SOC팀 설계팀 용역업체
부대사업	- 부대사업 대상자 선정, 개발구상, 개발이익규모 산정	SOC팀 설계팀 용역업체
대경쟁사	- 동업 타사 추진동향 및 타사와 컨소시엄 협의 - 컨소시엄 대상업체 선정 및 협약서 검토, 체결	SOC팀 법무팀
자금	- 재원 조달 계획 수립 - 사업 추진비 지원	자금팀 회계팀 PF팀
업무 취합	- 일정 관리, 업무 협의	SOC팀

② 컨소시엄 구성

- ✓ 사업의 실행 단계로 사업계획서 작성에서부터 사업시행자 지정과 별도 법인이 구성되어 업무의 인수인계가 이루어지기까지의 모든 민자업무를 사실상 주도한다.
- ✓ 컨소시엄 파트너 간의 유기적인 도움 없이는 사업의 성공이 있을 수 없다. 따라서 상호 신뢰관계가 지속적으로 유지될 수 있도록 파트너 간 노력이 있어야 하므로 파트너 선정 시 세심한 고려가 필요하다.
- ✓ 사업의 주관자로 선정되기 위해서는 전략적인 제휴가 필요한데, 이러한 관점에서 각 회사별로 SOC 담당 조직 및 추진사업 조사, 정기적인 경쟁사·정부 방문으로 각계 동향을 파악해두어야 하며, 사업의향서 제출 업체를 중심으로 이들의 컨소시움 구성의 장단점을 파악하여 참여 의향을 타진할 필요가 있다.
- ✓ 정부 및 은행의 동향을 파악하여 민자 추진 일정, 정부 지원 규모 등을 파악하고 SOC Project Financing 사례조사 및 P/F 참여의사를 사전에 타진해 두는 것도 좋은 방법이다.
- ✓ SOC 실무자 모임을 통해 경쟁회사를 배제하고 단일 업체의 독주를 견제하기 위해 업체 간 협의체를 구성, 협의와 정기적 임원모임을 통하여 각 사별 사업 참여 여부 및 투자규모를 파악해두면 매우 유리한 위치를 선점할 수 있다.

- 컨소시엄 파트너 간 유기적인 협조
- 각 회사별 SOC 담당 조직 및 추진사업 조사, 정기적인 경쟁회사·정부 방문으로 각계 동향 파악
- SOC Project Financing 사례 조사 및 P/F 참여의사를 사전에 타진
- SOC 실무자 모임 및 정기적인 임원 교류 필요

(가) 컨소시엄 구성 시 주요 검토사항

대 외	대 내
• 각계 동향 파악 • 각 사별 SOC 담당조직 및 추진사업 조사 • 정부측 민자추진 일정, 지원규모 조사 • 대주측 SOC 사업 투자의향 조사 • 정기적 SOC 부서장 모임 및 임원모임 참석/주관	• 별도법인 운영형태 검토: 국내외 사례 조사 • 컨소시움 파트너 선정 　- 기술력 재원 확보 등 이해관계가 일치하며 당사의 경영방침에 부합되는 기업 선택 • 컨소시움 협약서(안) 작성 　- 사례 조사 및 법무팀 협조 의뢰
• 컨소시움 구성 준비 • 공동사업 추진을 위한 임시 민간 협의체 구성 • 참여회사 간 업무 분장 　- 부문별 회의 • 임시 운영위원회 구성 　- 협약서 체결 • 사업단 결성/인원 파견 요청	• 합동사업 참여에 대한 품의 작성 • 부문별 자료준비 　- 설계/견적/재무분석/운영 등 • 간사회사로의 참여여부 결정 　- 협약서 최종검토/체결에 대한 품의(서)작성 • 실무 추진 Part별 파견 인력결정 　- 컨소시움 소요경비 승인에 대한 품의 작성

컨소시엄 구성: 준비

공동사업 추진을 위한 임시 민간협의체 구성 (실무자 차원)

- 구성회사: 컨소시엄 참여의사를 밝힌 건설업체 중심
- 목적: 주요 현안사항 검토
- 주요 검토사항
  - 참여회사의 성격 결정
    (운영방식, Leading Company 결정, 지분 합의, 추진일정)
  - 사업계획서 작성방안 검토
    (협약서 체결 시기 및 협약서 내용 검토, 공동사무실 위치 결정, 조직/파견 인원 및 자격, 경비 처리 등)

사업 참여 회사 간 업무 분장

- 재무분석, 기술검토, 협약서 내용 검토 등 관심 분야별 간사회사 중심으로 민자사업단 업무개시 전까지 수시로 회의개최
- 공동 사업추진을 위한 기초 자료 준비

임시운영위원회 구성

- 구성: 각 회사를 대표하는 SOC 담당 임원
- 최고 의사결정기구
  - 임시 대표회사 및 간사회사 선정
  - 실무부서장 회의에서 상정한 사항들에 대한 심의, 결정

협약서 체결

- 각 사별 합동사업 참여 의향서 날인, 제출
- 민자사업단 협약서 내용 확정, 날인

소요예산 편성

- 사업단 추진비용으로 용역비, 인건비, 사무실 임대료, 업무 추진비 등 편성

(나) 협약서의 구성

주요항목	세부내용
총칙	• 협약 체결 • 사업단 구성 • 사업의 목적 • 사업의 범위 • 회원사의 기본 권리와 의무 • 공사의 시행방법
대표회사 및 간사회사	• 대표회사 역할 및 지분 • 상위 3개회사 내지는 간사회사 역할 및 지분
운영위원회	• 권한 • 구성 • 위원장 • 의결사항 • 운영위원회 개최 및 소집 • 의결 등
실무추진팀	• 업무 및 대표권한 • 구성 및 활동시한
구성원 지위 및 권리의무의 변동	• 신규가입 • 탈퇴 • 권리의무 양도의 제한
기타	• 비용의 부담 및 정산 • 소요비용 분담비율 및 정산 • 협약의 발효 및 시한

공동추진협약서는 컨소시엄 협약서라고도 하며, 대표회사와 참여회사의 역할과 책임, 공구 선택의 우선권, 비밀 유지에 관한 사항, 주간사 수수료, 제명과 탈퇴, 운영분담금의 납부와 관리, 공사원가 미납에 따른 책임사항 등을 규정하고 있다. 사업추진 초기에 회원사의 사업참여에 대한 needs가 강하므로 사실상 공동추진협약서에 사전에 명확히 규정하여 논쟁 또는 분쟁의 소지를 사전에 차단할 수 있는 가장 강력하고 중요한 수단이다.

(다) 사업단의 구성 및 운영 과정

사업단은 다음과 같은 과정에 의해서 운영되며, 각각의 회사에서 최적의 적임자를 파견하여 사업권을 획득하기 위해 긴밀한 협조가 잘 이루어져야 한다.

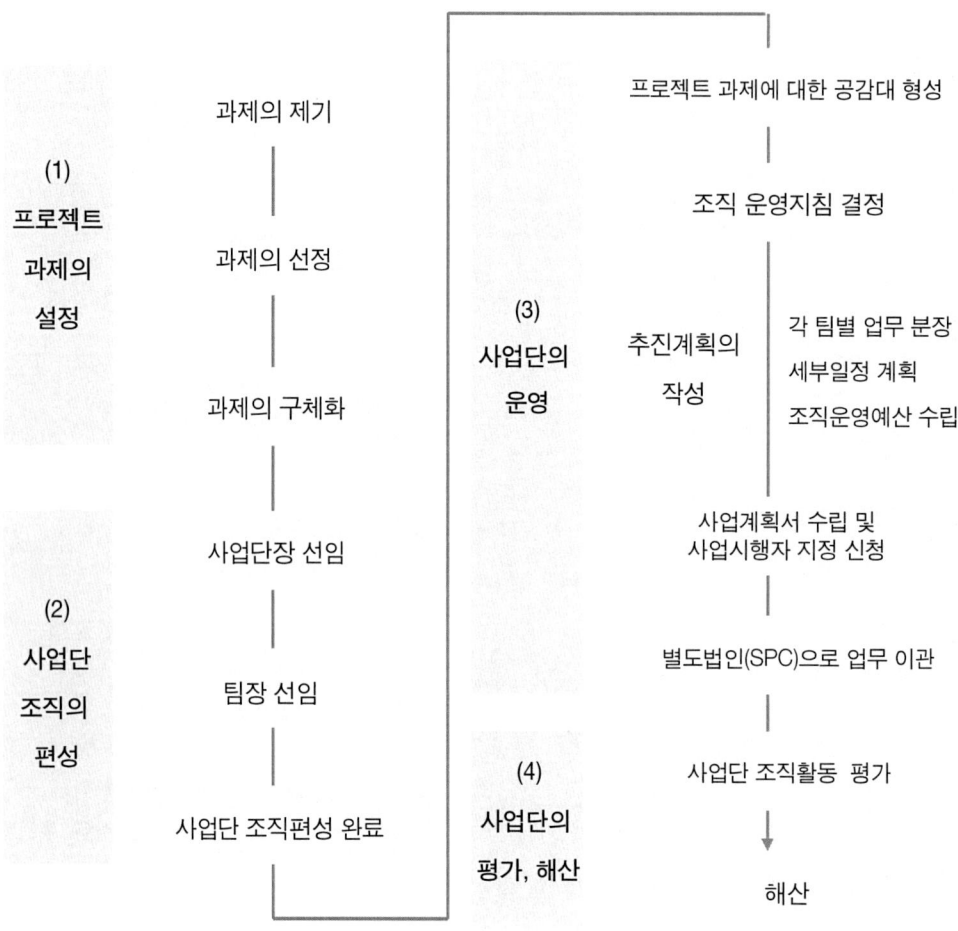

(라) 사업단 조직

사업단 조직은 사업제안서의 업무를 총괄하는 총괄팀과 재원조달과 가격부문을 담당할 금융재정팀, 설계 등 기술분야를 총괄하는 기술팀으로 나눠 편성하는 것이 기본적인 사업단 조직이다.

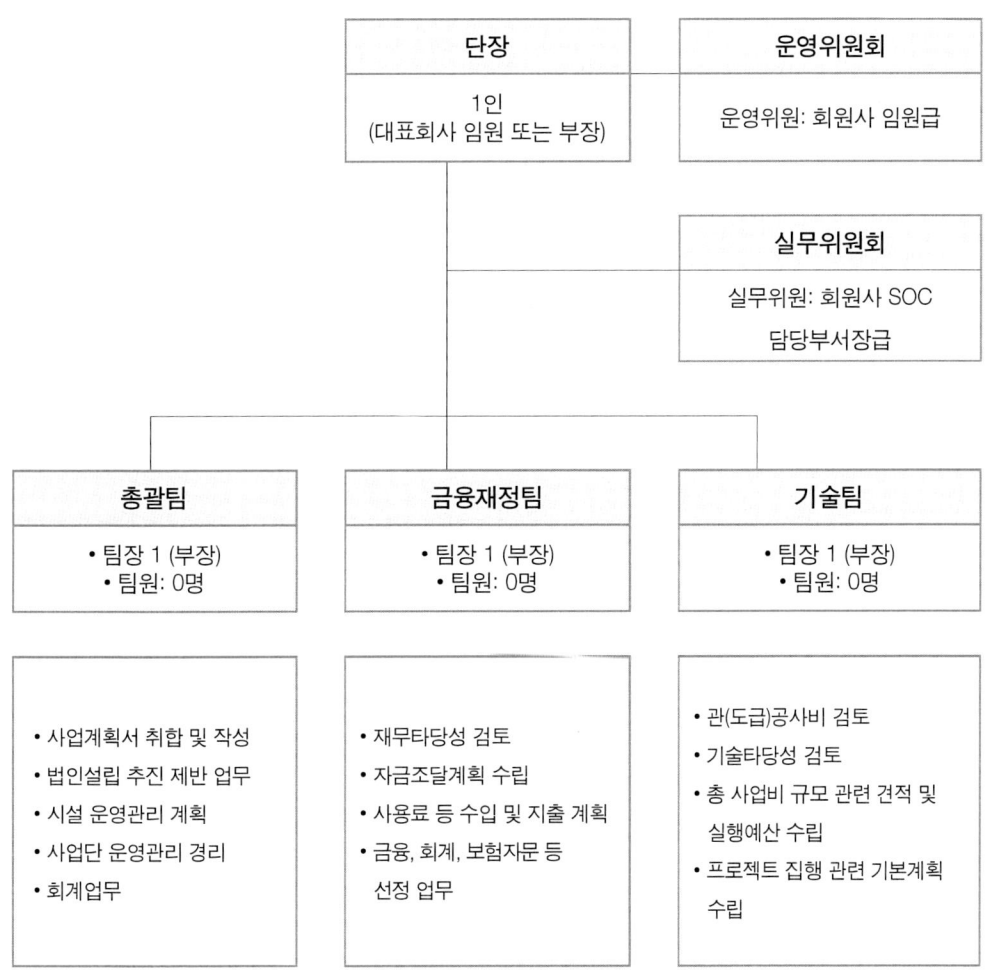

(3) 사업 추진 단계

사업계획서는 사업단의 가장 핵심적인 사항이며 모든 사업 추진의 전략이 집중되므로 극도의 보안이 필요하다.

① 사업계획서 제출

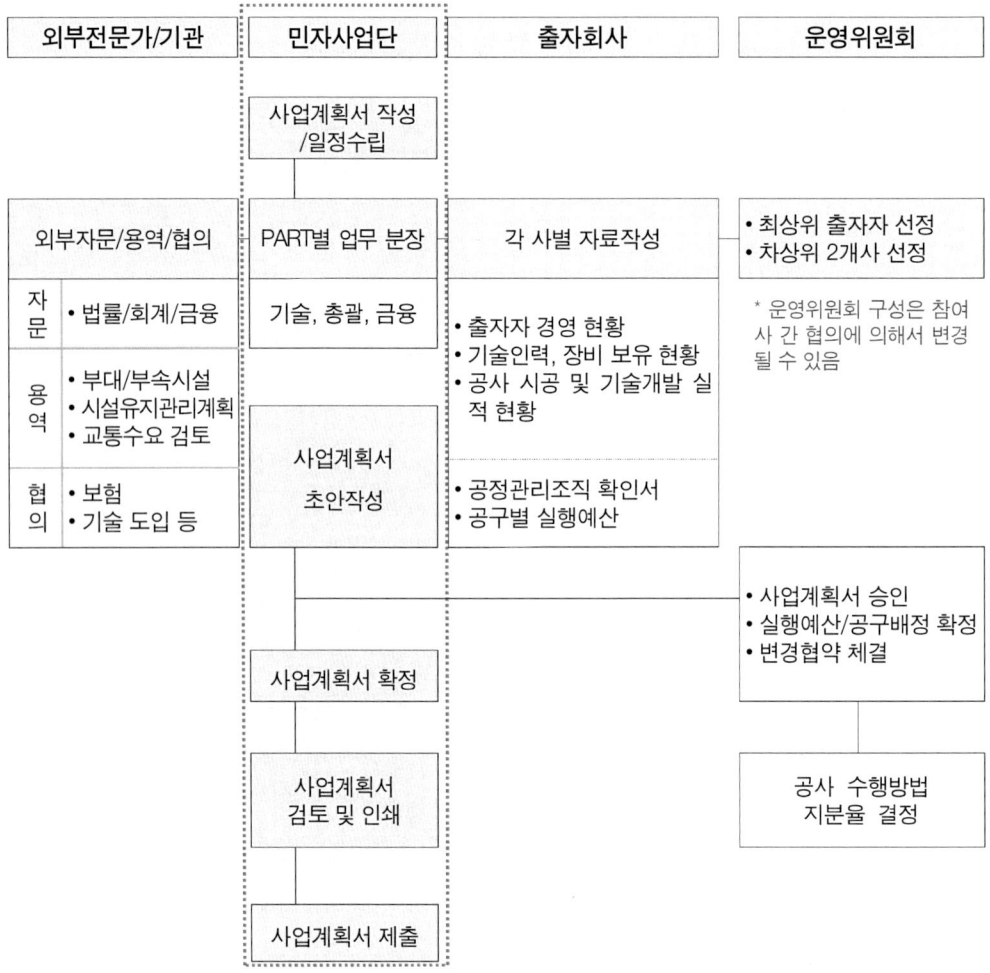

1) 수요예측 Process

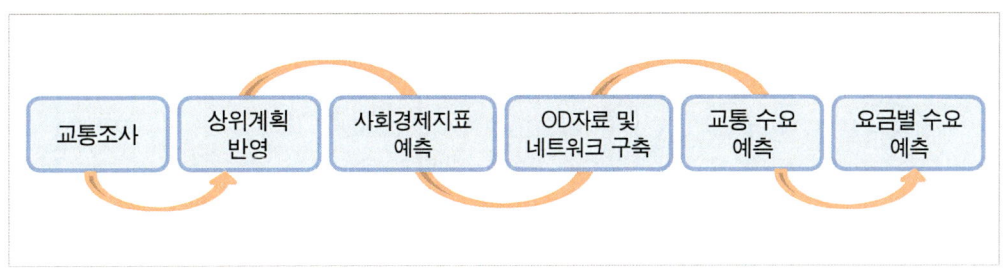

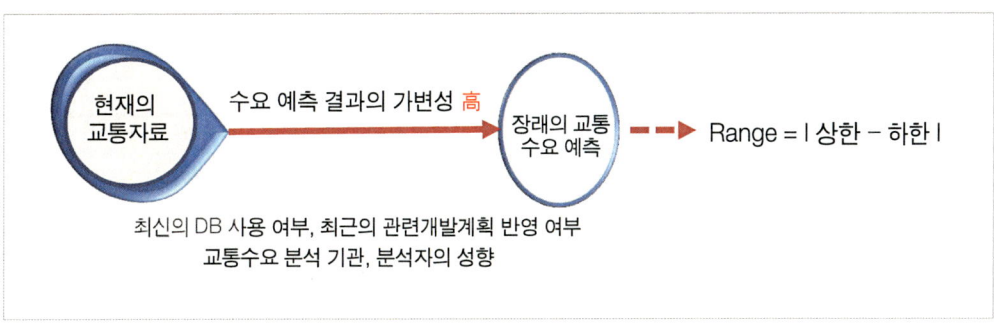

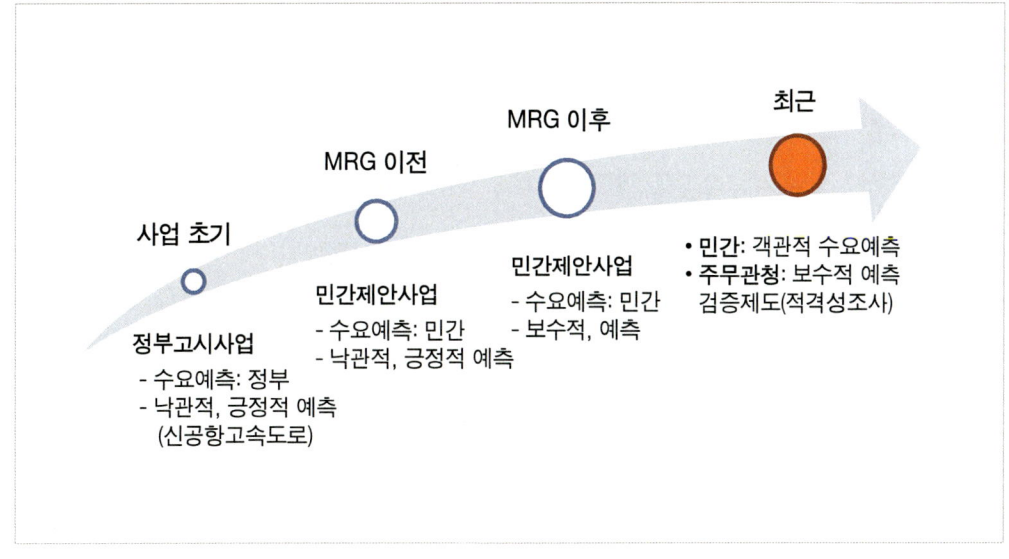

수요 예측 절차도

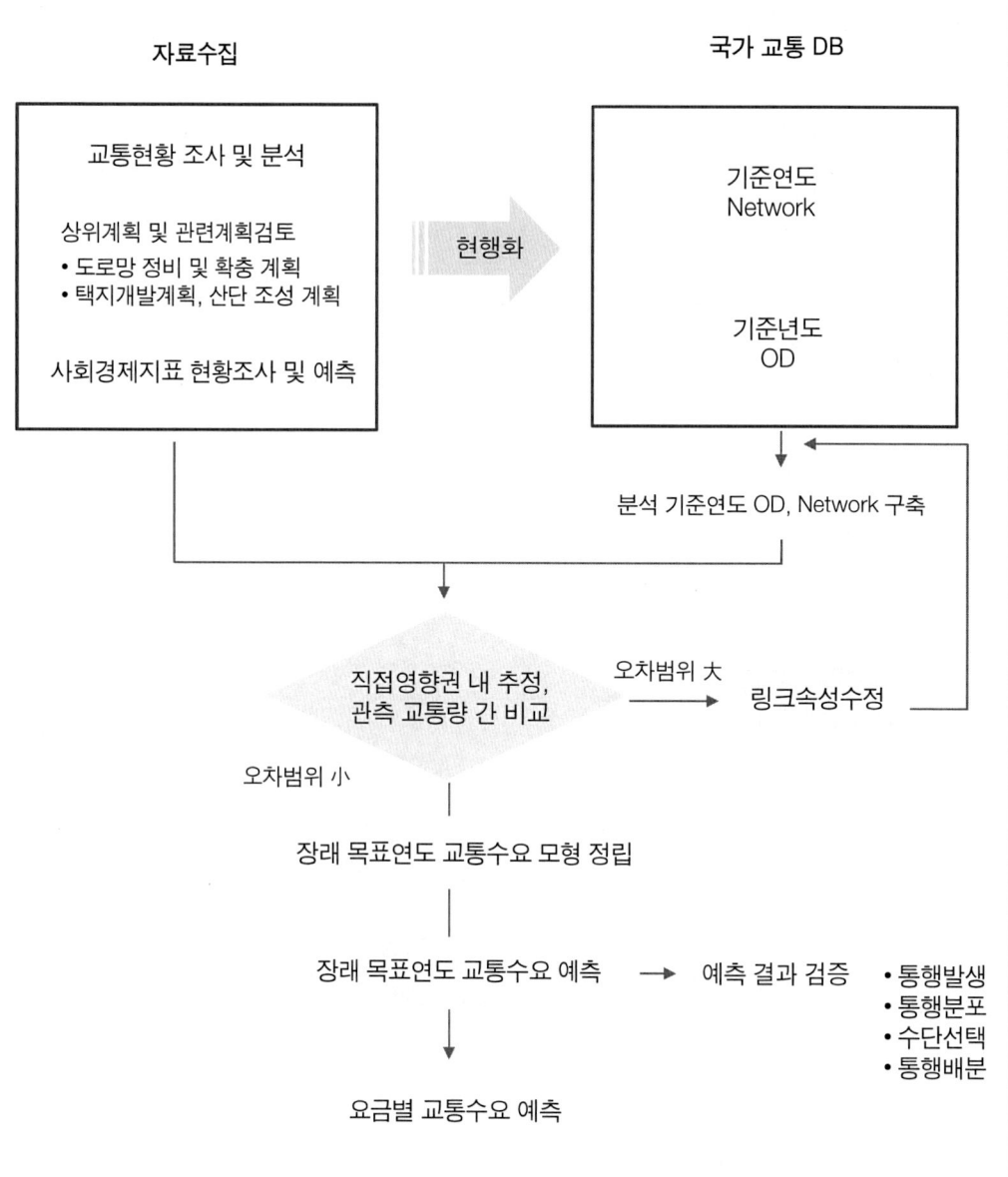

수요 예측 지침

구분	기본지침
통행 발생	• 모형: 국가교통 DB의 통행 발생 모형 수용 - 수용 곤란 시, 관련 보고서 사례 검토 후 적정 모형 선정 • 결과 검증: 직·간접 영향권, 외부존 및 대·중존 등에 대해 국가교통 DB의 교통존별 예측결과와 대상 사업 간의 ① 총 통행량, ② 교통존별 통행 발생·도착량, ③ 교통존별 인당 통행 수, ④ 교통 인구당 통행 수, ⑤ 학생당 통행 수에 대해 비교 및 검토
통행 분포	• 모형: 국가교통 DB의 통행 분포 모형 수용 - 수용 곤란 시, 관련 보고서 사례 검토 후 적정 모형 선정 • 결과 검증: 직·간접 영향권, 외부존 및 대·중존 등에 대해 국가교통 DB의 교통존별 예측결과와 대상 사업간의 ① 교통존 간 통행량, ② 교통존 간 통행분포비 ③ 교통존 간 중방향비 비교 및 검토
수단 선택	• 모형: 국가교통 DB의 수단 분담률 산정 모형 수용 - 수용 곤란 시, 관련 보고서 사례 검토 후 적정 모형 선정 • 결과 검증: 직·간접 영향권, 외부존 및 대·중존 등에 대해 국가교통 DB의 교통존별 예측결과와 대상 사업간의 ① 총 수단 통행량, ② 수단별 통행량·분담률 비교 및 검토

노선 배정	• 모형: 국가교통 DB의 통행 배분 모형 및 통행비용함수(VDF) 수용
	  - 수용 곤란 시, 관련 보고서 사례 검토 후 적정 모형 선정
	  - 사업노선 특성 고려하여 VDF 파라메터.변수 보정가능
	• 결과 검증: 경쟁 노선, 주변 주요 노선 교통량과 대상사업 간의 ① 구간별 교통량, ② 구간별 혼잡도(V/C) 비교 및 검토

구분	기본지침
통행요금 부과방식 검토	• 기존 사례 검토: 기존 유료도로 통행요금 부과방식 검토 • 적정 방식 선정: 대상 사업노선 특성을 고려, 적정 요금부과방식 선정

통행요금 결정	• 기존사례 검토: 기존 유료도로의 차종 구분 기준 및 종별 요금 검토
	• 요금 결정방법 제시: 다음 방법 중 적정한 방법을 선정하여 요금 대안 결정
	   ① 이용자 요금선호도에 대한 설문조사
	   ② 기존 유료도로 및 민자도로 통행요금 적용사례에 의한 방법

통행요금별
교통수요 예측
	• 다음 방법 중 적합하다고 판단되는 방법을 선정하여 요금별 수요 예측
	   ① VDF에 요금반영 방법: KDI 기준 준용
	 - 통행요금을 시간가치화(1대당 적용시간가치, 평균 통행요율, 유료도로 통행요금 가중치 산출) → 국가교통 DB VDF에 반영 → 통행 배정
	   ② 선호도 조사(SP)에 의한 전환율 산정 방법
	 - 방법: 사업노선 요금에 대한 이용자 선호도 조사 → 전환모형 산정 및 파라메터 추정(SP분석 프로그램 활용) → 통행요금별 교통수요 변화 및 전환율 산출

요금에 대한 탄력도 분석	• 무료 시 대비요금 대안별 교통수요, 전환율, 탄력도 산정 [step 1] 요금에 대한 비용의 계량화 • 요금 대안별 교통수요, 운행비용, 시간비용, 통행료 산정 [step 2] 통행요금에 대한 목표연도별 수요탄력도 분석

요금 적정성
검토
	• 대상사업노선과 경쟁노선 설정 후, 다음 항목에 대해 비교 및 검토
	   ① 이용자 편의: 통행속도, 통행시간의 증감
	   ② 통행비용 적정성: 운행비용, 시간비용, 통행료의 증감
	   ☞ 통행요금이 적정하지 않다고 판단 시 요금 탄력도 분석 재시행

요금부과 시 수요 분석	• 적정 요금수준을 적용하여, 목표연도별, 구간별, 차종별 교통수요 예측결과 산출

통행요금별 수요 예측 절차

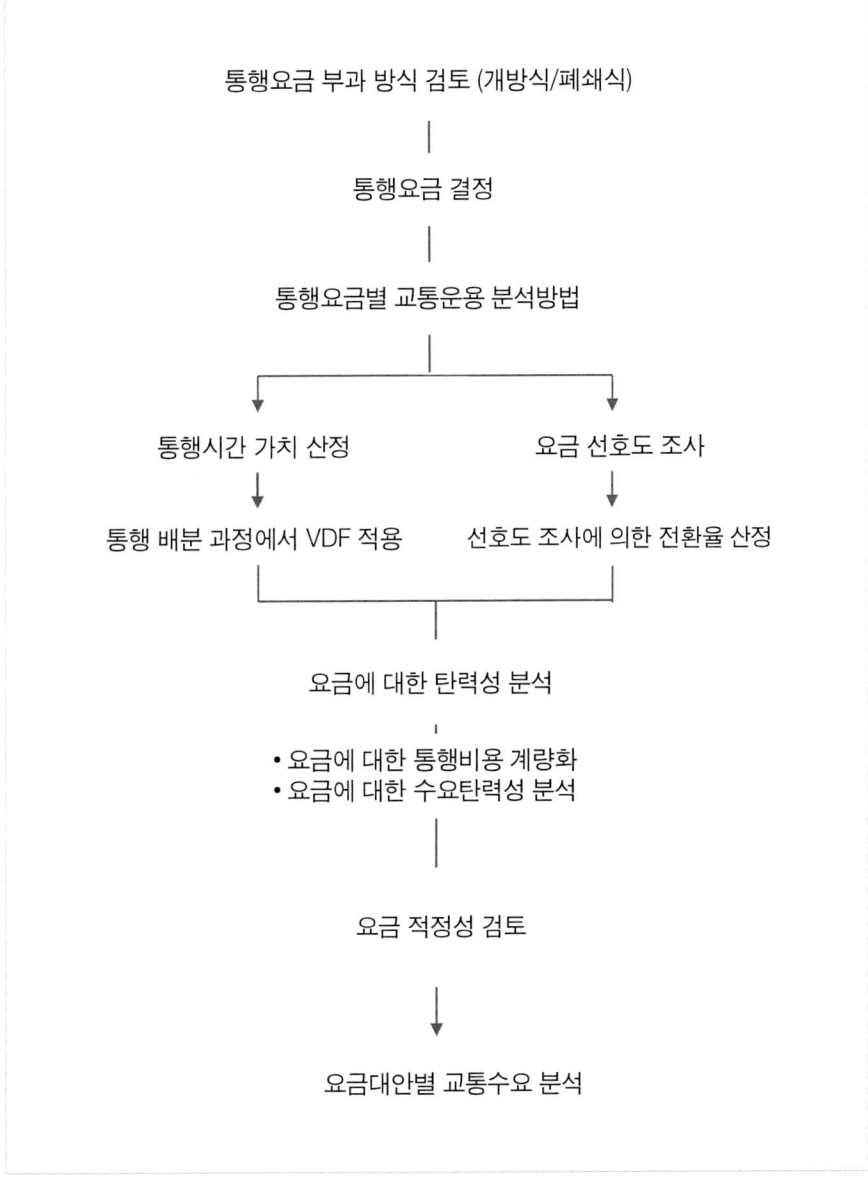

2) 총 투자비에 대한 재원조달 구조

- SOC 민간투자사업의 대부분이 대규모 자금조달 동반
- 사업 성패 여부는 효율적이고 경쟁력 있는 재원조달에 의존

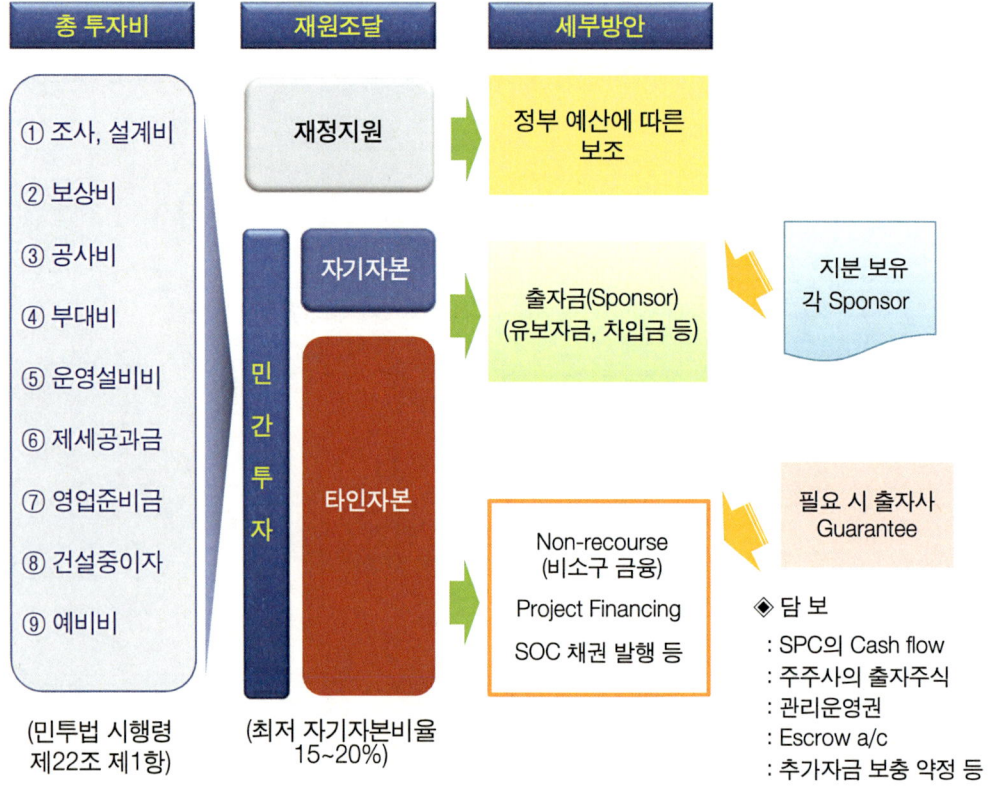

3) 각 재원조달 방식에 대한 특성 비교

구분	자기자본	선순위차입금	후순위차입금
계정	자본	부채	부채
주체	주주	금융기관	금융기관/주주
분배	배당	이자	이자
법인세 효과	없음	있음	있음
활용목적	경영참여 배당이익 목적	안정성 재무 레버리지 효과	투자이익, 자금보충 레버리지 효과 등
상환 우선순위	3	1	2

구분	변제 순위	위험도	수익률	회계기준상 구분	BIS 기준상 구분
선순위 채무	1순위	저	저	부채	부채
후순위 채무	2순위	중	중	부채	일부 자본 인정
자기자본	3순위	고	고	자본	자본

타인자본조달(금융기관차입금)은 Project의 특성과 민간투자제도상 해지시지급금의 범위에 포함되는지의 여부에 따라 아래와 같이 구분된다. 각각의 대출금과 후순위 중 fund 참여 금액은 이러한 내용들을 고려하여 그 규모를 산정하고 건설출자자의 출자비율을 정하도록 요구한다.

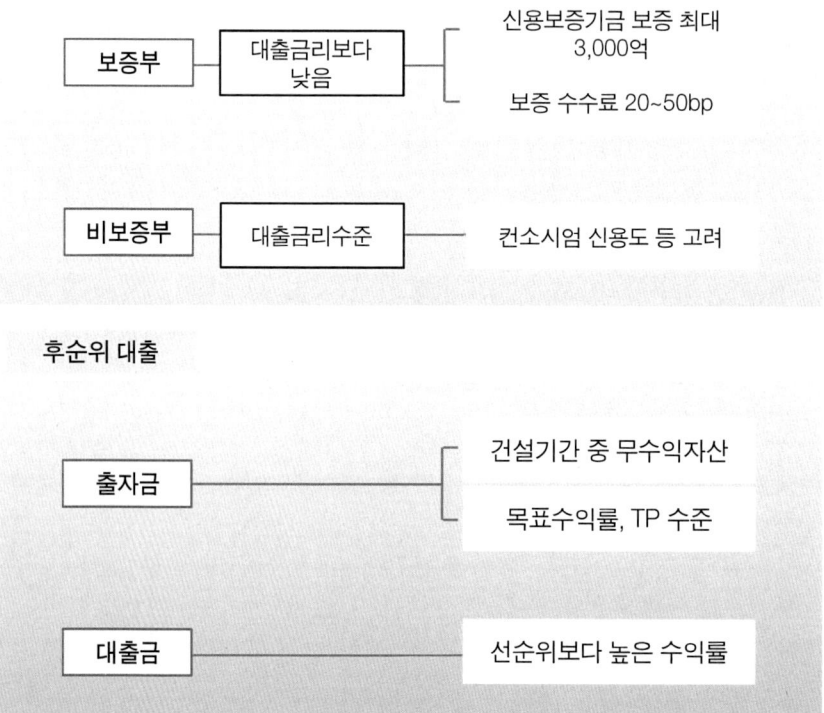

- 목표수익률을 정하고 출자금과 대출금의 비율을 정하여 투자 결정
- 목표수익률이 미달하는 경우 FI 출자를 줄이고, 대출금에 대한 이자율 조정
- TP(Termination Payment) 수준은 Project의 규모에 따라 정도의 차이는 있으나 대략 민간투자비의 10~15%정도 수준

4) 재원 조달의 원천(Financing Sources) 및 후순위 채무의 성격

원 천		출자자 (또는 종류)	투자 목적
자기자본 (Equity)	전략적 투자자 (Strategic Investor)	• 건설회사 • 운영회사	• 시공 이윤 • 기존 사업 확장 • 신규 사업 진출 • 판로 확보
	재무적 투자자 (Financial Investor)	• 보험회사 • 연기금 • 공공기관 • PF 투자회사 (펀드 등)	• 배당수익 　(Capital Gain)
혼합성(중간) 자본 (Mezzanine Capital)		• 후순위 대출 　(Subordinated Loan) • 전환 차입 　(Convertible Debt) 등	• 차입금 대비 높은 이자
차입금 (Debt)		• 대출(Loan) • 채권(Bond)	• 이자수익

출처: "민간투자사업BTL자금조달분석", kdb 프로젝트 파이넨스센터, 고석배, 2010.12.01

5) 사업제안서 중 출자자별 자금 투입 계획에 따른 자금조달 방법

구분		내용	비고
자체자금조달	내부 유보자금	전년도 당기순이익 (누적잉여금)	금융비용이 발생하지 않음
	증자		
타인자본	회사채 발행		금융비용이 발생
	금융기관차입금		

- 사업에 소요되는 재원의 조달은 이미 결정된 총 민간투자비 중 자기자본조달비율을 결정한 후
- 출자자별 자본금 조달금액에 대한 자금투입계획을 출자자별로 수립하고
- 타인자본의 조달은 대주단과의 협상을 통한 대출약정을 체결함으로써 이루어진다.
- **출자자별 자금투입계획(자기자본)**은 자체자금 조달, 회사채 발행, 금융기관차입금으로 구분하여 수립하며, 자체자금은 유보자금 및 증자로 구분한다. 회사채 발행 및 금융기관차입금의 경우, 가능하면 관계금융기관 **투자확약서를** 첨부한다.

6) 사업제안서 중 자금조달 세부계획 내용

구분		내용	비고
내부 유보자금	당기순이익	전년도 당기순이익 (누적잉여금)	금융비용 발생하지 않음
	사외유출금	배당금	
증자	자본금	액면가	
	주식발행초과금	발행가 - 액면가	
회사채 발행	발행한도	총자산 × 발행한도(%)	금융비용 발생
	기발행액		
	발행여력	발행한도 - 기발행액	
	발행예정금액		
금융기관차입금		신규 차입금액	

7) 사업계획서 제출까지의 타인자본 조달절차

사업시행자의 타인자금 차입계획은 사업계획서 제출을 위한 필수요건인 대출확약(안)을 대주단으로부터 받기 위하여 현금흐름표(Cash Flow)를 작성한 후 투자안내(Information Memorandum)를 대주단에게 배포·설명한다. 투자안내서를 근거로 대주단(Syndication)은 자체의 사업성 분석 및 평가를 하게 되고, 이 평가결과에 따라 대출확약(안)을 발급하게 되며, 이 대출확약(안)을 사업계획서에 첨부한다. 사업계획서 제출까지의 타인자본 조달절차를 정리하면 다음과 같다.

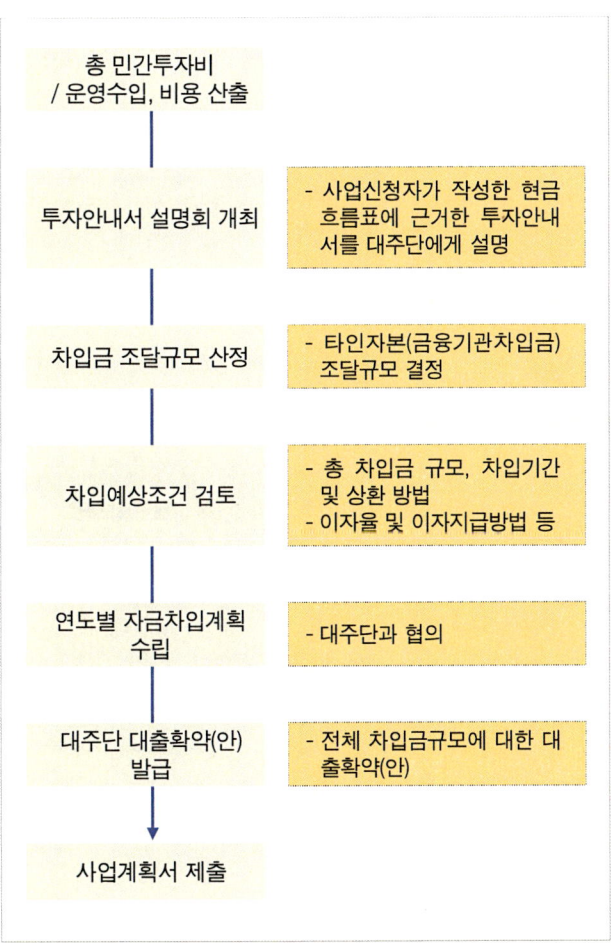

- 예비재원 조달계획은 건설기간 지연, 공사비 초과 등에 의한 자금 부족에 대한 대책을 수립하기 위하여 작성한다.

- 건설기간 동안의 예비재원조달은 예비비를 초과하는 공사비가 발생하여 정부의 재정자금 지원 및 금융기관의 대출금으로도 전부 충당되지 않는 경우 그 부족액에 대하여 출자자의 지분비율에 상응한 금액만큼 대출(Cash deficiency support)하고

- 운영기간 동안은 운영자금 부족액이 발생하여 정부의 재정자금 지원 및 금융기관의 대출금으로도 전부 충당되지 않는 경우 그 부족액에 대하여 출자자의 지분비율에 상응한 금액만큼 자금보충(stand-by-facility)한다.

8) Sponsor(Constructor, Strategic Investment)의 투자비 회수 구조

국내 BTO 사업의 경우 건설기간 중에 FI(재무출자자) 혹은 OI(운영출자자)가 사업에 참여하여 CI(건설출자자)의 출자부담을 줄여주고 있으나, 경쟁 등의 이유로 건설에 따른 시공이윤이 투자비를 커버하지 못하는 경우가 대부분이다.

그러므로 건설사들의 투자비 회수는 운영기간 중 일정기간이 지난 후 출자지분을 양도 및 양수함으로서 투자비를 회수하는 방법과 SPC 법인의 배당을 통해 회수하는 방법이 있는데, 배당을 통해 회수하는 것은 투자비 회수기간이 길어지므로 건설회사의 특성상 과도한 투자자산이 유동성을 저해하여 신규 투자에 따른 수익 창출에 제한이 있다. 그러나 출자주식양도에 따른 조기회수는 경제·사회적 문제 등으로 인해 정부 관련부처의 규제가 심해지는 단점이 있다.

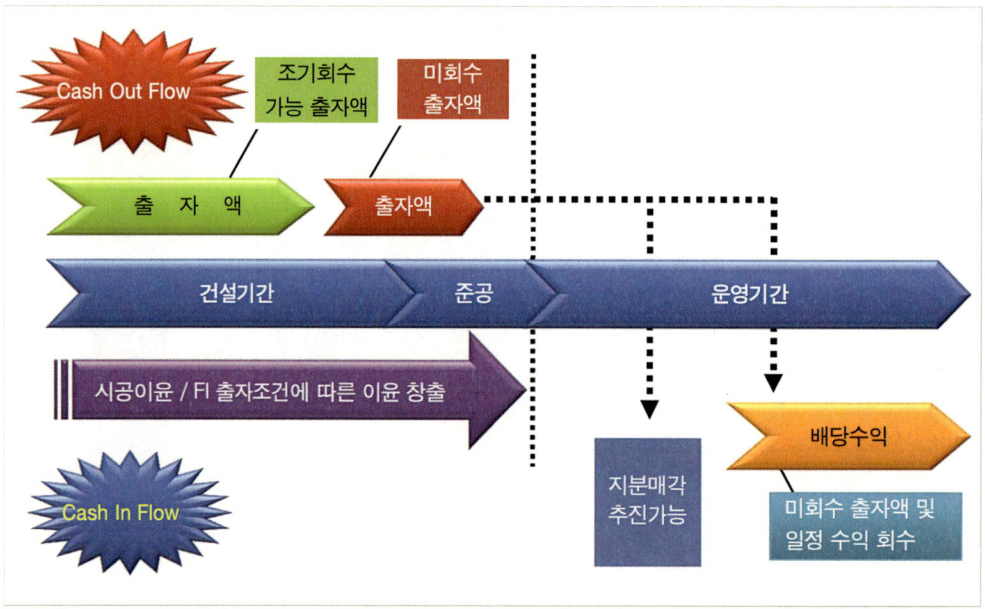

9) 이해관계자별 투자비 회수 구조

대출참여자별 ROI(Return On Investment)는 아래와 같이 cash in과 cash out의 금액을 구분하여 계산한다. AF(Agency Fee)는 대리기관(은행)의 project 관리를 위한 비용으로, 금융비용에는 포함되나 각 참여금융기관의 수익에는 포함시키지 않는다. 또한 후순위 대출의 경우 자본출자는 fund를 통해 참여한 것이 일반적이므로 이를 관리하는 자산운용사의 참여가 필수적인데 이때 자산운용사의 보수는 FI 수익률에 포함하지 않는다.

MF(Management Fee)는 project 금융수수료 중 가장 많은 부분을 차지하고 있으며 이는 참여기관들에게 참여수수료의 명목으로 배분되는 것이 일반적이다. 따라서 사업자 입장에서는 금융비용을 계산하여 협상할 경우 모든 금융비용을 고려한 all-in cost 개념으로 접근해야만 한다.

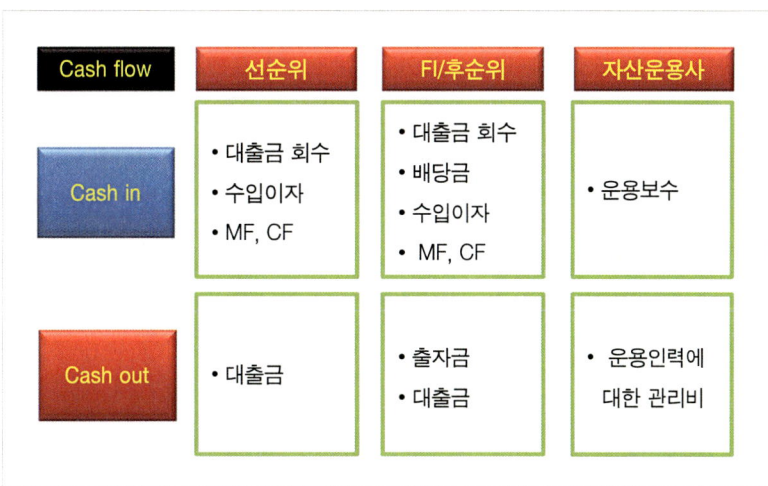

• 자산운용사 보수 수수료 최대 30bp 이내

잠깐! 용어설명

✓ Blind fund는 불특정 다수의 투자자(주로 기관투자자)가 향후 수익성이 기대되는 project에 투자하기로 하고 사전에 일정 수익률을 정하는 방식. (수익률이 높음)

✓ Matching fund는 특정 project를 위해서 참여기관들이 지분별로 참여해서 만든 fund. (수익률이 낮음)

10) CI 사업 참여 및 검토 기준

사업 참여 전 검토 요소
- 재정지원 규모/비율
- FI 참여 여부, 참여지분, 조건
- 신용 보증 조건/참여 여부
- CDS 조건
- DSRA 규모/기간
- 내부사업 참여 기준
- PJT 사업수익률 IRR(ex-ante tax, ex-post tax)
- 물가상승률
- 교통량
- 통행료
- 공사비 (공사실행)

Cash flow	CI	FI	OI
Cash in • 설계가/투찰가 • 배당 • 주간사인 경우 • 출자금 처분 시 • 잉여현금 발생시	• 공사비(기성) • 배당금 • 주간사 fee • 출자금 매각 • 수입이자	• 대출금 회수 • 배당금 • 수입이자 • MF, CF	• 유지관리비 • 배당금 • 출자금 매각 • 수입이자
Cash out • 공사 진행 시 • 사업 제안 시 • 본사관리비 • 지급이자 • 수익 발생 시 • 비주관 시	• 공사원가 • 사업개발비 • 본사관리비 • 지급이자 • 법인세 • 주간사 fee	• 출자금 • 대출금	• 출자금 • 주간사 fee

예시

설계가	A	100%
투찰가	B	100%
공사원가	C	B × 85%
수주이익	D	B - C
본사관리비	E	B의 4.1% O/H
실행	F	C + E
시공이윤(P)	G	B - F
주간사 fee		불변공사비 기준

✓ **내부투자기준**: 본사관리비용률은 본사에 근무하는 구성원들을 말하며 통상적으로 각 회사마다 그 비율이 다르다.

11) CI 사업성 검토

단위: 억 원

	설계가	100%	1,000	
	투찰가	80%	800	O&P: 사전적으로 회사에서 제시됨

O&P

구분	구성비율	금액	내용
공사비	100.00%	800	협상 종료된 공사비로 확정공사비를 의미 (물가상승률 3% 반영)
공사원가	85.40%	683.2	**사업개발비 포함**
수주이익	14.60%	116.8	공사비 - 공사원가 = 800 - 683.2 (P/L 상으로는 매출총이익 항목)
본사관리비 (overhead)	4.90%	39.2	
실행	90.30%	722.4	공사원가 + 본사관리비 = 683.2 + 39.2
시공이윤 (profit)	9.70%	77.6	수주이익 - 본사관리비 = 116.8 + 39.2
주간사 fee	0.50%	-4	불변공사비 기준으로 첫 기성 지급 시 반영
순시공이윤	9.20%	73.6	

구분		합계	1년차 1/4분기	1년차 2/4분기	1년차 3/4분기	1년차 4/4분기	-----	-----	25년차 1/4분기	25년차 2/4분기	25년차 3/4분기	25년차 4/4분기
CASH OUT												
	출자금											
	사업개발비											
	주간사수수료 (비주간시)	4										
CASH IN												
	시공이윤	77.6										
	주간사수수료 (주간시)											
	배당금											
	매도가능증권처분											
	청산배당금											
NET CASH			a	b	c	d	e	f	g	h	i	j	k
ROI	분기	%										
	연간	%										

분기 IRR = IRR(a : k)
연간 IRR = (1 + 분기 IRR) ^ 4 - 1

12) FI 수익률 산정 기준

- 국내 민자사업 재무투자자: Fund 형태
  - Fund는 Equity, Subordinated debt의 형태로 참여

- Senior loan

자본금 & 후순위 투자수익률   가정: 건설기간 5년, 운영기간 20년

구분		합계	1년차 1/4분기	1년차 2/4분기	1년차 3/4분기	1년차 4/4분기	---	---	---	25년차 1/4분기	25년차 2/4분기	25년차 3/4분기	25년차 4/4분기
CASH OUT													
	자본금												
	후순위차입금												
	신탁보수수수료												
CASH IN													
	후순위 건설기간이자												
	후순위 운영기간이자												
	후순위 원금회수												
	배당금												
	청산배당금												
	약정수수료												
	참여수수료(MF)												
NET CASH			a	b	c	d	e	f	g	h	i	j	k
FI ROI	분기	%											
	연간	%											

분기 IRR = IRR(a : k)
연간 IRR = (1 + 분기 IRR) ^ 4 - 1
BTL 사업의 경우   순수익률 = 수익률 - KTB ← spread

Senior loan

구분		합계	1년차 1/4분기	1년차 2/4분기	1년차 3/4분기	1년차 4/4분기	-----	-----	25년차 1/4분기	25년차 2/4분기	25년차 3/4분기	25년차 4/4분기
CASH OUT												
	선순위차입금											
CASH IN												
	선순위 건설기간이자											
	선순위 운영기간이자											
	선순위 원금회수											
	약정수수료											
	취급수수료(MF)											
NET CASH			a	b	c	d	e	f	g	h	i	j	k
ROI	분기	%										
	연간	%										

분기 IRR = IRR(a : k)
연간 IRR = (1 + 분기 IRR) ^ 4-1

총투자수익률   가정: 건설기간 5년, 운영기간 20년

구분		합계	1년차 1/4분기	1년차 2/4분기	1년차 3/4분기	1년차 4/4분기	-----	-----	25년차 1/4분기	25년차 2/4분기	25년차 3/4분기	25년차 4/4분기
CASH OUT												
	자본금											
	후순위차입금											
	선순위차입금											
	신탁보수수수료											
CASH IN												
	선순위 건설기간이자											
	선순위 운영기간이자											
	선순위 원금회수											
	후순위 건설기간이자											
	후순위 운영기간이자											
	후순위 원금회수											
	배당금											
	청산배당금											
	약정수수료											
	참여수수료(MF)											
NET CASH			a	b	c	d	e	f	g	h	i	j	k
FI ROI	분기	%										
	연간	%										

분기 IRR = IRR(a : k)
연간 IRR = (1 + 분기 IRR) ^ 4-1

13) 이해관계자별 비목 구분

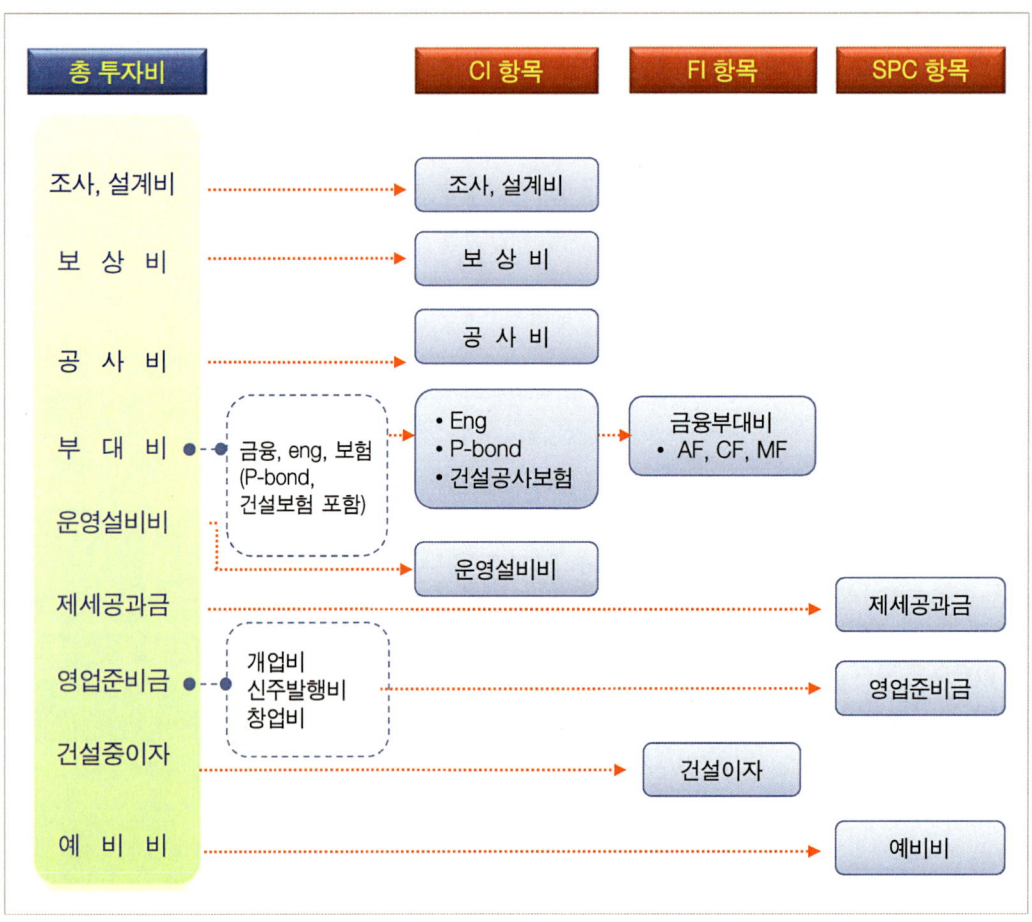

14) BTO: 사업수익률, 사용료 산정공식

이 단계에서 가장 핵심이라 할 수 있는 통행료 및 무상사용기간의 산정은 순현재가치법(Net Present Value: NPV)에 따라 투자비의 현재가치와 운영수익의 현재가치가 같아지는 시점을 찾아 무상사용기간을 산정하는 방식으로 하며, 민간투자기본계획에서 제시한 무상사용기간 산정방식은 다음과 같다.

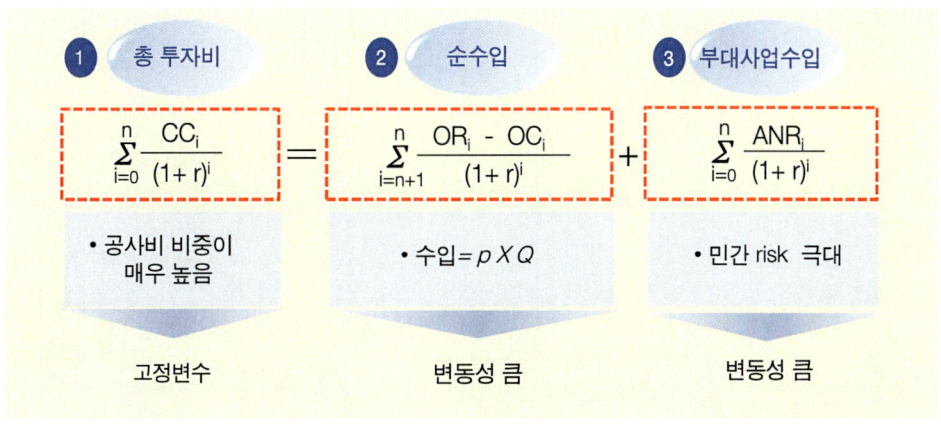

* ANR (Ancillary Net Revenue)

n : 시설의 준공시점
N : 무상 사용기간 또는 관리운영권 설정기간의 종료시점
(다만, 민간에게 소유권이 영구 귀속되는 시설인 경우는 분석대상기간)

CC_i : 시설의 준공을 위해 매년도 투입되는 비용
　　　(다만, 정부재정지원 금액은 제외)
OR_i : 매년도 운영수입
OC_i : 매년도 운영비용(다만, 법인세 제외)
ANR_i : 부대사업으로 인한 매년도 세전 순이익
　　　(수입- 비용)
r : 사업의 세전실질수익률(IRR) --→ 협상에 의해 결정
　　　　　　　　　　　　　　　　　　(정부 통제 변수)

통행료(사용료) 결정을 위한 현금흐름 분석의 과정과 절차는 다음과 같이 이루어진다.

15) BTO(Build-Transfer-Operate) 사업의 재무모델 구성과 사업수익률

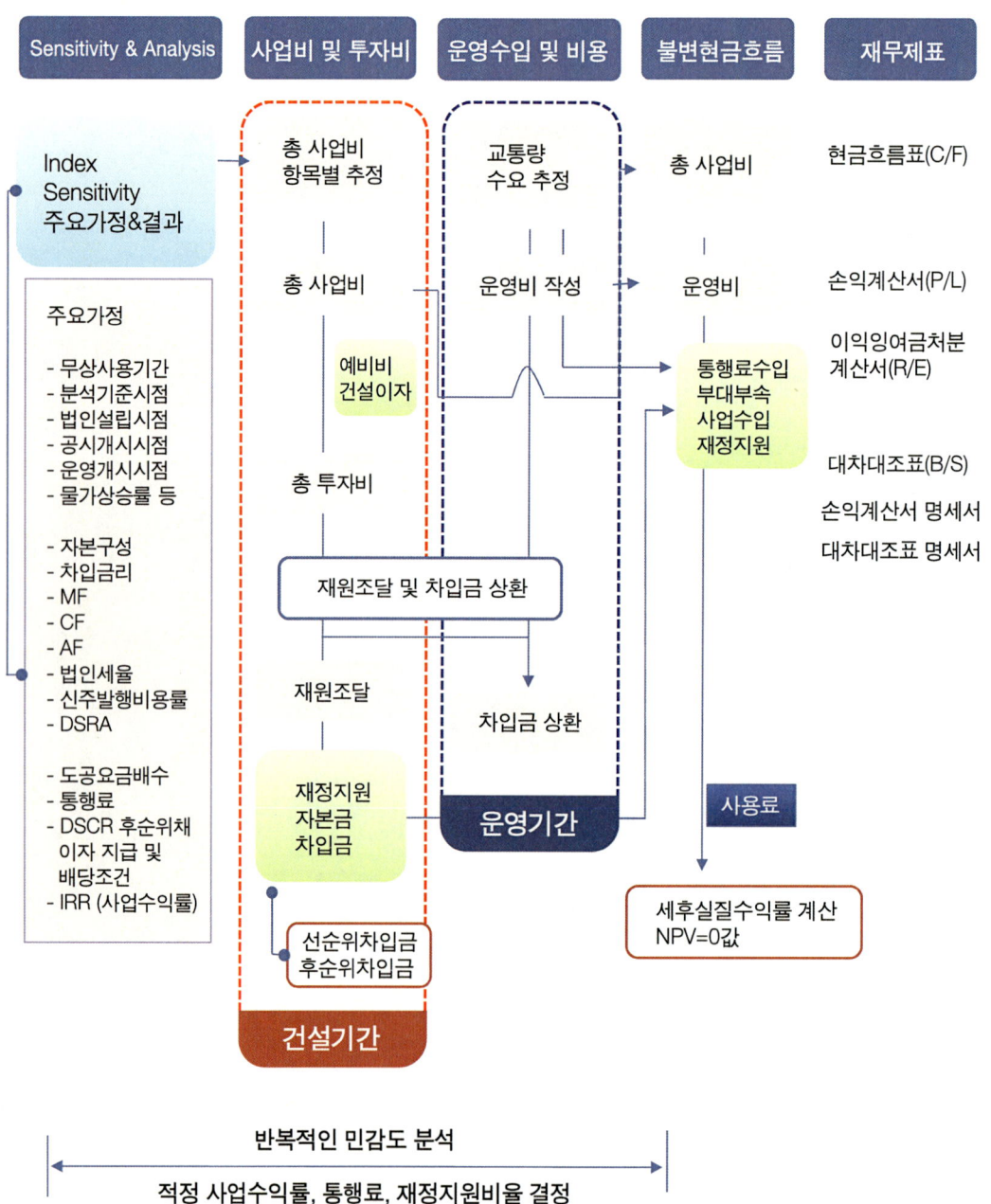

16) BTO(Build-Transfer-Operate) 사업비 회수 구조

 CI의 입장에서 BTO 사업의 회수 구조를 보면 건설기간 중에는 FI가 출자자로 참여하더라도 출자금 전액을 회수할 수 없다. 아래의 표를 보면 시공이윤 위의 빨간색 누적 점선이 시공이윤 다각형의 꼭지점에 위치하지 않는다. 따라서 BTO 사업은 운영기간 중에 출자지분 매각이나 운영수입에 따른 배당을 통해 Exit Plan을 하는 것이 일반적이다.

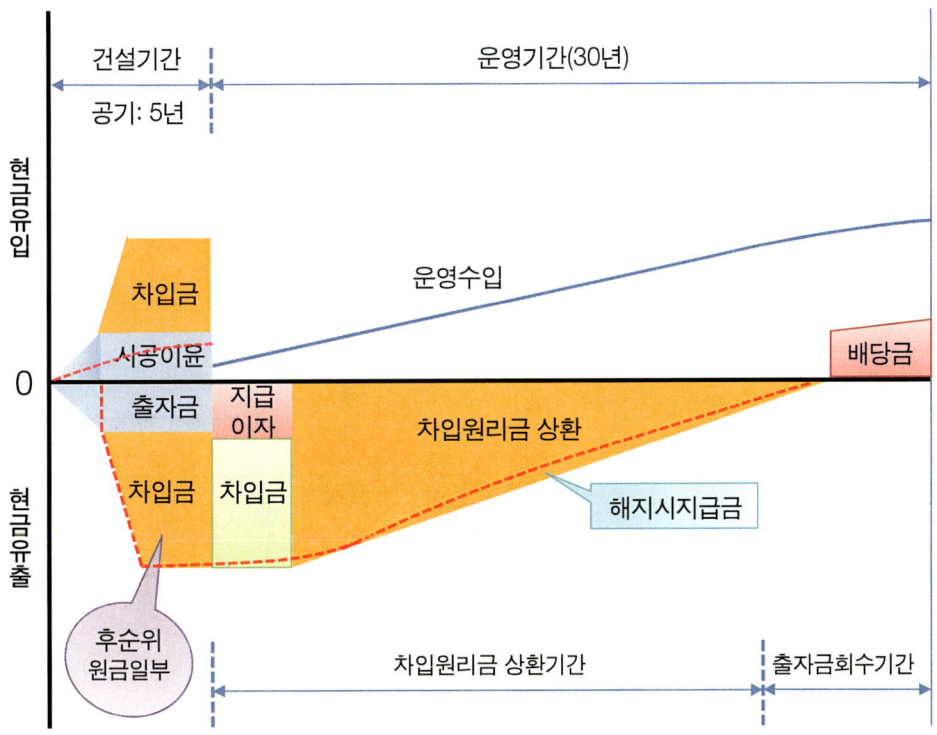

17) BTL(Build-Transfer-Lease) 사업의 재무모델 구성과 사업수익률

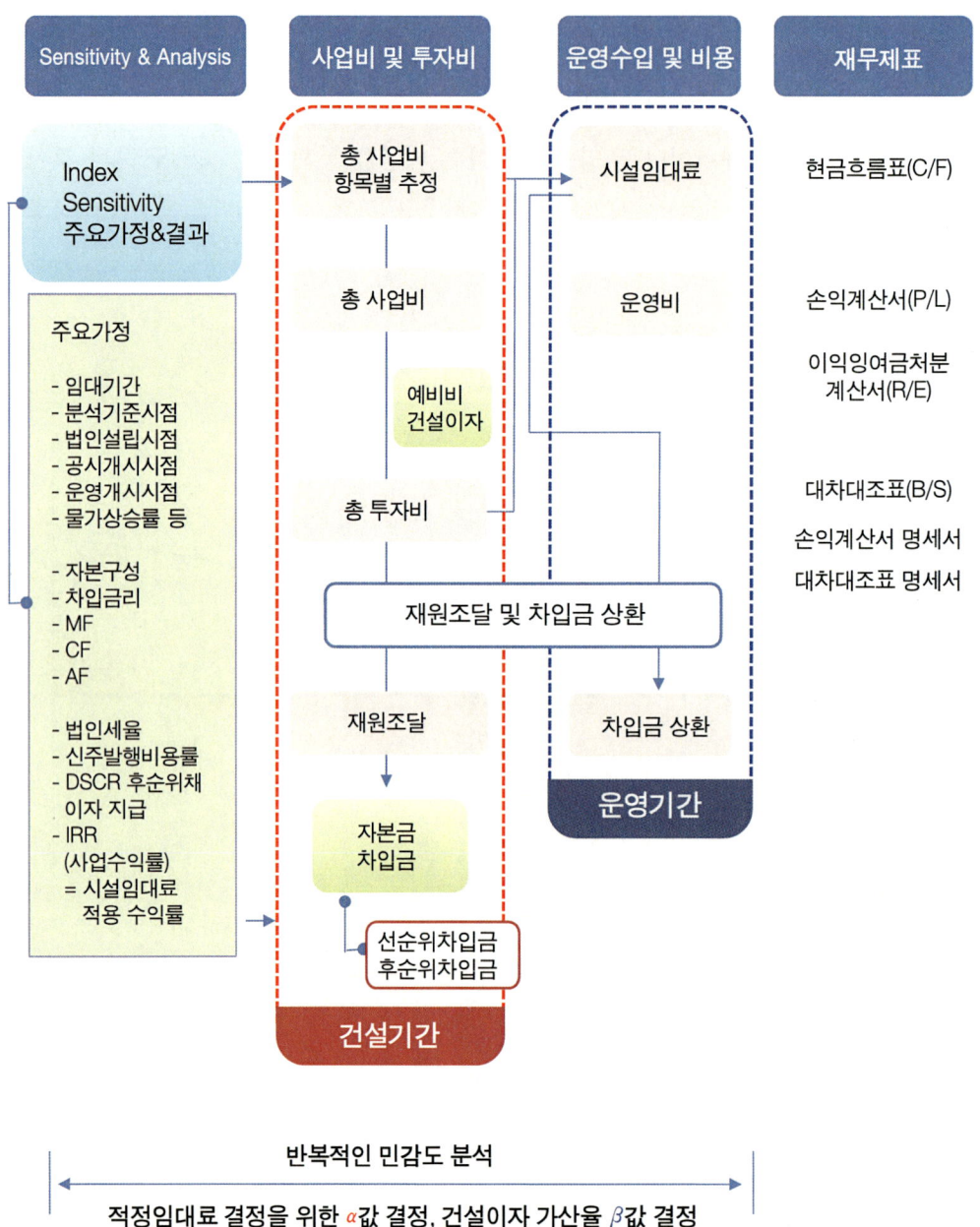

18) BTL(Build-Transfer-Lease) 사업의 사업비 회수 구조

BTL 사업은 투자자의 목표수익률 달성을 최우선적으로 한다는 점에서 BTO 사업과 상이하다. 즉, 사전에 수익률을 정해놓고 이를 달성하기 위한 재원 구성 최적화에 초점을 둔다. 그러므로 건설기간 중에 확정된 투자비는 운영기간 중의 이자율에 따라 회수기간이 짧아지거나 길어질 수 있다. 회수기간이 짧아진다는 것은 해지시지급금(termination payment)으로 회수하지 못하는 금액이 커진다는 의미다.

한편 CI는 건설기간 중에 투자비 전액을 회수하여야만 한다. 그 이유는 건설 후 운영기간 중에 정부지급금(임대료)으로 대주단의 대출원리금을 상환하여야 하는 BTL 사업의 특성 때문이다.

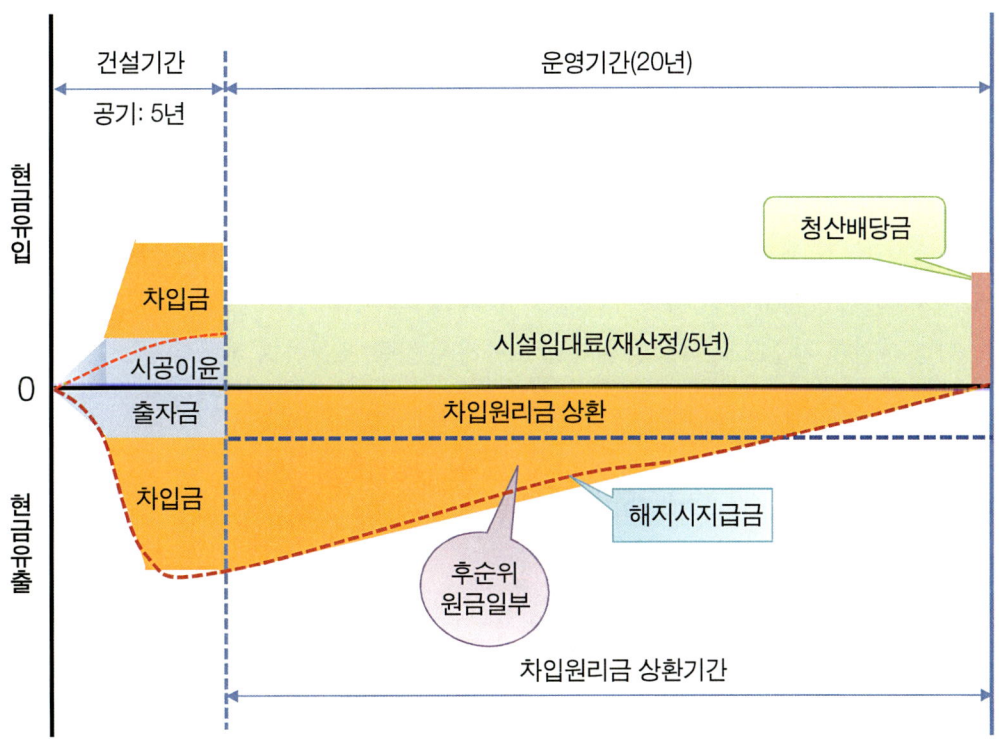

19) BTL 사업에서 α, β 의 중요성

구분		RFP고시일	사업 제안일	우선협상	실시협약	준공
yr=5년	지표금리	3.5%	3.5%	3.5%	3.5%	2.60%
yr=20년	α		100bp	90bp	90bp	90bp
	사업수익률		4.50%	4.40%	4.40%	3.50%
	고시물가	3.0%	3.0%	3.0%	3.0%	2.5%
	실질사업수익률		1.5%	1.5%	1.4%	1.0%
무보증회사채 (AA-(3yr))			4.50%	4.2%	3.8%	
건설이자 가산율 (β)			100bp	100bp	80bp	
건설이자			5.50%	5.20%	4.60%	
주요이해관계자				주무관청	기재부	

통제 불가능 변수 (실시협약)

- 지표금리는 준공시점까지 협약 당시 결정된 금리로 반영됨
- 준공시점(관리운영권설정일)에 지표금리 확정
- α값은 우선협상대상자 지정일에 120일 금리평균으로 결정

• 준공시점 물가: 실적물가
• 무보증회사채 금리 결정: 고시일부터 협상대상자 지정 후 120일까지의 금리 산술평균

   α의 경우 사업 제안 시 사업신청자가 자율 제시하도록 RFP에 고시되나, 정부지급금(임대료) 지급의 규모를 결정하는 매우 중요한 요소이므로 협상 시 주무관청에서는 협상 시점을 기준으로 적정성 여부를 조사하여 하향 조정하려 한다.
   β의 경우도 마찬가지로 RFP에 자율 제시토록 하고 있고, 적정성을 근거로 주무관청은 하향 조정하려 하는데, 적정성에 대해 사업시행자와의 시각 차가 매우 크므로 이를 어떻게 슬기롭게 극복하느냐가 관건이다.

Thinking about…

T1: 주무관청의 시각에서 협상 종결 보고 시 시설임대료 수준을 어떻게 보고하여야 좀 더 타당한가?

　시설임대료의 규모는 미확정 상태일 뿐이므로 사업수익률의 α 값에 대한 협상 결과에 대해 보고하는 것이 성과 측면에서 더 나을 듯하다. 협상 완료 시점의 임대료는 시설물이 준공되고 총 사업비를 정산한 때에 최초 임대료가 결정되기 때문이다.

T2: 과거 유사사업의 사업수익률 수준이 6%(α=80bp)이고 현재 협상 중인 사업의 사업수익률이 5%(α=90bp)인 경우 각각의 이해관계자 입장에서 이를 어떻게 판단하고 협상에 임해야 하는가?

　여기서 생각해보아야 할 문제는 수익률이 높더라도 기준이자율(국고채 5년)은 변동이고 가산율 α 는 고정이라는 것에 대해 생각해보아야 한다.

20) BTL 사업에서 α, β 의 산정

α 결정 방법

시설임대료 산식 (민간투자기본계획 제16조)	수익률 산정 (민간투자기본계획 제17조)
시설임대료 = 총민간투자비 × $\dfrac{수익률}{1-(1+수익률)^{-(임대기간)}}$	법인세전 수익률 기준 사업자 경쟁에 의한 자율 제시

- 사업수익률 = 지표금리 + 가산율(α)

고려 요소
- 자금조달비용
- 사업위험도 등

사업자 통제 불가
- RFP: 주무관청 고시
- 관리운영권 설정일: 확정 후 5년 간 고정

사업자 통제 가능
- 장기투자 프리미엄: 건설기간 2년~5년, 운영기간 20년
- 건설위험 프리미엄: 건설기간 2년~5년
- 운영위험 프리미엄: 운영기간 20년

지표금리는 시설사업 기본계획 고시 때 주어지며, 이를 근거로 사업을 제안하고 실시협약을 체결하여 관리운영권 설정일에 최종 확정된다. 그 이전에는 투자비가 미확정된 상태로 진행된다. 관리운영권설정일 이전에 준공 정산 시 총사업비가 확정되고, 운영개시 5영업일전의 국고채 5년 만기수익률을 산술평균하여 최종적으로 지표금리가 확정되며, 이를 근거로 주무관청이 사업시행자에게 5년간 지급하여야 할 임대료가 확정된다. (건설기간이 종료되어야 투자비가 확정되는 구조)

가산율(α)은 위에서 보는 바와 같이 3가지 조건들(장기투자프리미엄, 건설위험프리미엄, 운영위험프리미엄)을 반영하여 사업자가 제시하는 것이 타당하나, 주무관청은 유사사업의 α 수준, 현재금융시장과 장래금융시장 예측 상황, 최근 사업신청자가 제시한 사업의 α 수준 등을 고려하여 α를 결정하므로 사업자는 이러한 복합적인 요소들을 면밀하게 검토하여 보다 철저한 대비를 하여야만 안정적인 α 수준을 확보하여 사업 risk를 줄일 수 있다.

[보충] BTL 사업에서 적정한 α 수준은 어떻게 결정해야 하는가?

주무관청에서 주로 간과하고 있는 사실은 대출약정이 한 번 체결되면 관리운영권 반납일까지 변동되지 않는다는 것을 망각하는 것이다. α는 Reset되는 것이 아니고 운영기간 전 기간 동안 고정되는 금리의 spread다. 따라서 α에는 다음과 같은 사항들이 충분히 반영되어야 할 것이다.

- **장기투자 프리미엄**: 단기금리와 장기금리의 차이에 따른 spread
- **건설위험 프리미엄**: 사업 이행에 대한 이행보증보험의 행사 risk, 협약 미이행에 따른 risk, 출자자 신용 risk, 공사지연 risk
- **운영위험 프리미엄**: 정부지급금 미지급 또는 지연 risk, 운영 보장에 대한 추가 보증 risk, 부대사업 이행에 대한 risk, 사업 해지 시 원리금 연체이자와 정부지급금 차액 risk 등

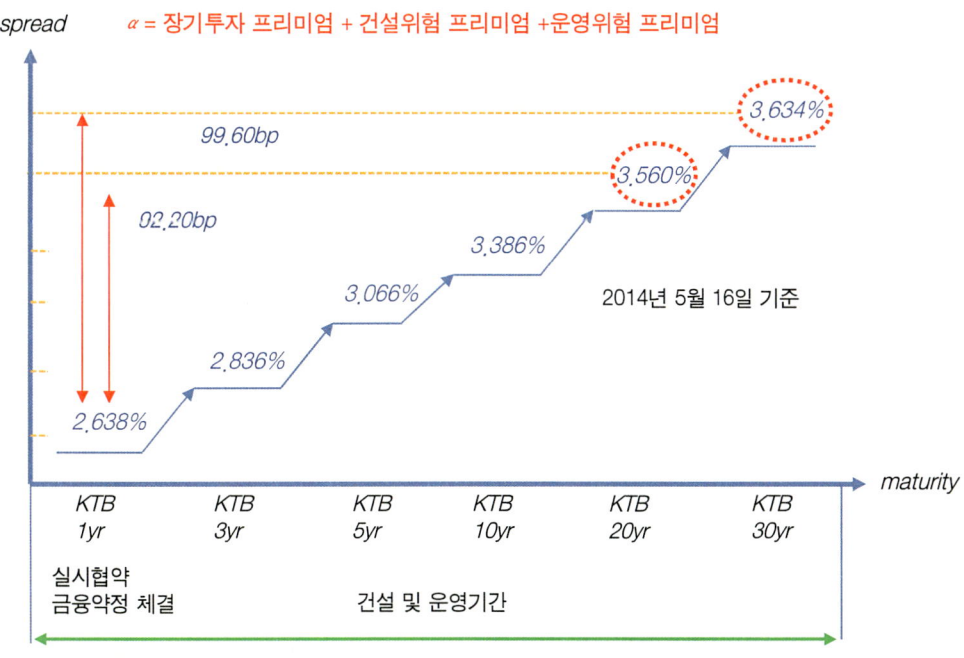

21) BTL 사업의 재원 조달과 수익률: Case study

아래와 같이 사업이 고시되고 사업이윤이 24억 원으로 예상되는 경우 CI가 출자해야 할 출자금 한도는 24억이 되어야 한다. 이때 출자비율 20%가 최대비율이며, 사업성이 떨어지는 경우 FI 출자비율은 하향 조정되어 결국은 CI의 출자비율이 올라가게 되고 투자비 회수가능성은 희박해진다.

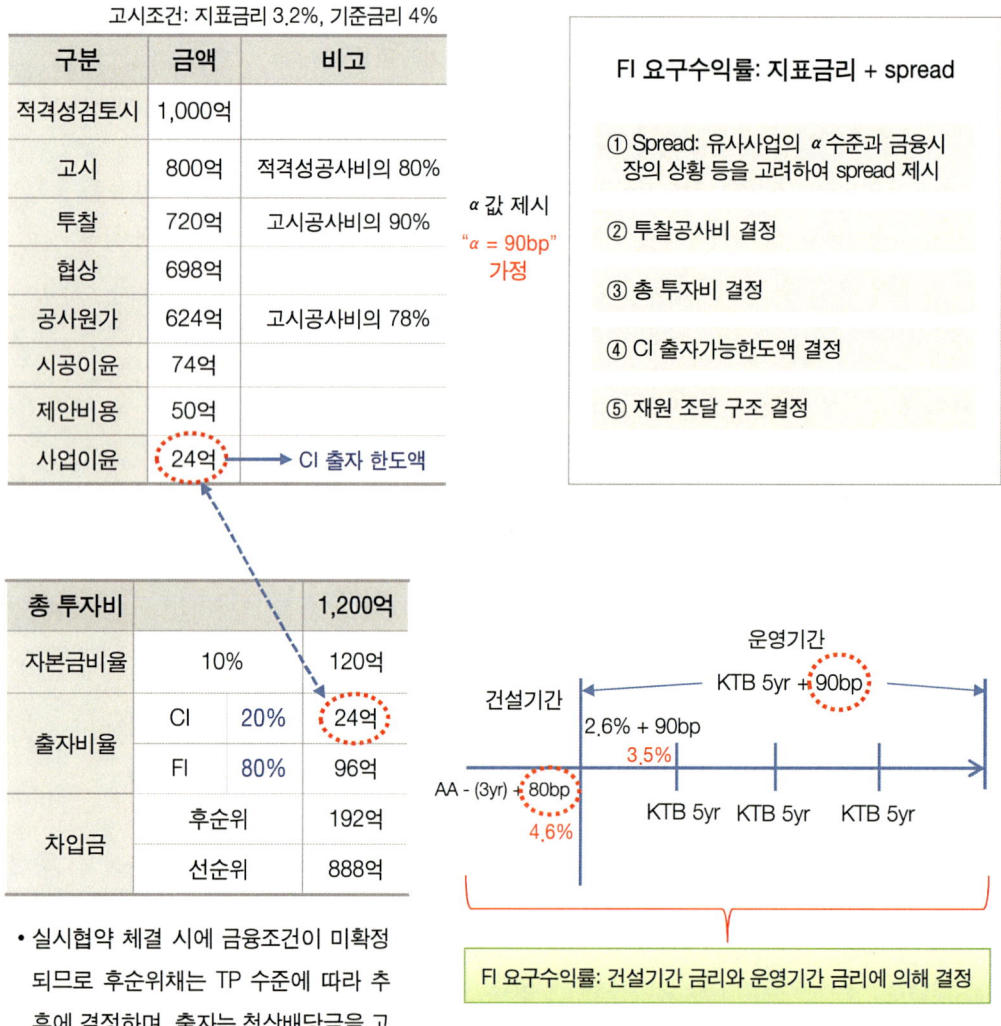

- 실시협약 체결 시에 금융조건이 미확정되므로 후순위채는 TP 수준에 따라 추후에 결정하며, 출자는 청산배당금을 고려하여 규모 결정

22) BTL 사업에서 건설이자 산정을 위한 β 수준의 중요성

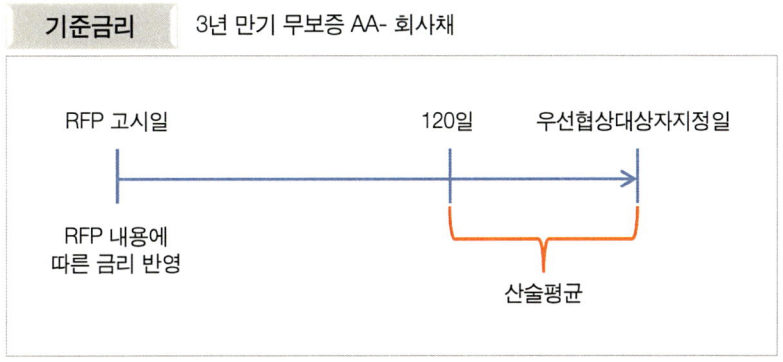

건설이자 = 기준금리 + 가산율 (β)

제도적인 근거: 민간투자사업기본계획 제16조 3항 2호

기준금리   3년 만기 무보증 AA- 회사채

RFP 고시일   120일   우선협상대상자지정일

RFP 내용에 따른 금리 반영   산술평균

✓ ISSUE

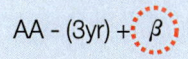

AA - (3yr) + β

- 고시 시점: 기준금리가 높은 경우 β를 낮게 제시. Why?
- 금리 결정 시점: 고시 시점보다 금리가 높은 경우 주무관청은 기준금리를 낮추려고 함.
- 사업자는 β를 낮게 제시하여 결과적으로 금리 상승기에 조달(대출)금리 수준을 충족하지 못하는 결과 초래 (협상 issue 발생)

→ 결국 실시협약 금리는 사전에 결정되는 데 반해 금융약정이자는 실시협약 이후에 결정하고 FI 수익률에 근거한 건설이자를 제시하므로 실시협약과 금융약정조건과 금리 gap이 발생한다.

- BTL 사업에서 FI의 실제적인 이자율과 수익률 관계

구분	금액	구성비	이자율	이자율 계
자본금	96억	8.2%	0%	0%
후순위	192억	16.3%	8%	1.31%
선순위	888억	75.5%	4.6%	3.47%
계	1,176억	100.0%		4.78%

지표금리 : 3.5% , 이자율 4.6% =기준이자율 3.8%+ 80bp

- 지표금리가 3.5%인 경우, FI ROI는 4.78% - 3.5% =127.96bp
- 후순위채의 규모와 이자율 수준에 따라 이자율 수준 변동은 매우 민감하게 작용함.
- 위의 표에서 후순위가 없어도 선순위 이자는 낮아짐. (본 사례에서는 4.22% 수준)

- BTL 사업의 FI 수익률 계산 시 현금흐름 (건설기간 5년, 운영기간 20년 가정)

	구분	1년	2년	3년	-------	------	19년	25년
현금유입	취급수수료(MF)							
	약정수수료							
	건설기간이자수입							
	운영기간이자수입							
	원금상환							
	청산배당							
현금유출	지분참여							
	대출금							
	신탁보수수수료							
현금유입 - 현금유출		a	b	c	-------	------	x	y
수익률 - KTB		*수익률 = IRR (a : y)						

spread

23) 사업계획서 작성을 위한 기타 사항

- 출자자의 현황에는 출자자 소개, 주주 및 경영진 현황, 재무상태에 관한 내용을 작성한다.
- 출자자의 소개에는 출자자의 일반현황과 출자자의 연혁이 포함된다.
- 주주 및 경영진 현황에 관한 사항 작성 시 출자자가 상장법인인 경우에는 동 법인 발행주식의 3% 이상을 주주에 한하여 작성하고, 출자자가 비상장법인인 경우에는 동 법인 발행주식의 10% 이상을 소유한 주주에 한하여 작성하며, 소유자·소유 주식 수·금액·지분율 등이 표시된 최근의 주주 명부를 부속서류로 제출한다.
- 경영진 현황은 출자자가 비상근임원, 미등기이사를 포함하여 작성한다.
- 재무상태에 대하여는 최근 3년 간 공인회계사 감사보고서에 의해 작성하고, 동 보고서 및 결산서를 제출한다.
- 건설계획에는 공정계획, 시공자의 능력, 견실시공 보장방안에 관한 내용이 포함되어야 하는데, 공정계획에는 주 공정선(Critical Path)이 표시된 전 공사구간의 예정공정표(예정공정관리도)를 제출하고 총 사업비에 대한 연도별 투자비를 제시하여야 하며, 대한건설협회 발행 공정관리조직 확인서를 제출하여야 한다.
- 시공자의 능력에 대한 내용은 기술인력 보유 현황 및 투입 계획이 포함되어 건설사업의 시공에 필요한 기술자 보유 현황을 각각 기술사, 기사 1급으로서 10년 이상의 경력을 가진 기술자, 기사 2급 이상으로 구분하여 작성하고, 투입할 인력을 비고란에 표시한다. 건설사업의 시공에 필요한 특수 장비와 설비 확보 현황을 작성하되, 투입할 장비와 설비를 비고란에 표시하고, 국내 보유장비 및 설비로서 잔여내용연수가 2년 이상이어야 한다(임차 시 계약서 사본 첨부). 또한 관할구청에서 발급하는 건설기계등록(보유)증명서를 첨부하여야 한다. 시공실적에 대해서도 최근 10년간 당해 공사와 동일한 종류의 공사, 유사한 종류의 공사를 각각 구분하여 공사별 실적을 작성한다.
- 국외에서 시공한 공사인 경우, 발주자가 발행한 실적증명서(원본 및 국문번역본)에 주재국 공관의 확인을 받아야 하며, 동 증명서에는 당해 공사의 규모 및 내용과 금액(발주자 지급자재는 구분 표시)이 명시되도록 한다. (최근 5년 동안의 토목공사 중 준공금액이 100억 원 이상의 실적 작성)

- 해당 건설사업 수행 시 시공과 관련된 특수공법 및 특수기술 보유 현황과 개발 실적을 시공실적증명서에 명시된 사항만 기재하되 사본을 첨부하여 작성한다. (ISO 국제 품질 인증을 받은 실적이 있으면 증명서 제출)
- 견실시공보장방안은 해당 사업 수행기간 중 예기치 못한 사고에 대비하기 위한 보험가입의 대상, 기간, 범위 등을 작성하되, 보험가입계획서를 청약 예정 보험사의 확인을 받아 첨부하는 것이 좋다. 또한 신공법으로 건설되는 부분에 대해 선진 외국기술 도입을 위한 기술 협약 계획 또는 계약 체결 내용을, 기술 도입 계획 회사 또는 단체의 실적증명서(원본 및 국문번역본)에 시행국가 관련기관의 확인을 받아 제출하여야 하며, 동 증명서에는 당해 공사의 규모, 내용과 금액을 명시하는 것이 좋다.
- 사업관리 및 운영계획은 사업관리계획·유지보수계획·시설운영계획에 관한 내용을 중심으로 작성하는데, 사업관리계획에는 사업관리조직과 경영진 충원 기준이 포함되어야 하며, 조직은 건설기간과 시설 준공 후로 구분하여 계획하고, 경영진 충원기준은 해당 사업의 관리에 필요한 경영진의 경력 요건 등을 고려하여 선발, 작성한다.
- 유지보수계획과 관련해서는 유지관리예산계획과 유지관리계획을 작성해야 하는데, 유지관리예산계획에는 연도별 유지관리예산 투입계획을 작성하되 산출근거 및 관련 자료 등 부속서류를 제출하여야 한다. 또한 유지관리계획에는 정기점검 및 일상점검 계획이 포함되어야 한다.
- 시설운영계획의 내용에는 해당 시설물 공용 후 사용료 징수시스템 계획이 포함되어야 하며, 이에는 요금 징수 방법에 관한 계획, 사용권 발행종류에 대한 계획, 기타 이용자 편의를 위한 영업체계시스템 구축 계획 등이 고려되어야 한다.
- 공익성 및 창의성에는 긴급구난대책, 환경관리대책, 기타 관련시설 운영계획에 관한 내용이 포함되어야 한다.

24) 국내 생보사의 BTL사업에 대한 우려

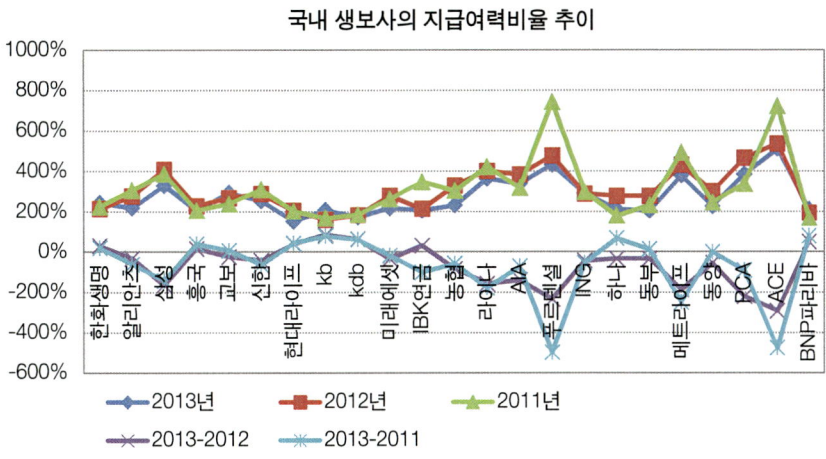

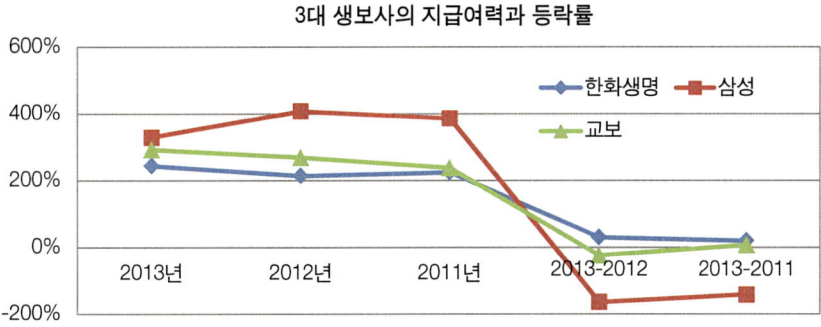

출처: 생명보험협회 보험상품 비교공시 시스템 (http://pub.insure.or.kr)

공시이율	사업수익률	국고채수익률	가산율(α)	사업수익률 - 공시이율
3.91%	4.22%	3.32%	90bp	0.31%

- 국내 생보사의 공시이율: 3.91% (2013.04~2014.03)
- 국고채수익률 3.318% (2014년 중 최고치)

가산율(α)이 하락할수록 수익률이 떨어져 장기투자에 대한 risk가 높으므로 안전자산 선호로 대체투자보다 국고채나 우량한 회사채에 투자한다. (민간투자사업의 당면과제)

✓ α, β의 비현실적인 하락은 FI 투자, 대주를 모집하기 어려워지고, CI의 부담으로 작용

② 사업시행자 지정

1) 실시협약 체결 과정

✓ 민간투자기본계획 제77조(사업계획의 평가)와 민투법 제13조 제2항 및 영 제13조에 따라 기 제출된 사업계획서 및 부속서류 평가를 위하여, 민간투자 전문평가인단 중 평가분야별 전문가로 사업계획 평가단을 구성한 다음 시설사업 기본계획상의 평가항목 및 평가요소별 배점기준에 따라 시설사업기본계획의 평가일정 이내에(사업계획서 접수~평가후 우선순위별 협상 대상자 발표)에 평가 하여야 한다.

✓ 사업계획서 평가를 통해 평가점수가 높은 순으로 우선협상대상자 2곳을 지정하고 협상을 하며, 협상이 원만히 이루어지지 않을 경우 차상위 사업신청자를 우선협상자로 지정하고 협상한다.

✓ 협상이 완료되면 예비사업자로 지정하고 주요 협상 내용을 민간투자업 심의위원회에 상정하며, 심의를 통과하면 심의위원회에서 주무관청으로 사업시행자로 지정해도 좋다는 내용의 공문을 보낸다. 주무관청이 사업시행자를 지정하기 위하여 체결하게 되는 실시협약(양허계약)의 절차는 실시협약(안) 작성 → 실시협약 협상 → 운영위원회 승인을 통한 실시협약 확정 → 주무관청과 최종 실시협약 체결 순으로 이루어지며, 실시협약이 체결되면 사업시행자로 지정된다.

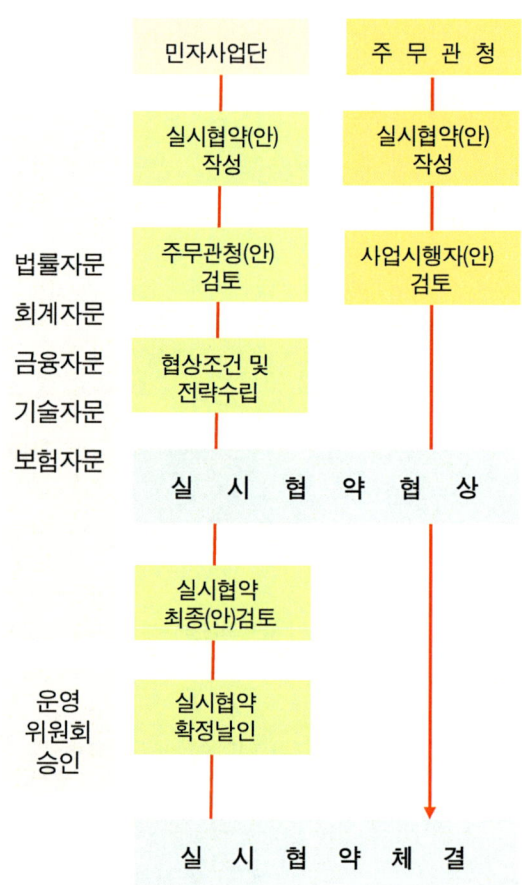

2) 사업시행자 지정 과정

사업신청자가 사업제안서를 제출 후 우선협상대상자 지정과 협상과정을 거쳐 사업시행자로 지정되기까지 일련의 과정을 요약 정리하면 다음과 같다.

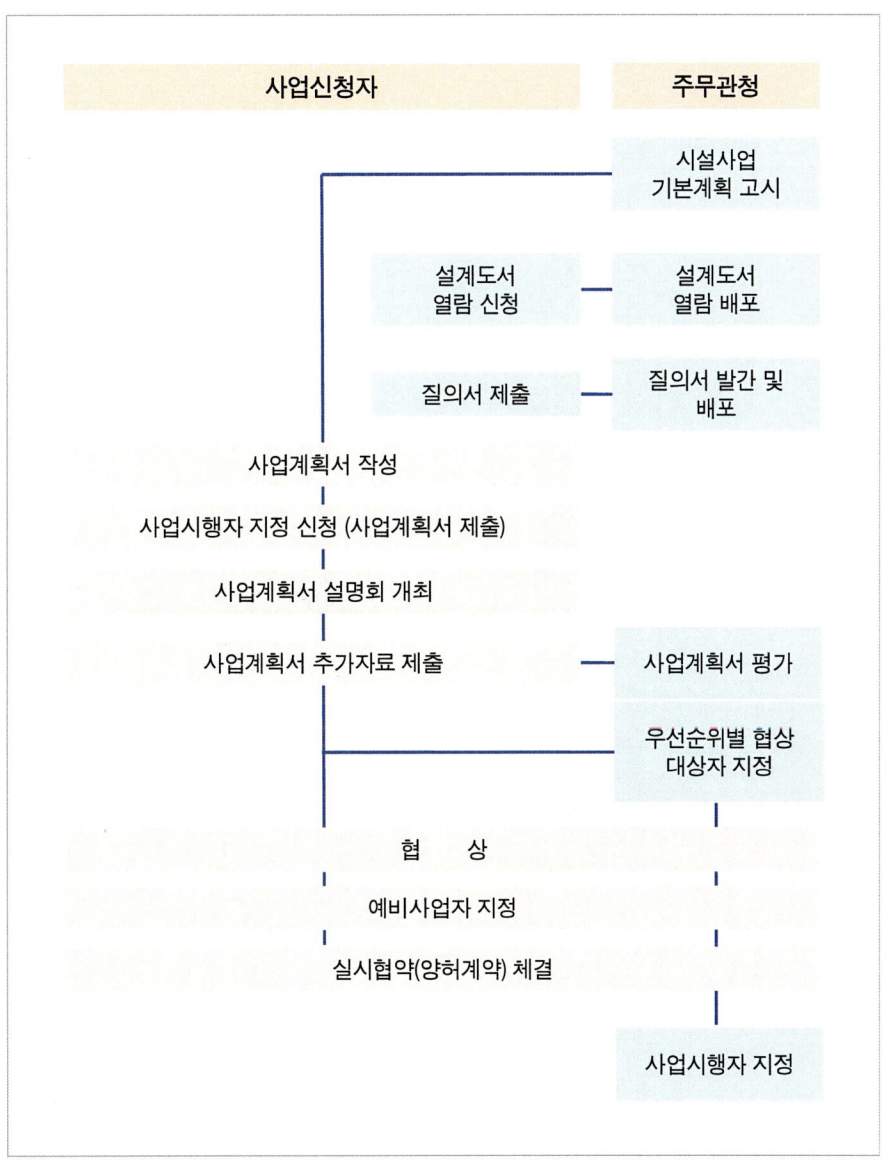

③ 실시협약 작성과 체결

1) 실시협약의 구성과 주요 내용

구분	BTO	BTL
전문/총칙	목적, 사업 추진방식 용어 정의, 해석, 본 협약상 우선순위	목적, 사업 추진방식 용어 정의, 해석, 본 협약상 우선순위
기본 약정	사업시행자의 지정, 사업시행자의 자격 및 권리, 사업시행자의 의무, 소유권 귀속, 관리운영권 설정 기간, 협약의 성실 이행	사업시행자의 지정, 사업시행자의 자격 및 권리, 사업시행자의 의무, 소유권 귀속, 관리운영권 설정 기간, 협약의 성실 이행
총 민간사업비의 결정과 재원조달 및 투입	총 사업비 및 총 민간사업비, 총 사업비의 변경, 사업시행자의 재원 조달, 자기자본과 타인자본의 조달 및 투입	총 민간투자비 및 총 민간사업비, 총 사업비의 변경, 사업시행자의 재원 조달, 자기자본과 타인자본의 조달 및 투입
설계 및 건설에 관한 사항	설계, 인·허가 등, 실시계획의 승인, 공사비, 공사기간, 공사착수, 공정관리, 설계 및 공사의 도급, 관련법령 준수, 도급 및 하도급 계약으로 인한 책임, 위험물 및 지장물 문화재, 사업 이행 보증금, 지체상금, 보험가입, 주무관청의 감독, 기성검사, 민원처리, 환경 및 안전관리, 공사책임 감리, 부속, 부대사업, 예비준공검사 등, 준공확인 및 관리운영권 등록, 조기준공, 준공 전 사용인가 및 부분 준공	설계, 공사의 도급, 관련 법령 및 성과요구수준의 준수, 도급, 하도급계약으로 인한 책임, 설계, 인·허가 등 실시계획의 승인, 공사기간, 공사의 착수, 공정관리, 위험물 및 지장물의 발견, 문화재, 사업 이행 보증금, 지체상금, 보험가입. 업무 감독 및 검사, 기성검사, 민원 처리, 환경 및 안전관리, 공사책임 감리, 부속사업, 부대사업, 준공 전 사용인가, 예비준공검사 및 시설투자의 완료, 준공 확인 및 관리운영권 등록
유지관리 및 운영에 관한 사항	운영비용, 법인세법 변경 시 처리, 유지관리 및 운영을 위한 계획, 부대사업시설의 유지관리 및 운영, 부속시설의 유지관리 및 운영, 경미한 사업	관리운영권의 행사, 본사업시설의 임대차계약, 운영비의 결정 등, 운영비의 변경, 유지관리 및 운영의 범위, 유지관리 및 운영관련계약, 유지관리 및 운영을 위한 계획, 유지관리 및 운영의 수행, 부속시설의 유지관리·운영, 부대사업시설의 유지관리·운영, 경미한 사업
사업수익률 및 사용료	사업수익률, 사용료의 결정 및 조정, 사용료의 징수, 사용료 정산	

구분	BTO	BTL
성과의 점검 및 평가		성과의 측정·보고, 성과의 점검, 성과의 평가, 성과평가위원회의 구성과 운영, 성과평가결과에 대한 조치
정부지급금의 산정 및 지급		수익률의 산정, 수익률의 조정, 임대료의 산정, 임대료의 조정, 운영비의 산정, 운영비의 조정, 정부지급금의 지급방법, 정부지급금의 지급시기
주무관청 지원에 관한 사항	건설보조금, 행정적 지원, 사업부지의 제공, 보상업무, 정부지원시설의 적기준공. 투자위험 분담을 위한 재정지원 및 지원금 환수, 초과 사용료 수입환수, 수요 위험의 처리	주무관청의 재정지원, 보상업무 등, 주무관청의 비재정적 지원
위험분담에 관한 사항	위험배분의 원칙, 사업시행자의 귀책사유 및 처리, 불가항력 사유 및 처리, 불가항력 사유로 인한 청구 및 이의신청	위험배분의 원칙, 사업시행자의 귀책사유 및 그 처리, 주무관청의 귀책사유 및 그 처리, 불가항력 사유 및 그 처리, 불가항력 사유의 통지 및 대책협의
협약의 종료	기간 만료 및 중도해지로 인한 협약의 종료, 협약 해지 시 효과와 해지시지급금의 산정, 해지시지급금의 지급방법, 매수청구권, 기간 만료 해지 및 매수 청구 시 선관의무	기간 만료 및 중도해지로 인한 협약의 종료, 협약 해지 시 효과와 해지시지급금의 산정, 해지시지급금의 지급방법, 매수청구권, 기간 만료 해지 및 매수 청구 시 선관의무
권리의 처분 및 자금재조달	양도 및 담보의 제공, 사업시행자의 변경, 출자지분 변경, 자금재조달의 절차, 자금재조달에 따른 이익의 공유	양도 및 담보의 제공, 사업시행자의 변경, 출자지분 변경, 자금재조달의 절차, 자금재조달에 따른 이익의 공유
분쟁의 해결	분쟁의 해결, 중재	분쟁의 해결, 중재
기타	협약의 변경, 협약의 수익자, 주무관청의 협약 준수 의무, 일부 무효, 묵시적 조건의 배제, 비밀 유지 통지, 언어 준거법, 협약의 효력	협약의 변경, 협약의 수익자, 주무관청의 협약 준수 의무, 일부 무효, 묵시적 조건의 배제, 비밀 유지 통지, 언어 준거법, 협약의 효력

④ 실시계획의 제출과 승인

1) 법인 설립

✓ 일반적으로 법인은 사업시행자 지정 이전에 설립하여야 한다. 왜냐하면, 실시협약 체결 시에 가칭법인으로 하게 되면 협약 변경을 해야 하는 문제가 발생하기 때문이고, 또 하나는 가칭법인으로 협약 체결 시 컨소시엄 전체의 동의를 얻어 대표사가 체결하여야 하므로 번거로움이 존재하기 때문이다.

✓ 법인 설립 및 실시계획 승인은 ① 사업자 지정에 따른 Project Company 설립, ② 사업시행자의 실시계획 작성과 승인 신청, ③ 정부의 실시계획 평가에 따른 실시계획 승인으로 구분된다.

✓ 실시계획 승인신청서를 작성할 때에는 주무부처(국토부, 해양수산부, 지자체 등)와 충분한 협의를 거쳐 사전에 목차를 조정할 필요가 있음.

• 민간투자사업은 모집설립의 형태를 취함

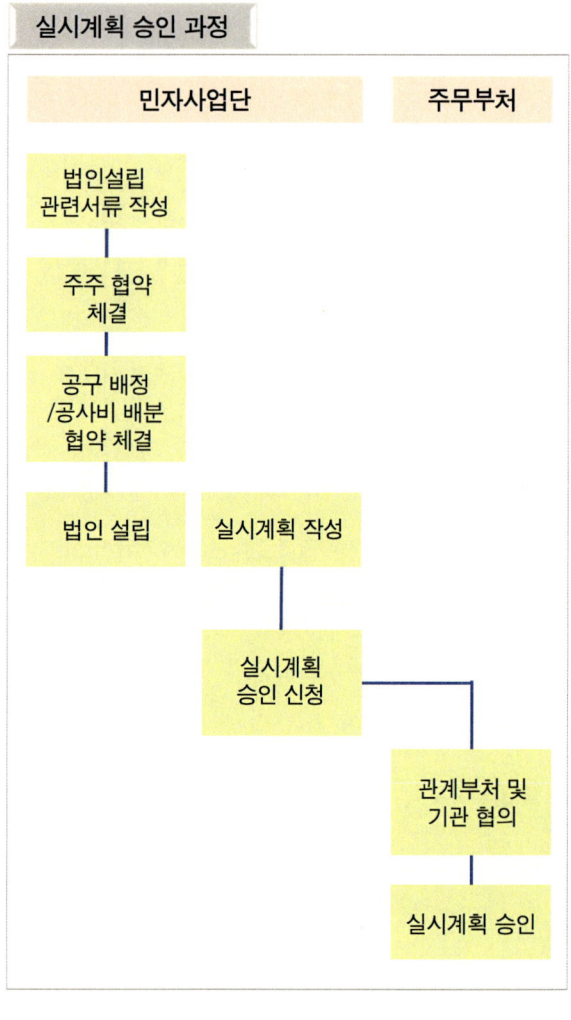

2) 법인 설립 절차

대규모 자금이 소요되는 SOC 사업의 경우 설립 예정 법인 명의로 사업시행자 지정을 신청하며, 사업시행자로 지정 받은 자는 RISK 분산을 위해 특정 SOC 사업만을 위한 별도 법인을 실시계획 승인 전까지 설립해야 한다. 법인 설립은 주주협약을 체결하고 정관 작성, 임원 선정, 주금 납입을 통해 법인등기를 완료하여 사업자등록증을 발급받으면 모두 완료된다.

법인 설립 절차를 그림으로 나타내면 다음과 같다.

(가) 법인 설립 / 참여형태 선정

신설법인 설립을 위하여 우선 법인 설립 형태(발기설립 또는 모집설립)와 참여사의 법인 경영 형태(공동경영, 협력경영 혹은 절충경영)를 결정한다. SOC 사업의 경우 법인 설립 형태는 발기설립에 비해 소요시간이 적게 걸리고 절차가 간략한 **모집설립 형태**를 취하며, 법인 경영을 위한 참여사의 참여 형태는 간사회사를 중심으로 나머지 참여사가 협력하는 **협력경영 형태**를 취한다.

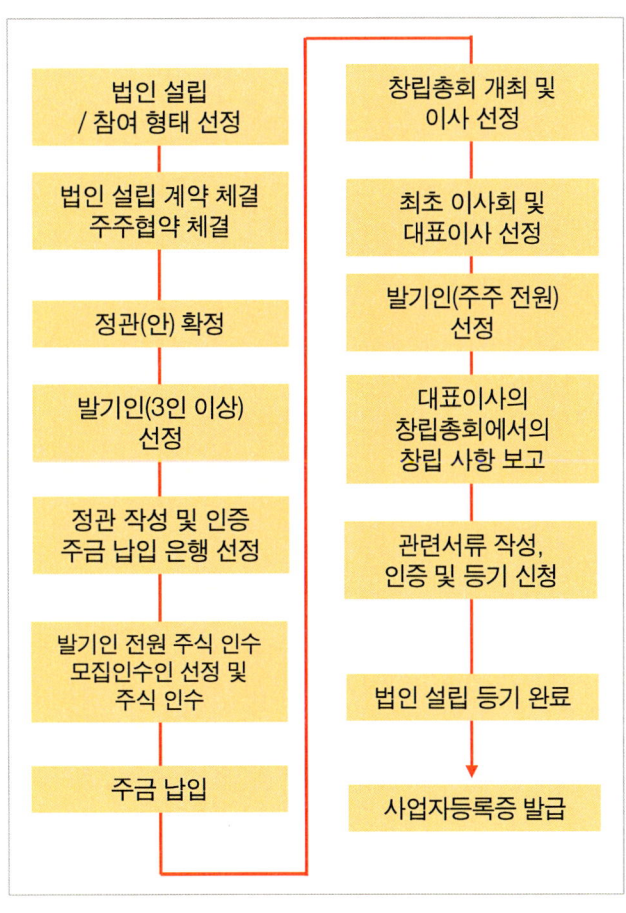

(나) 법인 설립 계약 체결

회사의 설립 절차는 정관 작성으로부터 시작되지만, SOC 사업은 업무 추진상 정관 작성에 앞서 참여주주 간 주주 협약 체결로부터 시작된다.

(다) 정관 작성 및 인증

모집설립에 의해 법인을 설립하므로, 3인 이상의 발기인이 정관의 작성자로서 정관 말미에 기명날인하고 공증인의 인증을 받아야 한다. 정관 원본은 회사에 보관하고, 사본은 등기신청서에 첨부한다.

(라) 발기인/모집인수인의 주식 인수

모집설립에 의해 법인을 설립하므로, 발기인으로 참여하는 회사는 주식을 인수하고 나머지 참여사는 모집인수인으로 주식 인수를 한다.

(마) 창립총회 개최 및 이사 선정

법인 설립 시 발행하는 주식의 총수에 대한 납입(주금 납입)을 완료하면 발기인은 지체없이 창립총회를 소집해야 한다.

(바) 최초 이사회 및 대표이사 선정

창립총회에서 구성된 이사회는 대표이사를 선정한다.

✓ **창립 총회 시 주요 사항**

- 변태 설립 사항에 대한 조사보고서 제출
- 발기인의 회사 창립에 대한 보고
- 정관 소정의 이사·감사 선정
- 선정 이사·감사의 보고
- 회사 설립 시에 발행하는 주식 총수에 대한 인수의 정확 여부
- 인수된 주식에 대한 납입 여부
- 변태 설립 사항에 대한 검사인의 보고서의 정확 여부

1. 등록세와 교육세

설립 시 자본금의 4/1000에 해당하는 등록세와 등록세의 20/100에 해당하는 교육세

※ 대통령령으로 정하는 대도시 내에서의 설립 등기 시에는 해당 세율의 3배의 등록세를 납부하여야 한다. (지방세법 138조 1항)

2. 국민주택채권 또는 도시철도채권

- 자본금의 1/1000에 해당하는 도시철도채권이나 국민주택채권매입필증을 첨부하여야 함 (도시철도법 13, 동 시행령 12조 1항)

3. 정관, 창립총회 의사록, 이사회 의사록에 관한 공증비용

- 공증 인가 합동 법률사무소 보수규정에 따름

3) 법인 설립 방식

발기설립	모집설립	비고
• 발기인이 발행주식 총수를 인수	• 발기인이 주식 일부 인수 • 나머지는 주주를 모집하여 인수	
1. 발기인 선임(상법 제 288조): 발기인 조합 설립 - 형식적으로 정관에 발기인으로 기명날인한 자 - 최소 1주 이상의 주식을 인수해야 함 - 발기인 수: 제한 없음(1인도 가능) - 발기인 자격: 자연인이나 법인		설립 중의 회사의 구성원 • 발기설립: 발기인 • 모집설립: 발기인과 주식인 수인
2. 정관 작성 (상법 제289조) - 정관: 실질적으로 회사의 조직과 활동에 관한 기본 규칙 기재 - 정관의 기재사항 　① 절대적 기재사항 　　: 반드시 기재하지 않으면 정관 자체의 효력을 무효화 시키는 사항 　　✓ 목적 　　✓ 상호 　　✓ 회사가 발행할 주식의 총수 　　✓ 1주의 금액 　　✓ 회사 설립 시 발행할 주식 총수 　　✓ 본점 소재지 　　✓ 회사가 공고하는 방법 　　✓ 발기인의 성명, 주민등록번호 및 주소 　　✓ 회사 설립 시 발행할 주식의 총수는 발행할 주식 총수의 1/4 이상 　　✓ 회사의 공고는 관보 또는 일간신문 　② 상대적 기재사항: 정관에 기재하지 않아도 정관 자체의 효력에는 영향이 없으나 정관에 기재하지 않으면 그 효력이 발생하지 않는 사항 (*현물출자자의 성명 등) ※ 변태설립사항내용 참조 　③ 임의적 기재사항: 회사의 필요에 의하여 기재하는 사항 (이사 · 감사의 수, 총회 소집 시기, 영업연도 등) - 변태 설립 사항(상법 제290조): 정관에 다음 사항을 기재함으로써 효력 있음 　① 발기인이 받을 특별이익과 이를 받을 자의 성명 　② 현물 출자를 하는 자의 성명, 그 목적인 재산의 종류, 수량, 가격과 이에 부여할 주식의 종류와 수 　③ 회사 성립 후에 양수할 것을 약정한 재산의 종류, 수량, 가격과 그 양도인의 성명 　④ 회사가 부담할 설립비용과 발기인이 받을 보수액		설립 전의 원시 정관 변경 • 발기설립: 발기인 전원 동의와 공증인 인증 필요 • 모집설립: 창립총회의 결의만으로 가능 *현물출자: 상법 제299조의 2에 의하여 공인된 감정인으로부터 감정을 받아야 함

발기설립	모집설립	비고
3. 정관의 인증 (상법 제292조) - 공증인의 인증 (법무사 대행) - 정관 2부 작성 (기명날인 혹은 서명), 공증 후 1부 공증사무소 보관		• 공증인 법 제62조, 제63조
4. 주식 발행 사항의 결정 (상법 제291조) - 회사 설립 시에 발행하는 주식의 총수 외에 주식 발행에 관한 나머지 사항은 정관에서 특별히 정한 사항이 없는 한 발기인의 전원 동의로 결정 → 발기인의 전원 동의를 요하는 사항 ① 우선주, 보통주, 무의결권주와 같은 주식의 종류와 수 ② 액면 이상의 주식을 발행하는 때에는 그 수와 금액		
5. 발기인의 주식인 수 (상법 제293조) - 발행 주식 총수를 서면으로 인수해야 함 - 각 발기인은 반드시 1주 이상의 금액을 인수해야 함 - 인수 시기는 제한이 없으나 주금의 납입 전까지는 인수해야 함	5. 발기인의 주식인 수 (상법 제301조) - 발행 주식 중 일부를 서면으로 인수해야 함 - 각 발기인은 반드시 1주 이상의 금액을 인수해야 함 - 구두에 의한 인수는 무효가 되고 그 즉시 발기인의 자격을 상실함	
6. 출자이행 (상법 제295조) - 발기인은 인수한 주식의 수에 따라 인수가액을 납입할 의무 있음 - 각 발기인은 발행하는 주식을 서면으로 전부 인수하고 지체 없이 발기인이 지정한 납입 은행, 기타 금융기관의 납입 장소에 그 인수금액 전액을 납입해야 함	6. 주주의 모집 및 주식의 청산 (상법 제302조) - 현재 상법은 주식청약서 주의를 채택 - 발기인은 정관의 절대적 기재사항과 변태 설립 사항, 회사 조직의 대강과 청약 조건 등 회사 설립 개요를 기재한 주식청약서를 작성	• 발기설립: 납입 해태 시 일반원칙(채무불이행)에 속함 • 모집설립: 실권절차가 있음
7. 이사와 감사의 선임 (상법 제296조) - 발기인회의를 통하여 의결권의 과반수 결의로 이사, 감사 선임 - 이사 3인 이상, 감사 1인 이상 (다만, 자본금 5억 미만인 경우 이사 수를 1인 또는 2인으로 할 수 있음)	7. 주식의 배정과 인수 (상법 제303조, 제304조) - 발기인조합은 응모한 주식청약인에 대하여 사전에 정한 방법에 따라 총 발행주식 수 중 인수해야 할 주식을 배정하면 이것에 의하여 주식 인수가 확정됨 - 위의 내용에 대한 통지나 최고는 주식인수증 또는 주식청약서에 기재한 주소 또는 주식청약인이 요구하는 주소로 함	
8. 설립경과 조사 (상법 제298조) - 주관자: 이사와 감사 - 회사의 설립에 관한 모든 사항이 법령 또는 정관의 규정에 위반되지 아니하는지 여부를 조사하여 발기인에게 보고	8. 주식대금의 납입 (상법 제305조, 제307조) - 회사 설립 시 발행되는 주식의 총수가 인수된 때 발기인과 주식인수인은 주식인수가액을 납입할 의무를 가짐	

4) 법인 설립 등기

구 분	내 용
등기기간	- 창립총회 종결일로부터 2주 이내
등기장소	- 회사의 본점 소재지를 관할하는 상업등기소
신청인	- 이사 전원의 공동 신청

구비서류	① 정관 등본
	② 주식의 인수를 증명하는 서면: 발기인이 기명날인한 주식인수증
	③ 주식청약서: 발기인 이외의 자로부터 제출받은 것
	④ 이사와 감사의 조사보고서와 그 부속서류
	  - 회사 설립 시 발행하는 주식 총수에 대한 인수의 정확 여부, 각 주식에 대한 납입 여부, 설립비용에 대한 법원 선임검사인의 조사보고서의 정확 여부에 대한 창립총회 보고서와 그 부속서류
	⑤ 검사인의 조사보고서: 설립비용에 대한 법인 선임검사인의 조사보고서 등본
	⑥ 창립총회 의사록
	⑦ 이사회 의사록: 대표이사 선임 증명
	⑧ 금융기관의 납입금 보관증명서
	⑨ 이사, 대표이사, 감사의 취임승낙서
	⑩ 이사, 감사의 주민등록번호를 증명하는 서면
	  • 위임장: 대리인에게 위임할 경우
	  • 대표이사의 인감 신고
	  • 등록세(납입자본금의 4/1000), 교육세(등록세의 20%)의 영수필 통지서와 영수필 확인서 및 공채 매입필증(자본금의 0.1%)
	  • 상호 설명서

5) 실시계획 작성

실시계획승인신청서 제출서류 목록

구분	항목	제출서류 및 도면	비고
기술 부문	사업 시행 위치 및 면적	위치도	
		용지도	
	공사 시행방법 및 기술적 관련사항	계획평면도 및 실시설계도서	
		공사시방서	
	공정별 공사 시행 계획	공사비 산출 근거	
총괄 부문	부속시설사업 내용 및 실시계획	고속도로 휴게소, 주유소 등의 토지 이용 계획 및 공사비, 공정 계획에 관련된 서류	토지 보상 관계
	소요 토지의 확보 및 이용계획	토지, 건물, 권리 등의 매수, 보상 및 주민이주 대책에 관한 서류	
		공공시설물 및 토지 등의 무상 사용 등에 관한 계획서	
		수용 또는 사용할 토지·건물 또는 권리 등의 소유자 및 관계인의 성명과 주소에 관한 서류	토지수용법 제 4조 제 3항
		수용 또는 사용할 토지 또는 건물의 소재지, 지번, 지목, 면적 및 소유권 외의 권리 명세에 관한 서류	
자금 부문		자금 조달 계획(대출확약서, 세부 계획)	
		사용료 산정(협약서 조건 반영)	주무관청 및 대주단 제출 (사업성 분석 자료)
기타		환경영향평가서	환경영향평가서법 시행령 제2조 및 별표1의 규정 대상 사업
		교통영향평가서 및 심의필증	도시교통정비촉진법 시행령 제9조 및 별표1의 규정 대상 사업
		에너지사용계획서	에너지이용합리화법 시행령 제5조 및 별표1의 규정 대상 사업

* 주무관청과 협의에 의해 일부 사항이 변경될 수 있음

기술부문 체크리스트

항목	제출서류 및 도면	비고
사업 시행 및 면적	위치도	도로공사에 협조 요청
	용지도	
공사용 설계도면	공구별 설계도면 - 원도	
	공구별 설계도면 - 전지	
	공구별 설계도면 - A3지	
	공구별 시방서	
	공구별 특별시방서	
	설계 설명서 등 일체서류 21건	
공구별 공사비 내역	공사비 내역서	① 작성 방법 협의 ② 공구별 작업팀 구성 ③ 작업용 시스템 확보 ④ 기준단가 협의 - 노임단가, 자재단가, 중기사용료, 심의회의 결과 적용, 기타사항 ⑤ 작업 실시
	일위대가표	
	단가 산출 근거	
	증기사용료 산출 근거	
	노임 및 자재단가 적용 기준	
공구별 실행공정표	공구별 공정표	정부 합의 공정표 작성

⑤ 각종 계약 체결: 보험 계약

이 단계는 공사도급계약, 금융약정계약, 보험계약의 세 부분으로 구분되며, 여기에서는 보험계약에 관해서만 설명하기로 한다.

1) 보험 가입 계획

사업시행자는 시공 및 운영 중 위험을 보장받을 수 있도록 사업 단계별 위험을 파악하고, 예기치 못한 상황이나 사고발생에 대처하기 위해 보험사를 선정하여 각 위험을 담보할 수 있는 보험에 가입하여야 한다.

가입해야 할 보험의 종류

- 건설기간 중의 건설공사보험(제3자 배상책임 포함), 예정이익상실보험, 사용자배상책임보험
- 운영기간 중 완성토목공사물보험(CCAR: Civil Engineering Complete Risk), 기업휴지보험(Business Interruption), 영업배상책임보험(CGL: Commercial General Liability), 사용자배상책임보험 등

2) 보험 가입의 목적

- 사업의 성공적 추진
- 사업 수행 중 발생 가능한 제반 위험에 효율적으로 대처
- 돌발사고 발생 시 재정적 부담 감소
- 즉각적인 공사 복구 가능
- 시설물의 적절한 유지 및 관리
- 인근 주민과의 분쟁 방지

3) 건설기간 중 가입 보험

- 건설공사보험 (Contractors' All Risks)

건설공사보험은 공사와 관련하여 예기치 못한 돌발적인 사고로 본공사, 가설공사, 공사용 재료 등에 발생하는 손해를 보상하는 보험이며, 제3자 배상 책임, 건설 기계 및 장비, 주위 재산 등에 대해서도 특약계약을 체결하여 발생 가능한 모든 위험을 부보하고자 가입하는 보험이다.

구분	내용	비고
부보 범위	① 자연 현상 또는 외래적 사고: 비, 홍수, 바람, 폭풍, 지진, 해일 등 ② 기술적 원인에 의한 사고: 도괴, 지면 침하, 붕괴, 시공 및 재질 결함 ③ 인위적 사고: 화재, 폭발, 도난, 미숙련, 부주의	전위험 담보
보험목적물	① 공사 목적물 ② 주위 재산 및 잔존물 제거 비용 ③ 건설 설비 및 장비 ④ 제3자의 배상 책임	
담보지역	건설 현장 및 주변	
보험기간	공사장에서의 작업 개시 시점 ~ 공사 완공 시점	
보험금액	총 공사 예정금액	
부보비율	100%	
보험료율	사업 종류별, 위험 요소별로 다름	

- 예정이익상실보험 (Advanced Loss of Profits)

건설 공사 중 사고로 인해 건설 공사 작업에 지장을 초래하여 준공 지연이 발생하였을 경우, 준공 지연 기간 동안 매출이 발생하지 않음으로써 사업시행자가 입은 매출감소에 따른 총 이익상실을 보상하는 보험이다.

- 사용자배상책임보험

사업시행사의 근로자가 업무상 재해를 입었을 경우 산재보험으로 보상받는 금액을 초과하여 사용자가 법률상의 손해배상을 짐으로써 부담하게 되는 손해를 보상하는 보험이다.

4) 운영기간 중 가입 보험

사업시행자는 건설 공사 완성 후 공사목적물의 적절한 유지·보수를 도모하고, 사업의 안정적인 운영을 위하여 완성토목공사물보험, 기업휴지보험, 영업배상책임보험, 사용자배상책임보험에 가입하여야 한다.

- 완성토목공사물보험 (Completed Construction All Risks)

도로, 교량, 터널, 댐 등 완성된 토목공사물의 우연하고 급격한 사고로 피해를 입을 경우 보상한다. 보험가입금액은 완성된 토목공사물 공사금액(동종, 동능력의 대체가액)을 기준으로 하며, 예상 보험료(율)은 보험자문기관의 자문을 받아 작성한다.

- 기업휴지보험(Business Interruption)

교량 붕괴사고 등 일련의 대형사고에 대한 복구 기간 동안 영업중지로 인한 상실이익을 보상한다. 보험가입금액은 연간 사용료 수입 예상 금액(또는 고정비 및 이자비용)을 기준으로 하고, 이에 따른 예상보험료(율)는 보험자문기관의 자문을 받아 작성한다.

- 영업배상책임보험(Commercial General Liability)

　시설물 소유자와 관리자가 시설물로 인한 사고 발생 시 피해자에 대한 보상책을 확보하기 위함이다. 보상 한도액은 사업의 규모, 사고당 예상 피해금액 등을 고려하여 정하고 예상 보험료는 보험자문기관의 자문을 받아 작성한다.

- 사용자배상책임보험

　사업시행사의 근로자가 업무상 재해를 입었을 경우 산재보험으로 보상받는 금액을 초과하여 사용자가 법률상의 손해배상을 짐으로써 부담하게 되는 손해를 보상하며, 예상 보험료(율)은 사업시행사 직원의 연간 예상 인건비를 기준으로 보험자문기관의 자문을 받아 작성한다.

4 사업 시행 단계

(1) 건설 공사 및 시설 운영

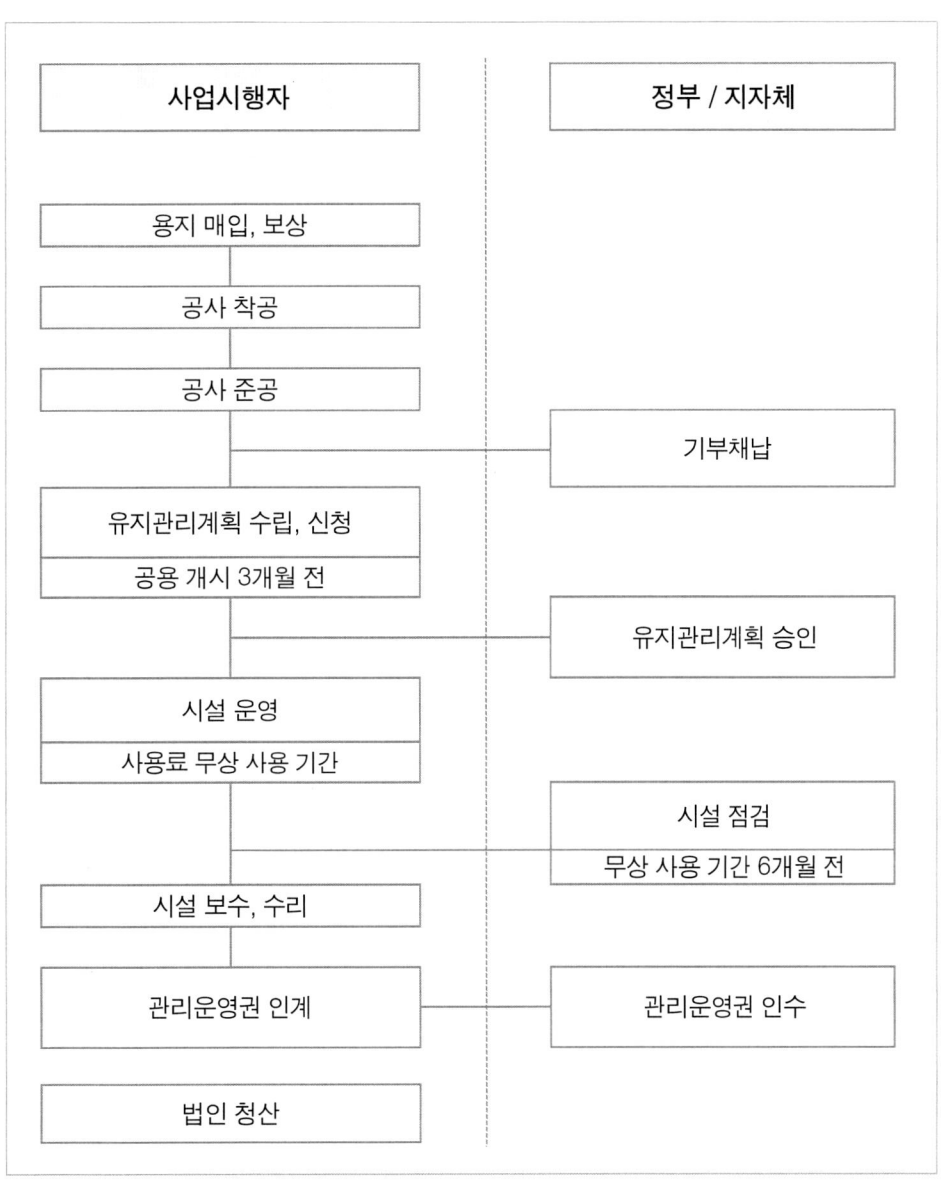

(2) 법인 해산 및 청산

사업의 종료 시점 또는 중도 해지 등의 사유로 인해 사업시행자 취소가 되는 경우 법인청산에 의해 미상환 대출원리금을 상환하고, 잔여금이 있는 경우 주주들에게 청산배당의 절차를 통해 청산배당을 실시한다. 그 후 최종결산을 통해 청산법인세를 납부함으로써 청산 업무가 종결된다.

절차	내용	비고
1. 해산 사유 발생 (상법 제517조)	1. 제227조 제1호, 제4호 내지 제6호에 정한 사유 1의 2, 제530조의 2의 규정에 의한 회사의 분할 또는 분할합병 2. 주주총회의 결의	
2. 이사회 개최	• 법인 해산에 대한 임시 주총 개최 승인의 건	

3. 임시주주총회 개최 및 결의
 	
해산결의
(상법 제434조: 특별결의)
	• 승인: 의결권 있는 주식의 2/3와 발행주식 총수의 1/3 이상의 결의
	  - 의사록: 해산 결의 청산인 선임, 대차대조표 및 재산록 승인
	※ 청산인(상법 531조): 이사가 청산인
	  - 단, 정관에 다른 정함이 있거나 주주총회에서 타인을 선임한 때에는 그러하지 아니함. 청산인이 없는 때에는 법원이 이해관계자의 청구에 의하여 청산인 선임
	  - 회사가 해산한 때에는 합병·분할·분할합병 또는 파산의 경우는 예외
		• 결산을 위한 회계감사법인 감사 실시
		• 회사 해산 및 청산 승인의 건
		• 청산인 선임의 건
		• B/S, 및 재산목록 승인의 건
		• 제519조(회사의 계속): 회사가 존립기간의 만료, 기타 정관에 정한 사유의 발생 또는 주주총회의 결의에 의하여 해산한 경우에는 제434조의 규정에 의한 결의로 회사를 계속할 수 있음

※ 제520조(해산 판결): ① 다음의 경우에 부득이한 사유가 있는 때에는 발행주식 총수의 100분의 10 이상에 해당하는 주식을 가진 주주는 회사의 해산을 법원에 청구할 수 있음.
  1. 회사의 업무가 현저한 정돈 상태를 계속하여 회복할 수 없는 손해가 생긴 때 또는 생길 염려가 있는 때
  2. 회사 재산의 관리 또는 처분의 현저한 실당으로 인하여 회사의 존립을 위태롭게 한 때

※ 제521조(해산의 통지, 공고): 회사가 해산한 때에는 파산의 경우 외에는 이사는 지체 없이 주주에 대하여 그 통지를 하고 무기명식의 주권을 발행한 경우에는 이를 공고해야 함.

절차	내용	비고
4. 해산등기	• 필요 서류 등 ① 법인등기부등본, 법인인감도장, 주주명부 ② 주식 수 1/3에 달하는 주주들의 인감증명서 및 인감 ③ 청산인으로 선임된 자의 인감증명서 및 인감	
5. 해산 및 청산인 선임 신고 (상법 제532조)	• 청산인은 취임한 날로부터 2주 내에 다음의 사항을 법원에 신고하여야 함. (등기신청) 1. 해산의 사유와 그 연월일 2. 청산인의 성명·주민등록번호 및 주소	• 회사 본점 소재지 지방법원에 신고
6. 청산인의 회사 재산 조사 보고 (상법 제533조)	1. 재산목록과 대차대조표를 작성 2. 법원 신고 (등기신청)	• 결산을 위한 회계감사법인 감사 실시
7. 주주총회 개최	• 청산인의 회사 재산목록 보고 승인의 건 • 청산인의 회사 B/S 제출 및 승인의 건 (특별 결의 사항)	• 회사 본점 소재지 지방법원에 신고
8. 신문 공고 (상법 제535조)	• 제535조 (회사채권자에의 최고) ① 청산인은 취임한 날로부터 2월 내에 회사채권자에 대하여 일정한 기간 내에 그 채권을 신고할 것과 그 기간 내에 신고하지 아니하면 청산에서 제외될 뜻을 2회 이상 공고로써 최고해야 함. (그 기간은 2월 이상이어야 함) ② 청산인은 알고 있는 채권자에 대하여는 각 채권자별로 그 채권의 신고를 최고하여야 하며 그 채권자가 신고하지 아니한 경우에도 이를 청산에서 제외하지 못함. (개별적으로 최고 해야 함) ※ 반드시 정관이나 등기부에 기재된 신문, 공고문이 게재된 당일자 신문은 보관할 것)	
9. 채무의 변제 및 잔여재산의 분배 (상법 제533조)	• 제538조(잔여재산의 분배) 잔여재산은 각 주주가 가진 주식의 수에 따라 주주에게 분배함. 그러나 제344조 제1항의 규정을 적용하는 경우에는 그러하지 아니함.	• 지체 없이 재산목록과 대차대조표를 법원에 제출
10. 청산의 종결 및 주주총회 개최 (상법 제540조)	• 결산 보고서 작성 및 주총 승인	• 승인이 있는 때에는 회사는 청산인에 대하여 그 책임을 해제한 것으로 봄. 그러나 청산인의 부정행위에 대하여는 그러하지 아니함.

절차	내용	비고
11. 청산 종결 등기	• 주총 의사록 첨부하여 **종결 등기(법원)** • 필요 서류 등 - 법인등기부등본, 주주명부, 주식 수 1/3에 달하는 주주들의 인감증명서 및 인감, 결산 종결 B/S, 결산 B/S, 주주에 대한 잔여재산 분배 계획서, 신문 공고문	
12. 서류 보존 (상법 제541조)	• 회사의 장부, 기타 영업과 청산에 관한 중요한 서류는 본점 소재지에서 청산 종결의 등기를 한 후 10년간 보존. (단, 전표 또는 이와 유사한 서류는 5년간 보존) • 보존에 관하여는 청산인 기타 이해관계인의 청구에 의하여 법원이 보존인과 보존방법을 정함.	
※ 참고 및 준비사항	• 3번의 등기 신청 (해산, 청산인 선임, 청산 종결) • 2번의 신고 (해산 및 청산인 선임 신고, 재산목록 및 B/S 신고) • 최소 2개월 이상 소요 • 신문 공고 2회 - 준비: B/S, 재산목록, 주주에 대한 잔여재산 분배 계획서 (청산 종결 결산보고서 작성)	

[보충] 주식 양수도 절차

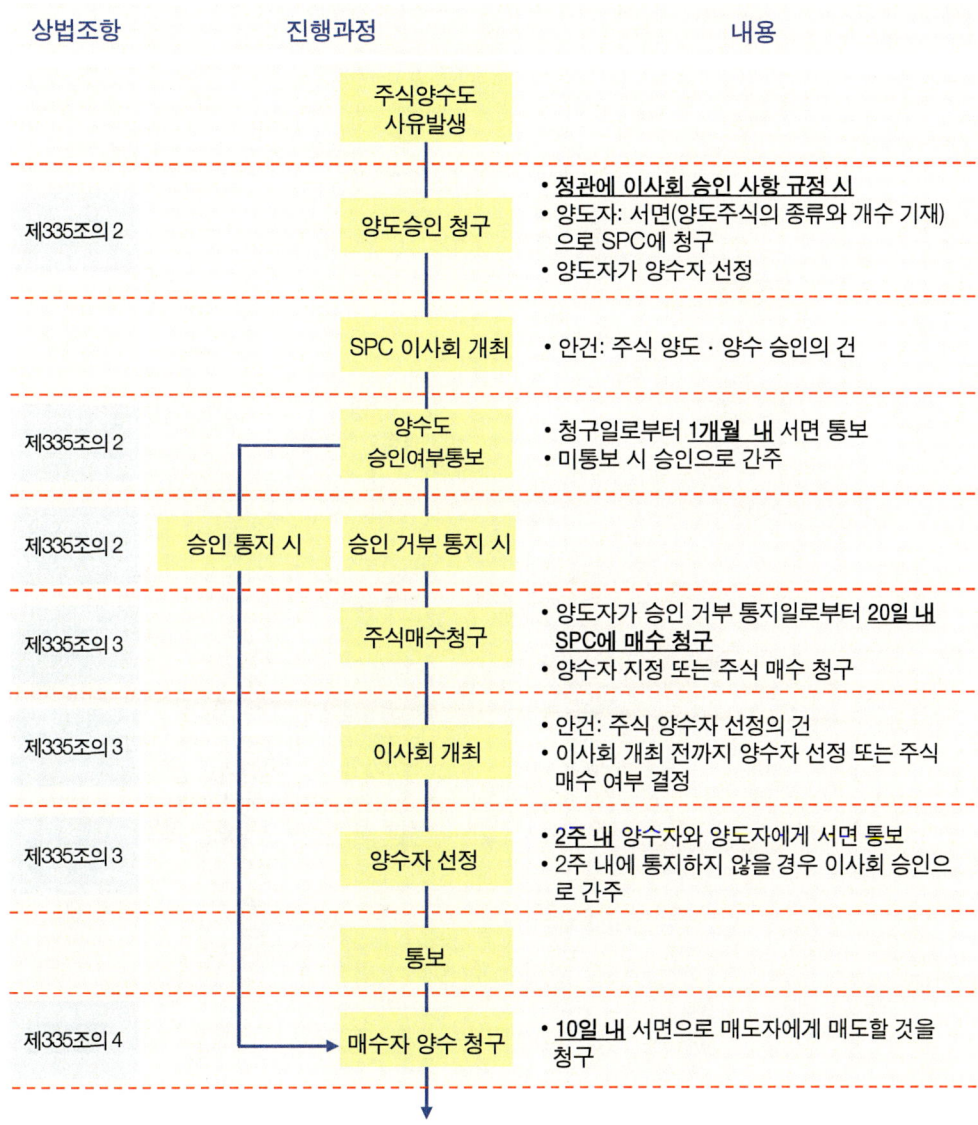

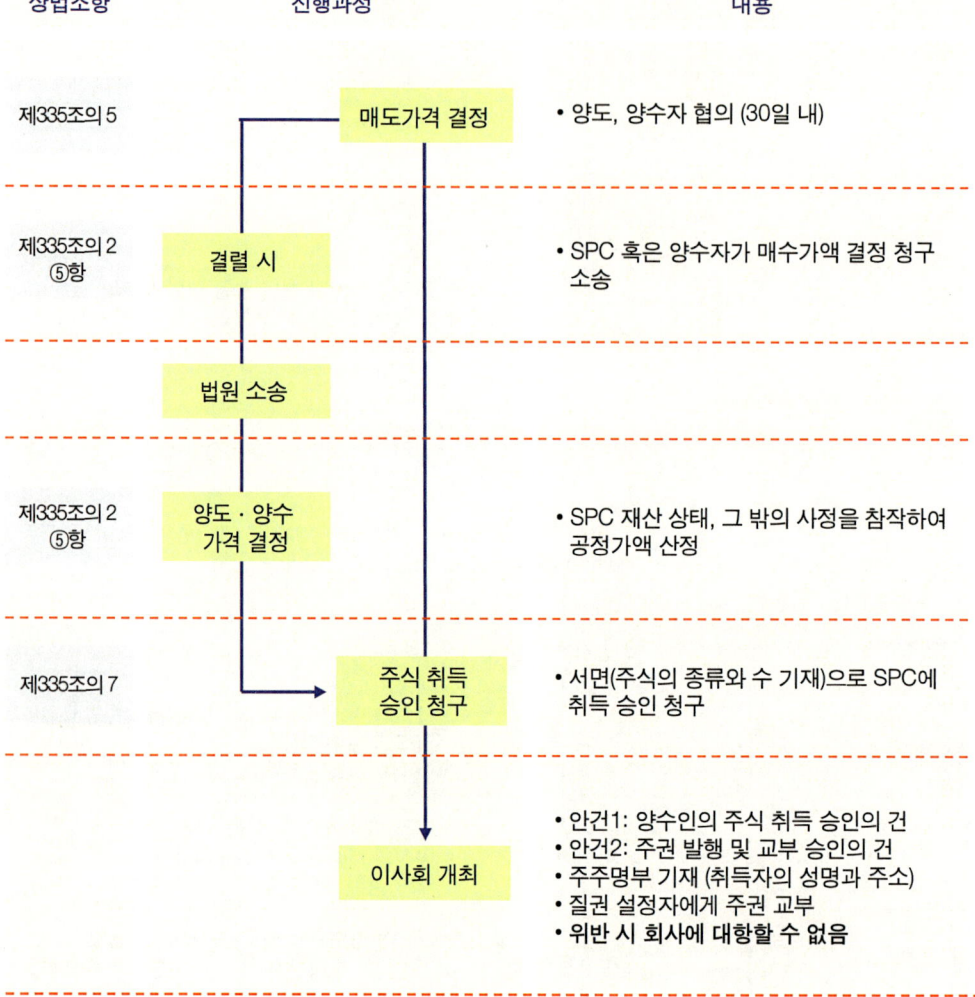

[보충] 공정거래에 관한 사항

채무보증제한제도 해설(2008. 04): 공정거래위원회 기업집단과 계열회사 간 채무보증 제한제도

1) 채무보증 개념: 계열회사 간 채무보증 제한제도

공정거래법상 금지되는 채무보증은 채무보증제한 기업집단에 속하는 회사(금융·보험회사는 제외)가 국내 금융기관으로부터 여신과 관련하여 국내 계열회사가 이를 보증해 준 경우이다. (법 제10조의 2)

- 금융기관(여신)이 매개되지 않고 기업과 기업 간에 직접 행하는 보증(인적 보증)은 채무보증에 해당되지 않는다.
    - 예를 들어, A그룹의 B사가 비계열사인 C사로부터 외상매입을 하면서 B사의 계열사인 D사가 직접 보증하는 경우

- 보증한 회사가 금융·보험회사인 경우는 제외되므로 계열회사 중 금융보험회사로부터 보증을 받은 것은 제외.
    - 반대로 일반 비금융보험회사가 금융보험회사에 대한 보증을 한 경우는 채무보증에 해당된다.

- 국내 계열회사 간 보증만 채무보증에 해당하므로 해외현지법인 간, 또는 해외현지법인과 국내법인 간 보증은 채무보증에 해당되지 않는다. (공정위에서 지정한 계열사간에 이루어진 보증만 대상으로 함)

2) 국내 금융기관의 범위 (법 10조의 2 제2항)

(가) 금융기관(은행법)

- 은행(한국은행 제외, 외국은행 국내법인, 지점* 및 국내금융기관의 해외지점** 포함), 농협중앙회, 수협중앙회의 신용부문***
- 한국산업은행, 한국수출입은행, IBK기업은행

> * 외국은행의 국내지점 및 대리점은 적용, '사업소'는 비적용 (은행법 제59조제1항)
> ** 국내 금융기관의 해외지점은 포함되나, 해외법인은 해당되지 않음.
> *** 보험사업자, 상호저축은행업무, 신탁업만을 영위하는 회사는 금융기관으로 보지 아니함.
> (은행법 제6조)

(나) 보험회사(보험업법): 생명보험사, 손해보험사

(다) 자본시장과 금융투자업에 관한 법률에 따른 투자매매업자, 투자중개업자 및 종합금융회사 (자본시장통합법 개정에 따른 규정 수정, 2007.08)

- 종전의 규정: 증권회사(증권거래법, 외국계 증권회사 포함), 종합금융회사(종합금융회사에 관한 법률)

(라) 여신전문금융회사(여신전문금융업법) 및 상호저축은행(상호저축은행법)

- 직전 사업연도 종료일 현재 대차대조표상의 자산총액(새로 설립된 회사로서 직전 사업연도 대차대조표가 없는 경우 설립일 현재의 납입자본금 기준)이 3천억원 이상인 여신전문금융회사와 상호저축은행
- 신용카드회사, 할부금융회사, 리스회사, 신기술금융회사

3) 여신의 개념 및 종류

채무보증의 대상이 되는 여신의 개념(공정거래법 제2조 제9호)은 '국내 금융기관의 대출 및 회사 채무의 보증 또는 인수'를 의미한다.

- 일반적으로는 금융기관의 대출과 지급보증으로 구분
- 사모사채를 금융기관이 직접 인수하고 이에 대해 계열사가 보증한 경우는 채무보증에 해당
- 사모사채를 금융기관이 아닌 비금융회사가 직접 인수한 경우는 계열사의 보증이 있더라도 채무보증에 해당되지 않음
- 인수자가 사전에 결정되지 않고 보유자도 수시로 변할 수 있는 공모 형식의 채권(예: 자산유동화증권)은 발행 시 금융기관이 인수하더라도 채무보증에 해당되지 않음
- 리스의 경우는 금융리스만 여신에 해당되며, 운용리스는 여신에 포함되지 않음. 따라서 운용리스에 대한 보증은 해당되지 않음

금융리스와 운용리스의 차이

구 분	금융리스	운용리스
리스기간	법정내용연수의 60% 이상으로 비교적 장기 (3.5~8년)	비교적 단기(2~3년)
중도해지	불가능	가능
기간 종료 시	이용자에게 소유권을 무상 또는 계약 시 정한 금액으로 이전하거나, 취득원가의 10% 미만으로 구매 또는 재리스	반환

- 여신의 종류는 금융기관이 내부적으로 정하고 있는 대출과목을 기준으로 한다.

대출		지급보증
- 상업어음할인 - 기업어음할인 - 기업어음대출 - 당좌대출 - 적금관계대출 - 무역어음대출 - 무역어음할인 - 일반자금대출 - 방위산업지원자금대출 - 국민투자기금대출 - 재정자금대출 - 외상채권대출 - 신탁자금대출	- 특별자금대출 - 차관자금대출 - 외화차관자금대출 - 국외지점대출 - 금융리스 - 내국수입유산리스 - 보증어음매입 - 무역어음매입 - 지급보증대지급금 - 기타운전자금대출 - 기타시설자금대출 - 기타외화대출 - 사모사채인수 - 기타대출	- 상업어음보증 - 무역어음인수 - 수입신용장관련보증 - 차관지급보증 - 사채지급보증 - 차관인수 - 화물선취보증 - 기타원화지급보증 - 기타외화지급보증 - 기타지급보증

4) 제한대상과 제한제외대상 채무보증의 구분

- 채무보증은 공정거래법에 의해 통상 제한대상과 제한제외대상 채무보증으로 구분된다.

    - 원칙적으로 공정거래법에 의한 채무보증규제는 모든 채무보증에 적용이 되나, 일부 국제 경쟁력 강화 등과 관련된 채무보증에 대하여는 예외적으로 채무보증에 해당되더라도 규제를 하지 않고 있음.

- 제한제외대상 채무보증은 공정거래법 제10조의2 제1항의 단서규정 및 동법 시행령 제17조의 5에 열거되어 있으며, 이에 해당하지 아니하는 채무보증은 모두 제한대상이다. (제한제외 대상 종류 참조)

- 포괄근보증은 원칙적으로 제한제외대상이 될 수 없다.

    - 포괄근보증의 경우 원칙적으로 현재 또는 장래의 모든 채무를 일정 한도 내에서 보증하는 것이므로 어떤 종류의 여신이 발생되었는지에 관계없이 제한대상 채무보증에 해당함.

    - 포괄근보증시를 징구하였으나 여신 종류를 한정함으로써 사실상 특정 또는 한정근보증의 효과를 갖는 경우에는 관련 증빙을 첨부하여 제한제외대상 채무보증에 해당한다는 사실을 반드시 확인 받아야 함.

5) 제한제외대상 채무보증의 종류

구분	제외 대상 사유
산업합리화 관련 보증	• 조세특례제한법에 의한 합리화 기준에 따라 인수되는 회사의 채무와 관련하여 행하는 보증. 　- 주식 양도 또는 합병 등의 방법으로 인수되는 회사의 인수시점의 채무나 인수하기로 예정된 채무에 대하여 인수하는 회사 또는 그 소속회사가 행하는 보증 　- 인수되는 회사의 채무를 분할인수함에 따라 인수하는 채무에 대하여 소속회사가 행하는 보증 (97년 이후로 새로이 산업합리화대상으로 선정된 회사나 업종이 없으므로 98년도 제출자료를 매년 update하여 제출하면 될 것으로 판단)
국내 금융기관의 해외지점 여신 관련 보증	• 국내금융기관의 해외지점이 행하는 여신에 대한 보증 중 　- 외국환거래법의 규정에 의한 해외직접투자에 관한 보증 　- 해외건설 및 용역사업자가 행하는 외국에서의 건설 및 용역사업에 관련한 보증 　- 기타 공정거래위원회가 인정하는 외국에서의 사업
수출입제작금융관련 보증	• 한국수출입은행법 제18조제1항제1호 및 제2호의 규정에 의하여 자본재 기타 상품의 생산 또는 기술의 제공과정에서 필요한 자금을 지원하기 위하여 한국수출입은행이 행하는 대출 또는 이와 연계하여 다른 국내금융기관이 행하는 대출에 대한 보증 **(제작금융만 해당, 연불금융은 해당 안 됨)**
해외건설 등 관련 보증	• 해외에서의 건설 및 산업 설비공사의 수행, 수출선박의 건조, 용역 수출, 기타 공정거래위원회가 인정하는 물품 수출과 관련하여 국내금융기관이 행하는 **입찰보증(B-Bond), 계약이행보증(P-Bond), 선수금환급보증(AP-Bond), 유보금환급보증(RM-Bond), 하자보수보증(M-Bond)** 또는 납세보증에 대한 보증
D/A, D/P, Local L/C 관련 보증	• 인수인도조건수출 또는 지급인도조건수출 어음의 국내 금융기관 매입 및 내국신용장 개설에 대한 보증 　- 인수인도조건수출(D/A) 또는 지급인도조건수출(D/P)어음의 국내 금융기관 매입에 대한 보증 　- 내국신용장(L/C) 개설에 대한 보증

구분	제외 대상 사유
법정관리회사 3자 인수 관련 보증	• 회사정리법에 의한 회사 정리 절차 개시를 법원에 신청한 회사의 제3자 인수와 직접 관련된 보증 **정리채권 또는 정리담보권의 인수 관련 보증***
기술개발자금 관련보증	• 국내의 신기술 또는 도입된 기술의 기업화와 기술개발을 위한 시설 및 기자재의 구입 등 기술개발사업을 위하여 국내 금융기관으로부터 지급받은 자금에 대한 보증 　- 「산업은행 특수자금 대출취급요강」상의 기술개발자금 　- 산업정책심의회의 의결을 거쳐 지원되는 산업기술향상자금 　- 산업발전법(구 공업발전법) 또는 국민투자기금법에 의하여 기술개발사업에 지원되는 자금 (예) 산업기술자금, 산업기반기금(구 공업발전기금)·국민투자기금 사업 관련 자금 　- 「수출산업 및 수입대체 소재 부품산업 시설자금 대출취급규정」에 따라 지원되는 자금 중 기술개발자금 　- 기타 상기 자금과 내용상 동일하다고 판단되는 기술개발 관련 자금 (예) 정보화촉진기금, 과학기술진흥기금 사업관련 자금 등
SOC 관련보증	• 사회기반시설에 대한 민간투자법 제4조(민간투자사업의 추진방식) 제1호 내지 제4호의 규정에 의한 방식으로 민간투자사업을 영위하는 계열회사에 출자를 한 경우로서 국내 금융기관이 당해 계열회사에 행하는 여신에 대한 보증 (SOC 법인의 출자자가 당해 SOC 법인에 대해 행하는 보증에 대해서만 제외)
공기업분할 관련 보증	• 정부투자기관, 공기업민영화법대상기업 등 공기업이 구조 개편을 위하여 분할되는 경우, 그 회사가 계열회사가 아닌 회사에 행한 보증을 분할로 인하여 신설되는 회사가 인수하는 것과 직접 관련하여 그 회사가 그 신설회사에 대하여 행하는 재보증

* 당초에는 해외지점 여신 관련 보증으로서 제한제외대상으로 분류되었다가, 해외지점의 폐쇄로 인해 국내본점 또는 지점으로 이관된 경우에는 제한대상 채무보증으로 분류

6) 채무보증금액의 산정 방법

- **건당 약정금액을 기준으로 채무보증금액 산정**

  - 보증약정금액을 채무보증금액으로 보기 때문에, 채무보증약정일 이후 여신의 발생이 없었다 하더라도 채무보증금액으로 기재

- **외화 표시 채무보증금액의 산정**

  - 외화 표시 채무보증금액은 기준일 현재의 금융결제원 고시 기준환율을 적용하여 원화로 환산한 금액을 표시 (금융기관확인서상에는 외화금액도 함께 표시)
    - 기타 통화에 대한 환율은 서울외국환중개(주) 사이트에서 조회 가능 (http://www.smbs.biz)

> **잠깐! 용어설명**
>
> ✓ **포괄근보증**: 피보증채무를 별도로 정함이 없이 회사(차주)가 금융기관(대주)에 대하여 부담하는 현재 및 장래의 모든 채무를 보증 한도 내에서 보증하는 것
>
> ✓ **한정근보증**: 지급보증서(보증약정서)에서 정한 피채무보증범위 내에서 회사(차주)가 금융기관(대주)에 대하여 부담하는 현재 및 장래에 발생하는 채무에 대하여 보증 한도 내에서 보증하는 것 (예: 기업당좌대출에 대한 보증)

- **보증 계약 종류에 따른 채무보증금액 산정 방법**

  - 근보증의 경우 (포괄근보증, 한정근보증)
    - 포괄근보증, 한정근보증 모두 지급보증서(보증약정서) 상의 근보증 한도액을 채무보증금액으로 산정한다. 따라서 실제 여신금액이 채무보증금액보다 적다고 하더라도 약정된 채무보증금액이 채무보증금액이 된다.
    - 근보증 성격에 따른 보증금액 산정방법: 한정근보증의 경우 피보증채무의 범위가 한정되어 있으므로 피보증채무가 법상 제한대상과 제한제외대상을 모두 포함할 경우 여신잔액 비율에 따라 보증금액을 나누어 제한대상 및 제한제외대상으로 구분 가능한 반면, 포괄근보증의 경우 현재 또는 장래의 모든 여신을 보증하므로 이를 잔액비율로 구분할 실익이 없으며 원칙적으로 모두 제한 대상이다.
    - ☞ 다만, 약정 당시 포괄근보증서를 징구하였으나 실제로는 특정 여신과 관련하여 보증서가 징구된 경우에는 사실상 한정근보증에 해당하므로 한정근보증으로 구분하고, 피보증채무의 성격을 기준으로 제한대상 또는 제한제외대상을 구분한다.

- 특정채무보증의 경우
  - 특정채무보증은 여신약정 체결 당시 약정금액이 이미 실행된 경우로 여신잔액이 증가할 가능성은 없으므로, 채무보증금액은 기준일 현재 당초 여신금액 대비 여신잔액비율에 따라 산정된다.

> **특정채무보증:** 보증한 회사가 현재 보증하는 여신과목, 여신금액 등이 정하여져 있는 개별여신에 대하여만 보증책임을 지는 것
>
> 잠깐! 용어설명

✓ 채무보증제한 탈법 행위의 유형 (공정거래법시행령 제21조의 3)
  - 국내 금융기관에 대한 자기계열회사의 채무를 면하게 함이 없이 동일한 채무를 부담하는 행위
  - 다른 회사로 하여금 자기의 계열회사에 대하여 채무보증을 하게 하는 대신 그 다른 회사 또는 그 계열회사에 대하여 채무보증을 하는 행위 (기업집단 간 교차 보증)
  - 기타 이면 보증 행위 등

✓ 법 위반 시 제재 조치 (공정거래법시행령 제21조의 3)
  - 관련 채무보증의 취소 등 시정 명령
  - 법 위반 채무보증액의 10% 이내에서의 과징금 부과 및 형벌 (3년 이하의 징역 또는 2억 원 이하의 벌금)

✓ 채무보증 특례 (법 제14조 3항 3)
  - 채무보증 규정을 위반하고 있는 경우(채무보증을 받고 있는 회사가 새로 계열회사로 편입되어 위반하게 되는 경우를 포함)에는 지정일 또는 편입일로부터 2년간은 채무보증 금지 규정을 적용하지 않음

> ※ 채무보증 관련 실무 참고사항
> : 채무보증 해소 현황 확인 및 보고
>
> ① 1/4분기 보고 (보통 5월 중)
> - 당해연도 1/4분기의 채무보증 해소 현황을 기업집단으로부터 확인
>
> ② 2/4분기~3/4분기 보고 (보통 11월 중)
> - 당해연도 2/4분기~3/4분기까지의 채무보증 해소 현황을 기업집단으로부터 확인
>
> ③ 4/4분기 해소 현황 보고 (보통 익년도 2월)
> - 지정일 이후부터 4/4분기까지 해소 현황을 기업집단으로부터 확인

- 회사 정리 절차 등이 개시된 회사에 대하여 채무보증을 하고 있는 경우에는 그 채무보증을 받고 있는 회사의 회사 정리 절차 등의 종료일까지

[보충] SPC 사례를 통한 계열사 편입 여부 검토

1) ○○ 하수관거 SPC 설립 개요

가. 설립 개요: 건설출자자만 참여

구분	A건설	B건설	C건설	D건설	계
출자지분	70%	10%	10%	10%	100%
출자금액(원)	4.2억	0.6억	0.6억	0.6억	6억
비고	최다 출자자	지역 건설사	지역 건설사	지역 건설사	

a. 민자사업 자금 투입 순서

> 건설출자자 출자 ⇒ 재무투자자 출자 ⇒ 타인자본 투입

→ CI(건설출자자)가 선행 출자함으로써 사업 추진의 안정성은 확보되나, 이로 인해 사업 초기 FI(재무투자자)의 출자 참여 전까지는 FI 출자금을 선 부담하고 FI 참여 시 CI의 출자비율이 감소하는 구조로 최상위 CI의 출자비율이 30% 이상이 되므로 일시적인 출자지분 과대 현상이 발생한다.

b. 출자 완료 시점: 재무적 투자자 참여

구분	Fund	A건설	B건설	C건설	D건설	계
출자지분	82%	12.6%	1.8%	1.8%	1.8%	100%
출자금액(원)	66.15억	10.16억	1.45억	1.45억	1.45억	80.67억
비고	최다 출자자					

나. 형태: 명목회사 (상근 임직원 없음)

- 운영비용 절감을 통한 사업계획서 평가 우위 확보

다. 임원 구성: A건설 겸임 3인(대표이사, 이사, 감사), 지역건설사 1인(이사)

- a. FI는 추후 출자 예정이므로 현재 FI측 겸임이사는 없으며, 추후 출자 시 선임 예정

- b. 적기 준공 등을 감안하여 건설기간 중에는 출자지분에 관계없이 당사 담당 임원이 SPC 대표이사를 겸임할 수 있도록 FI의 동의를 확보함

2) 기업 결합 여부 검토

  기업 결합 당사회사 일방의 자산 또는 매출액의 규모(계열회사의 자산 또는 매출액 포함)가 1,000억 원 이상인 회사 간의 다음의 기업 결합은 공정거래위원회에 신고해야 한다.

가. 신고 대상 기업 결합(신고 시점 기준): 공정거래법 제12조 1호

- a. 상대 회사의 발행주식 총수(의결권 없는 주식 제외)의 20%(상장법인, 코스닥등록법인은 15%) 이상을 취득 또는 소유하게 되는 경우
  ※ 주식취득 기업결합 신고 후 추가 취득하여 최다출자자가 되는 경우 포함

- b. 당사회사 일방이 대규모 회사(계열회사의 자산 또는 매출액을 모두 합한 금액이 2조 원 이상인 회사)일 때 그 임직원이 상대회사의 임원을 겸임하는 경우

- c. 다른 회사와 합병하는 경우

- d. 영업의 주요부문을 양수하는 경우

- e. 새로 설립되는 회사 주식의 20% 이상을 인수하는 경우
  ※ 동일인 및 동일인 관련자만 참여하는 회사 설립이나 상법상의 회사 분할은 제외함

나. 신고 의무 면제

    a. 기업결합 당사회사 일방의 자산총액 및 매출액이 30억 원 미만인 경우
    b. 자산총액 또는 매출액이 2조 원 이상인 대규모 기업집단 내 임원 겸임
    c. 기타 관련 사항(생략)

다. 결론

    본 법인의 설립자본금은 6억 원으로 신고 의무 면제 대상에 해당하므로(자산총액 30억 원 미만) 기업결합 신고 불필요
    ※ 향후 자산총계가 30억 원 이상으로 증가하더라도 추가 신고 의무 없음

❖ 재무적 투자자 출자 시, 당사의 출자지분은 70%에서 12.6%로 지속 감소하며, 아울러 최다출자자 지위를 해소하게 되므로 신고 불필요

  - "…20% 미만 소유상태에서 20% 이상 소유상태로 되는 경우…"
  - '최다출자자가 되는 경우'는 최다출자자가 아닌 상태에서 최다출자자가 되는 경우, 임원겸임은 겸임이 의결되는 날을 기준으로 신고하므로 신고 불필요

❖ 2007년 10월부터 경쟁 제한성 우려가 없는 SOC 민간투자사업에 대한 주식 취득을 기업결합 신고 대상에서 제외 (공정위 보도자료, 2007.07)

3) 계열사 편입 여부 검토

가. 계열사 편입 사유: 공정거래법 시행령 제3조 1항, 2항

a. 동일인이 단독 또는 동일인관련자와 합하여 당해 회사의 발행주식 총수의 30% 이상을 소유하는 경우로서 최다출자자인 회사

b. 다음에 해당하는 회사로서 당해 회사의 경영에 대하여 지배적인 영향력을 행사하고 있다고 인정되는 회사

- 동일인이 다른 주요 주주와의 계약 또는 합의에 의하여 대표이사를 임명하거나 임원의 50% 이상을 선임하거나 선임할 수 있는 회사
- 동일인이 직접 또는 동일인관련자를 통하여 당해 회사의 조직 변경 또는 신규사업에의 투자 등 주요 의사결정이나 업무 집행에 지배적인 영향력을 행사하고 있는 회사

c. 동일인이 지배하는 회사와 당해 회사간에 다음에 해당하는 인사교류가 있는 회사

- 동일인이 지배하는 회사와 당해 회사간에 임원의 겸임이 있는 경우
- 동일인이 지배하는 회사의 임직원이 당해 회사의 임원으로 임명되었다가 동일인이 지배하는 회사로 복직하는 경우
- 당해 회사의 임원이 동일인이 지배하는 회사의 임직원으로 임명되었다가 당해 회사 또는 당해 회사의 계열회사로 복직하는 경우

d. 통상적인 범위를 초과하여 동일인 또는 동일인관련자와 자금/자산/상품/용역 등의 거래를 하고 있거나, 채무보증을 하거나 채무보증을 받고 있는 회사, 기타 당해 회사가 동일인의 기업집단의 계열회사로 인정될 수 있는 영업상의 표시행위를 하는 등 사회통념상 경제적 동일체로 인정되는 회사

나. 계열회사 편입 제외: 공정거래법 시행령 제3조의 2, 2항

a. 다음에 해당하는 회사에 대하여 이해관계자의 요청에 의하여 제외 가능

- 다음에 해당하는 자가 "민간투자법"에 의해 설립된 민자법인의 발행주식의 20%을 소유하는 경우 해당 민자법인

  - 국가 또는 지방자치단체
  - 정부투자기관
  - 특별법에 의해 설립된 공사, 공단, 기타 법인

- 다음에 해당하는 회사 중 최다출자자가 2인 이상으로써 당해 출자자가 임원의 구성이나 사업운용 등에 대하여 지배적인 영향력을 행사하지 아니한다고 인정되는 회사

  - 사업 구조조정을 위해 자산 현물 출자 또는 합병 등의 방법으로 설립한 회사
  - '민간투자법'에 의한 민자사업 법인

다. 결론

계열회사 편입 필요

a. 현재 기준 출자지분 70%인 최다출자자 (사업 초기 일시적인 지분 편중)

b. 위의 a.와 더불어 대표이사, 이사 1인, 감사를 당사 임직원이 겸임하고 있으므로 외관상 회사에 지배적인 영향력을 행사하고 있는 상태

  ☞ 정황적으로는 출자사가 SOC 사업에서 지배적인 영향력을 행사하기 어려움 (SOC 민간투자사업 출자자의 지배적인 영향력에 대한 참조)

SOC 투자사업의 지분법 회계처리에 대한 질의 회신 (금융감독원, 03. 12. 30)

a. SOC 민간투자사업에 대한 지분법 회계처리 연구(대한건설협회, 03. 12)에 대한 회신으로 민자사업법인 주식의 지분법 평가 미적용을 인정

☞ SOC 사업의 특성상……(중략)……사업시행자가 정부측과 체결한 실시협약서와 대주와 체결한 대출약정서에 의하여 영업 및 재무에 관한 전반적인 사항이 결정되어 있어, 투자회사가 SPC의 이사회나 경영진으로 참여를 하더라도 영업 및 재무에 관한 중대한 영향력을 행사할 수 있는 요소들이 거의 존재하지 않으므로 투자회사가 SPC의 이사회나 경영진으로 참여한다는 사실만으로는 중대한 영향력을 행사할 수 있다고 보기 어렵다. (상기 연구, 194p)

라. 계열사 제외 방안

a. 상기 '다. 결론'에 의거하여 계열회사 편입 조치

b. 재무적 투자자 출자 시(9월 말) 계열회사 제외를 위한 방안 마련

- 출자지분 자연적 감소 (70% → 9월 말 36% → 연말 29% → 최종 12.6%)
  ☞ 재무적 투자자가 출자하는 시점(9월말)까지만 계열회사 편입
- 대표이사를 제외한 이사, 감사를 지역건설사와 재무적 투자자 측으로 변경하여 당사 겸임 임원 구성비율 감소 조치 (75% → 25%)

c. 대표이사 겸임에 대해서는 상기 '다. 결론'의 질의 회신 등을 포함하여 종합적으로 판단할 경우 당사의 SPC에 대한 실질적인 지배력 행사가 불가능함을 건의

마. 계열사 편입 시 문제점

a. 주요 경영활동 및 변경사항에 대한 공시, 행위 전 이사회 결의 필요 등

b. 그룹 내 계열회사 증가(현재 계열사 수 최다)로 인한 부정적인 대외 평가

4) 연결재무재표 작성 및 지분법 평가 검토

가. 연결재무제표 작성: 외감법 시행령 제1조 31항	주식회사가 당해 사업연도말 현재 다른 회사를 지배하는 경우, 그 주식회사를 지배회사, 다른 회사를 종속회사라 하며 2이상의 회사가 지배·종속의 관계에 있는 경우 지배회사가 연결재무제표를 작성·공시하도록 함
나. 지분법 평가 기업 회계기준	중대한 영향력을 행사할 수 있는 투자주식에 대하여는 지분법으로 평가하며 발행주식 총수의 20% 이상의 주식을 소유하고 있을 경우 특별한 사유가 없는 한 중대한 영향력이 있는 것으로 본다.
다. 결론	① 재무적 투자자가 금년 내 출자를 시작하므로 연말 기준으로 당사의 출자 지분이 50% 이하가 되고, 동시에 최다출자자 지위를 해소하게 되므로 연결재무제표 작성 대상에서 제외됨 ② 민간투자사업 법인의 주식에 대해서는 지분법 평가 대상 제외 ☞ 참조: SOC 투자사업의 지분법 회계처리에 대한 회신 (금융감독원, 03. 12. 30)

※ **지배**: 의결권 있는 주식의 50%를 초과 소유하거나 30%를 초과 소유하면서 최다출자자인 경우 등 다른 회사의 재무 또는 영업에 관한 중요한 사항을 결정할 수 있는 권한이 있는 경우
※ **연결재무제표**: 지배회사가 종속회사의 재무제표를 합하여 작성하는 재무제표
※ **지분법**: 투자주식의 취득 시에는 취득원가로 주식을 평가하고, 취득 후에는 피투자회사의 순자산이 변화함에 따라 투자주식의 가액을 조정하여 평가하는 방식

5) 타사 하수관거 BTL SPC 사례

구분	D건설	G건설	비고
대표이사	D건설 겸임	G건설 겸임	
이사	지역사, FI 겸임	지역사, FI 겸임	
감사	FI 겸임	FI 겸임	
기업결합 신고	실시	미실시	
계열회사 편입	미실시	미실시	

6) 종합 결론

구분	내용	해당여부
기업결합	• 설립 기준, 자본금이 6억 원으로 자산 총액이 30억 원 미만이므로 기업결합 신고 불필요 ※ 공정거래법 개정(07. 7)에 따라 10월 중순부터 SOC 민자법인의 주식 취득에 따른 기업결합 신고 폐지	X
계열회사	• 현재기준, 계열회사 편입 조치 필요 ① 출자지분 70%, 최다출자자 ② 대표이사 포함 당사 겸임 임원 비율 75% (3/4) ※ 재무적 투자자 최초 출자 시(9월 말), 당사의 출자지분은 36%(추정)로 감소하는 동시에 최다출자자 지위를 해소하게 되며, 대표이사를 제외한 이사 및 감사를 타 출자자에게 겸임시킴으로써 계열회사 제외 조치 (약 2개월간 계열회사 편입) ※ 타사도 유사한 사유로 계열회사 미편입 조치	▲
연결재무제표	연말기준, 출자지분 29% 및 최다출자자 지위 해소로 연결재무제표 작성 대상 제외	X
지분법	민간투자사업 법인의 주식에 대해서는 지분법 평가 대상 제외 (금융감독원 질의 회신)	X
결론	① 계열회사로 편입하되, 근시일 내에 제외되도록 조치 (현재 상황을 설명하여 계열회사 편입 미실시 추진) ② 향후 법인설립 시 유관부서와 종합적 협의	

7) 최종 조치

> 계열회사 신고 시 9월 1일자로 대외 공표가 되는 바, 9월 말 제외 조치를 취할 경우 1개월 만에 바로 계열회사에서 제외되는 결과가 되므로, 금번에는 계열회사 편입을 시키지 않고, 추후 문제 발생 시 상기 근거 및 타사 사례를 인용하여 대응하기로 조치하였다.
>
> ✓ A건설의 금융팀 및 A건설의 지주회사와 협의 완료 (7월 27일)

신규 법인 설립/출자 시 고려사항 (요약)

구분	관련 제도	내용	민간투자사업 예외조항	일반 예외조항 (개발사업 포함)
기업 결합	공정 거래법	기업결합 당사회사 일방의 자산 또는 매출액의 규모가 1,000억 원 이상인 회사 간의 기업결합 (공정거래법 개정: 2,000억 원 이상, 2008. 04) 1. 기존 회사 주식의 20% (상장사 15%) 이상 보유 2. 1호의 비율 이상 타사 주식을 보유중인 회사가 주식 추가 취득으로 최다출자자가 되는 경우 3. 임원 겸임의 경우 4. 합병 또는 영업/자산의 양수 5. 신규 설립 회사의 최다출자자가 되는 경우	전부 미적용 (신고 불필요) ※ 공정거래법 12조 3항 3호 나목	1. 당사회사 일방의 자산 또는 매출액의 규모가 30억 원 미만일 경우 제외 2. 자산 또는 매출액이 2조원 이상인 기업집단 내 계열회사 간 임원 겸임 시 제외

계열 회사	공정 거래법	1. 발행주식 총수의 30% 이상을 소유하는 최다출자자
		2. 아래의 사항에 해당되며 지배적인 영향력 행사
		  - 대표이사, 또는 임원의 50% 이상의 임면권 보유
		  - 의사결정, 업무집행에 지배적인 영향력 행사
		  - 인사 교류 : <u>회사 간 임원 겸임</u>
		  - 통상적인 범위를 초과한 양사간 거래 발생
			1. 국가/지자체, 정부투자기관 등이 20% 이상 지분 보유
			
			2. 최다출자자가 2인 이상으로 지배적인 영향력을 행사하지 않는다고 판단될 경우	

구분	관련 제도	내용	민간투자사업 예외조항	일반 예외조항 (개발사업 포함)
연결재무제표	외감법	1. 지분의 50%를 초과 보유 2. 지분의 30%를 초과 보유하는 최다출자자		
결합재무제표	외감법	자산 또는 매출액이 2조 원 이상인 기업집단	계열회사와 동일 (계열회사에 편입되지 않을 경우 해당 없음)	
지분법 평가	기업회계기준	1. 발행주식총수의 20% 이상 보유 2. 중대한 영향력을 행사	미적용 ※ 금융감독원 유권 해석(2003. 12)	
출자총액제한	공정거래법		출자총액산정 예외	순자산의 40% 초과 출자 불가 (순자산 = 자기자본 또는 자본금 중 큰 금액에서 계열회사의 출자액을 공제한 금액) ※ 기업 도시 출자액 제외
			1. 기존 지분 비율에 따라 신주를 취득, 소유할 경우 (2년간 유예) 2. 설립 당시부터 등기부상 본점이 수도권(서울, 경기, 인천) 이외에 있던 회사에 출자할 경우 (본점이 수도권으로 이전 시 6개월간 유예)	
상호출자 채무보증 제한	공정거래법	기업집단 총자산 규모가 5조 원 이상인 경우 1. 계열회사 간 상호 출자 금지 2. 계열회사 간 국내 금융기관에 대한 채무보증 금지	출자한 민자법인이 계열회사인 경우, 계열회사의 국내 금융기관에 대한 채무보증은 제외	개발사업을 위한 법인이 계열회사가 되는 경우, 해당 법인의 국내 금융기관에 대한 당사의 채무보증 불가

[보충] 제명 진행 절차 검토

- **출자자 및 지분 변경**
  (시설사업기본계획 7. 사업 참여자의 자격 및 제한 사항)
  - 사전에 주무관청의 변경 승인이 있어야 가능
  - 변경 승인 기한: 실시계획 승인 신청 전까지
  - 5% 미만 혹은 이상 지분 보유 출자자 변경: 5% 미만은 주무관청 통보, 5% 이상은 주무관청 승인

- **지역 건설업체의 시공 참여 변경**
  (시설사업기본계획)
  - 시공사 부도 등 사실상 참여가 불가능한 경우: 주무관청의 사전 승인
  - 사업계획서 제출 이후 시공사 변경 시: 주무관청의 사전 승인
    ※ 지역 건설업체의 시공 참여 비율: 최소 40% 이상

- **제명 절차**
  (근거: 공동운영협약서)
  - 운영위원회 심의, 결정: 협약서 제9조 (운영위원회 ①항 4호)
    - 회원사의 탈퇴, 제명 등의 결정 (탈퇴 시 금지 행위 포함)
    - 운영위원회 구성 및 소집
      ▸ 자격: 대표이사의 위임을 받은 임원
      ▸ 인원: 각사 1인
      ▸ 회의 개최: 안건발생시 수시개최
      ▸ 통보: 회의개최 2일전 운영위원에게 통지
      ▸ 의결: ☞ 일반 결의 사항: 전원 합의 원칙. 단, 전원 합의가 어려운 경우 시공 지분율에 따른 과반 이상 출석과 과반 이상 찬성 (서면 결의 가능)
               ☞ 제명, 탈퇴 등 중요사항: 시공 지분 과반수 이상 출석과 출석 지분 2/3 이상의 찬성

제명 사유

1. 사업 참여에 성실히 임하지 않을 경우
2. 상호 협의된 기간 내에 업무 처리를 하지 않을 경우
3. 협의된 내용을 번복하여 타 참여사에 손해를 끼칠 우려가 있는 경우
4. 운영위원회에서 인정하는 제명 사유가 발생한 경우
5. 그 회원사의 주주총회나 이사회에서 합병이나 해산, 분할 및 청산을 결의하는 경우
6. 회원사가 부도 또는 부도유예협약의 적용을 받게 되는 경우
7. 파산, 회사정리, 강제화의나 사적화의, 기업구조개선절차(Work-Out)나 그와 유사한 절차를 신청한 때 (기업구조개선절차(Work-Out)는 본 협약 체결 이후 신청할 경우 적용하는 것으로 한다)
8. 원활한 사업 수행 및 본사업의 사업단 운영을 위해 필요하다고 운영위원회에서 인정하는 경우
9. 사업단 운영비용에 대한 분담금을 1개월 이상 지연하여 납부하지 않을 경우
10. 본 협약 제6조 제④항에 따른 경쟁참여금지의무의 위반 및 기타 본 협약상의 의무를 이행하지 않은 경우
11. 기타 본 협약을 위반한 경우

- 기타:
  - 제명당한 회원사가 기 납부한 '사업단 운영비용'을 반환하지 않음.
  - 제명되더라도 제12조(탈퇴) ③항, ⑥항 적용
    ③ 탈퇴한 회원사는 탈퇴 시까지 사업단에 제공한 자료, 정보와 사업단에서 실시한 용역의 결과 및 업무결과 등에 관한 지적 재산권 등 모든 권한을 포기한 것으로 간주하며, 반환 또는 사용을 요구할 수 없음
    ⑥ 탈퇴 당사자는 어떠한 경우라도 이의를 제기하지 아니하며, 그 외 탈퇴로 인하여 발생한 민·형사상 모든 책임은 탈퇴 당사자의 부담으로 함
  - 납부 지연에 따른 지연이자는 제명당하더라도 납부 (연리 25% 이자)
    (협약서 또는 계약서에 지연이자 규정을 두는 경우, 미이행당사자에 대한 이자는 반드시 규정한 이자율로 청구하고 처리하여야 함 (법인세법상 문제될 여지가 있음)
  - 운영위원회의 결정사항에 대해 이의를 제기할 수 없음

IV
Project Finance

1 Project Finance의 정의

미래의 현금흐름(cash flow)을 주요 상환 재원으로 하고, 프로젝트의 자산 관리, 권리 등을 담보로 하여 제공되는 금융으로 정의한다. (A funding structure that relies on future cash flows from a specific development as the primary source of repayment, with that development's assets, rights and interests held as collateral security.) (참조: 한국수출입은행, 2004)

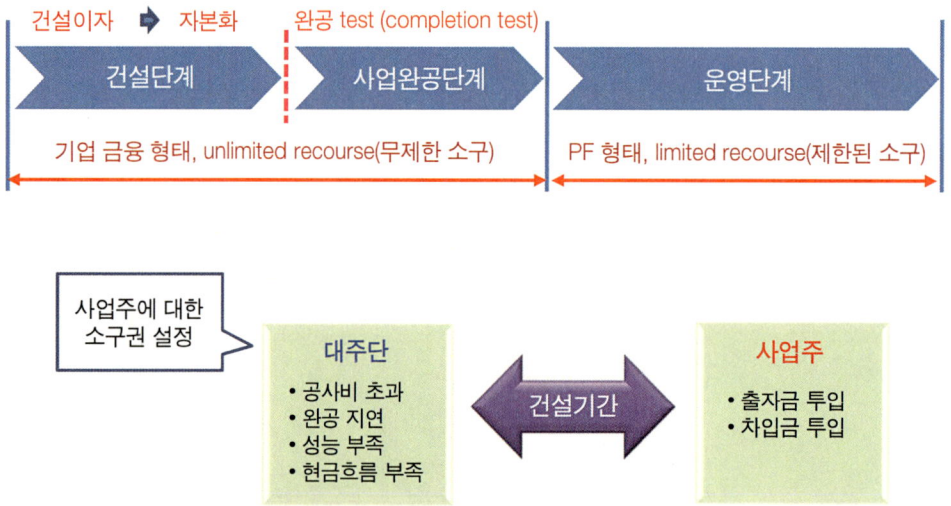

Project Finance(PF)는 건설단계와 운영단계로 나누어 검토된다. 건설단계는 Sponsor(출자자)의 신용도가 매우 중요하다. 대출만 실행될 뿐 원리금 상환은 전혀 이루어지지 않기 때문이다. 따라서 건설기간 중에는 PF가 아니라 기업대출(corporate finance)의 형태로 보는 것이 더 정확할 것이다.

이러한 관점에서 볼 때 건설출자자의 출자비율과 신용도(기술적, 재무적)는 초기 PF의 성공을 위해서 매우 엄중한 심사 대상이 된다. 건설출자자의 출자비율이 총자본금의 10~20% 정도 된다고 할 때 총투자비를 기준으로 보면 1~2% 수준밖에 되지 않는다. 건설출자자의 출자금이 낮아질수록 보다 많은 신용보강 또는 보다 확실한 현금흐름을 요구할 수밖에 없는 것이다.

2. Project 참여자별 역할

Sponsors
- 자본 출자, EPC 계약, O&M 계약 등
- 최소 BBB 이상 신용도 유지
- 출자지분 유지 의무 share retention agreement (출자지분 유지 계약 및 출자자 약정서)
- FI: 항상 주주에서 이탈할 권리 포함 (주식매도청구권(put option): 금융기관의 지분투자 가치 하락 위험 방지 수단)

Financial Advisor
- 참여기관: 대출시장, 자본시장에서 자금조달, 금융 자문 경험, 주선 PF 경험

Lawyers
- 계약 서류 검토 및 사업 조언

독립전문가
- 사업주, 대주: Market consultant, Technical consultant, Environmental consultant, Insurance consultant

주선기관
- Arrangers or Lead underwriters (주선기관 or 주간사 기관)
  - 대주단(차관단)구성 담당(bookrunner)
  - 계약 담당(documentation bank)
  - 기술 검토(technical bank)
  - 현금흐름(cash flow modeler)

Agents
- 사후관리 담당 기관 (agents / trustees)

3 Project Finance의 장점

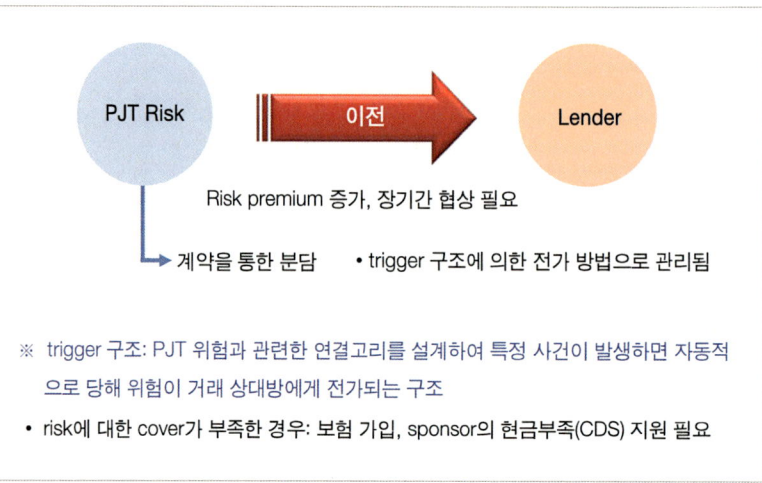

※ trigger 구조: PJT 위험과 관련한 연결고리를 설계하여 특정 사건이 발생하면 자동적으로 당해 위험이 거래 상대방에게 전가되는 구조
- risk에 대한 cover가 부족한 경우: 보험 가입, sponsor의 현금부족(CDS) 지원 필요

4 Project Finance에 대한 오해

- PF는 항상 off-balance sheet 거래이다.
  - 제도, 회계처리방식에 따라 다르다.

- 금융기관이 건설기간과 PF 기간 동안 정치적 위험을 포함한 모든 PJT의 위험을 부담한다.

- 금융기관과 사업주가 채무불이행위험을 분담한다.
  - 금융기관: PJT 자산, PJT 회사의 모든 권리에 대한 담보권을 설정한 차주가 채무를 이행하지 않는 경우 PJT 개입권(step-in-right)를 갖게 되어 PJT 운영권과 상환우선권을 가지며, 차주가 거의 모두 부담한다.

- 모든 PF는 비소구 금융이다.
  - 제한된 소구 형태로 운영되며, 진술 및 보증(representations and warranties) 조항에 따른 사기(fraud), 거짓 진술(misrepresentation), 악의적인 해태, 또는 중과실(gross negligence)등은 항상 소구된다.

5 SOC 사업의 간접금융시장 현황

SOC 사업은 건설기간(비교적 단기)과 운영기간(최소 10년에서 30년)으로 나누어지고, 장기적인 관점에서 자산 운용을 하여야 하는 특성에 따라 은행들이 장기적으로 막대한 자금을 특정 project에 투자하기가 어렵다. 그러므로 금융기관(은행권)은 자문업무와 주선업무에 치중하고, 장기적이고 안정적인 자산운용을 주목적으로 하는 연기금과 생명보험 또는 손해보험사들이 project finance의 주 고객이다.

> 자산의 운용 성격을 고려할 때
> 생명보험, 손해보험, 연기금 등에 적합한 금융상품 ➡ **key player**

SOC 금융조달시장은 project가 활발히 추진되는 상황에서는 금리 등의 결정력이 금융기관에 있는 공급자 중심의 시장(lenders market)이 되고, project가 활발히 추진되지 않는 상황에서는 금리 결정권이 사업자에게 있는 수요자 중심의 시장(sponsors market)이라고 볼 수 있는데, 그 이유는 Bidding을 통해서 공급자들을 조건에 맞게 재원을 조달할 수 있기 때문이다.

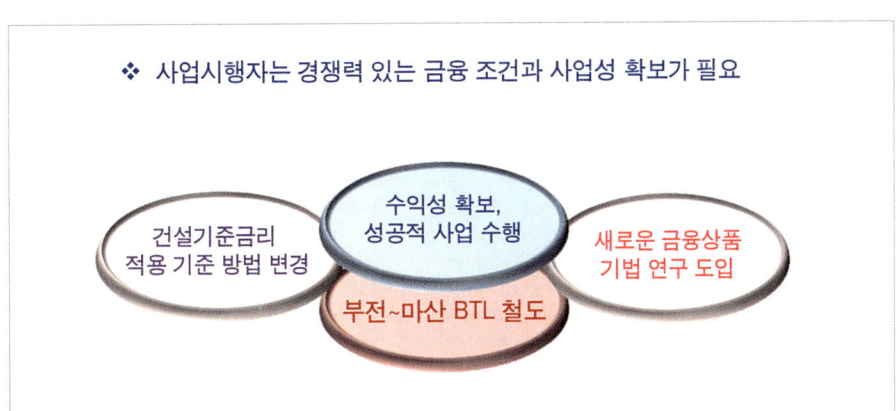

6. Project Finance와 전통적 기업 대출

구분	Project Finance	기업 대출
차주	Project company	모기업
상환재원	운영기간 중의 현금흐름	영업수익, 차입기업의 수익 또는 자산
특징	• 특정 사업을 위해 설립한 법인 명의의 차입 • 사업성에 따라 대규모 재원 조달 가능 • 위험분산에 따른 모기업의 사업위험 사전 차단	• 기업의 신용과 담보에 의하여 부채로 기록 • 기업의 신용도에 따라 차입 한계 • 사업 위험을 전부 차주가 부담
주요 담보	• 결재위탁계정(Escrow Account) • 관리운영권, 각종 보험 • 출자주식 • 출자자의 연대 보증 • DSCR 유지 의무, 정부의 보장	• 부동산 등 물적 담보 • 연대 보증 등 인적 담보
소구권 행사	모기업에 대한 차주의 소구권이 배제되거나 한정됨	모기업 보증의 경우 모회사 앞으로 소구권 행사 가능
대출 심사 기준	프로젝트 자체의 경제성, 기술적 타당성	대출 기업의 수익력, 자산 상태 등
대출 방법	다양한 금융기법의 결합에 의한 복합 대출	단일 금융기법에 의함

구분	Project Finance	기업 대출
금리	Risk 요인이 크므로 높은 금리	일반적인 기업대출 금리
대출 기간	15년 전후의 장기	3년 전후의 단기
차입 형태	금융기관 신디케이션	단독 대출
이해관계자	금융기관, 사업시행자, 출자자, 시공자, 시설사용자, 보험회사, 정부, 회계사, 법률가 등 다양	금융기관, 모기업, 대표이사 등 한정적
자금 관리	투자비, 운영비, 판매수익 등 대주단의 위탁계정에 의한 관리	차주가 관리
장점	• 사업 위험의 최소화 • 사업성 보장 시 대규모 자금 조달 가능 • 사업성의 사전 검토로 문제점 조기 예방	신속하고 비교적 저렴한 재원 조달 가능
단점	• 재원 조달 비용이 높으며 시간이 소요됨 • 각종 계약 시 대출기관의 간섭	• 사업 위험 전액 부담 • 신용도가 낮을 때 대규모 자금 조달 곤란
금융자문	필요	불필요

7. 금융기관의 Project Finance Flow

- 금융기관의 PF는 아래의 8단계를 거쳐 이루어진다.

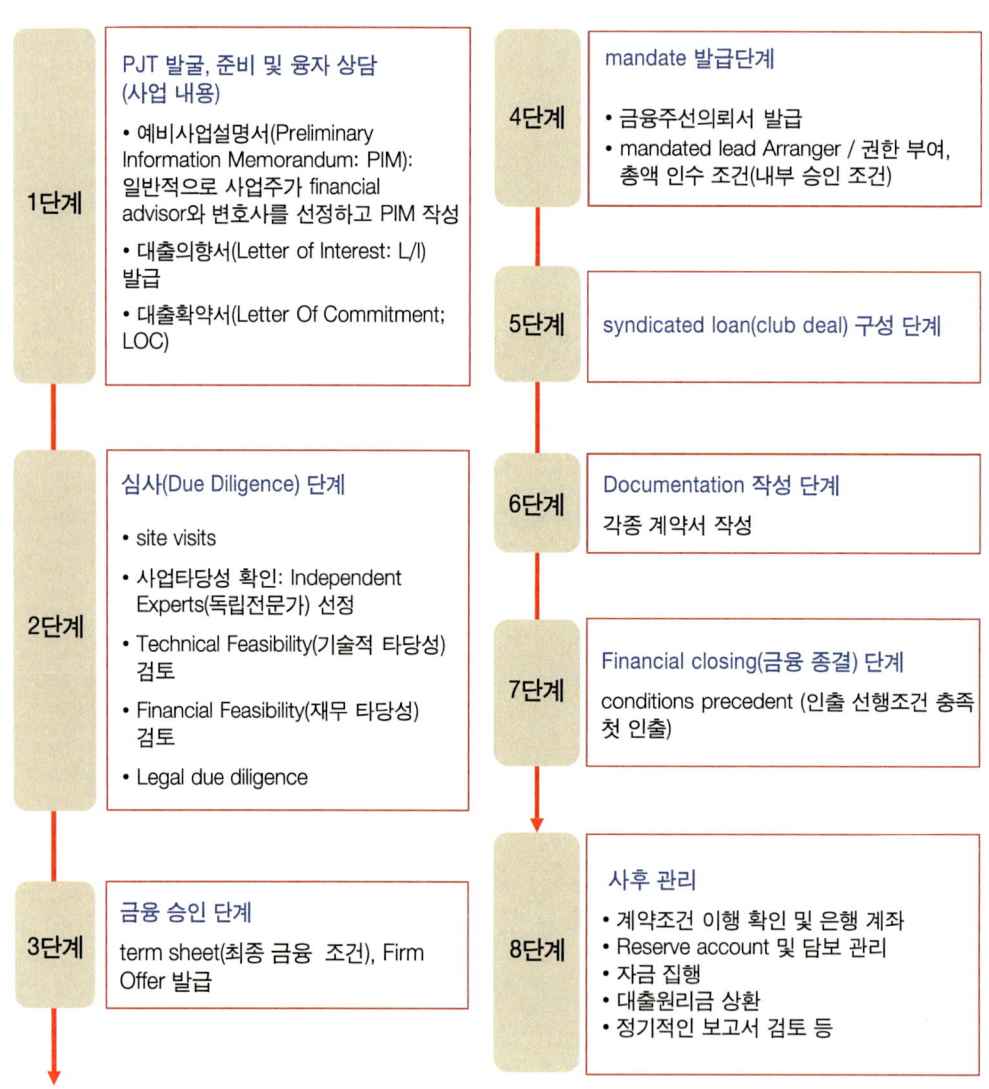

8. 금융관계자의 역할

금융자문기관과 금융주선기관, 대리은행 선정은 본사업의 금융구조를 확정하는 데 있어서 매우 핵심적인 사항이다. 보통은 아래와 같이 3개 기관으로 나누어지나, 금융자문기관과 금융주선기관을 달리하는 것이 좋다. 그러나 현실은 그렇지 못하다. 주선기관과 자문기관을 은행권과 비은행권으로 구분해볼 때, 자문 경험이 풍부하고 본 project에 대해 이해도가 높은 기관이라면 비은행권도 자문기관으로서의 장점이 있다.

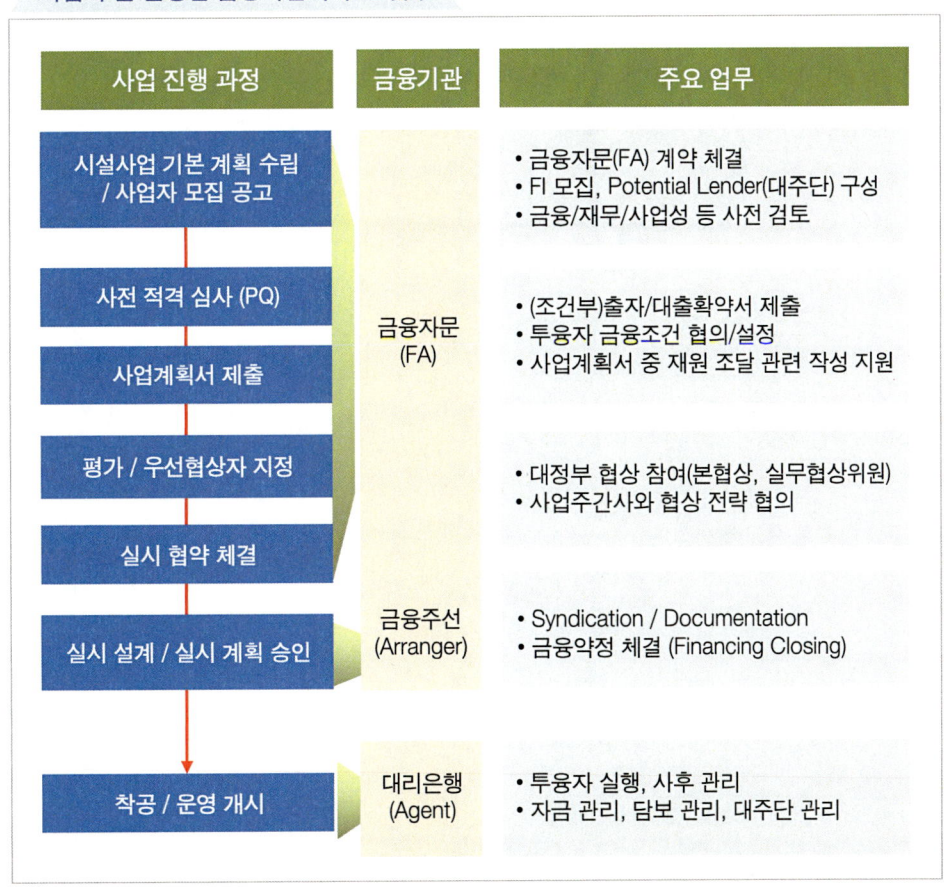

사업 추진 진행별 금융기관의 주요 업무

9　금융자문의 역할

금융자문 절차	금융자문 내용과 범위
금융자문제안서 접수 및 조건 협의	• 사업정보 수집 (주무관청, 건설업체, 설계업체, 회계사 등) • 시설사업 기본계획(RFP) / 제3자 제안 공고 검토 • 사업주간사 접촉 및 금융자문제안서 제출
금융자문 계약 체결	• 주요 내용: 자문용역의 범위, 용역기간, 자문수수료 등
사업계획서 작성 및 평가 지원	• 최적 재원 조달 구조 수립, 재무모델 검토 및 확정 • 재무투자자 및 대주단 유치: IM 작성, Road Show • 사업계획서 작성 지원, 질의 및 응답자료 작성 등
실시협약 협상 지원 실시협약 체결 (정부 vs 사업시행자)	• 금융/재무 부문 협상 주도 (본협상, 실무협상위원으로 참여) • 대정부 협상 전략 수립 지원 / 금융가능한(Bankable) 사업구조 수립 지원
재원 조달을 위한 전략 자문 주선 및 주간사은행 선정	• 실시협약 바탕으로 Due Diligence 수행 지원 • 금융주선기관 선정 • 금융주선기관과 금융 조건 협의/확정

10 금융주선기관의 역할

금융주선 절차	금융주선의 내용
차주측 금융주선제안요청서 발송	• 예비금융주선기관 후보자에게 RFP 발송 • RFP에 사업설명서 동봉 (사업개요, 출자자 소개, 재원 조달 구조, 사업성 내용, 금융 조건 양식 등)
↓	
금융주선조건 작성 및 발송	• 차주 제시 사업설명서를 바탕으로 해당 사업의 특성, 금융시장 현황 등을 감안하여 주요 금융조건 제시
↓	
기채의뢰서(Mandate) 접수	• 차주는 가장 경쟁력 있는 조건을 제시한 후보자를 선정 • 이 경우 가장 중요한 판단 기준: Pricing, Security 조건 • Mandate 발급: Fully-underwritten Basis(총액인수기준), Best-effort Basis(최선노력기준)
↓	
Due Diligence 수행 (수요 추정, 기술, 법률, 보험, 회계 등)	
↓	
IM(Information Memorandum) 작성	• 사업설명서(대주단용) 작성 • 절차: 참여요청서 발송 → 참여확약서(LOC) 접수 → 금액 배분 • 구성 방식: 공모 방식(Open market or General syndication), 사모 방식(Private placement or Club deal)
↓	
Syndication	
↓	
금융약정서 Documentation	• 금융약정서 작성, 협의, 검토 후 약정 체결
↓	
금융약정 체결(Signing)	

11 대리은행의 역할

Agent Bank의 중요성

- Project Finance는 신디케이션 대출에 의해 다수의 금융기관이 참여, 담보는 프로젝트 자체 자산에 국한하고 원리금 상환을 프로젝트의 미래현금흐름에 의존하는 특성
- 자금 관리, 기성 관리, 담보 관리 등 전반적인 사후관리 업무를 담당하는 대리은행 필요
- 통상 대리은행은 금융주선기관이나 금융주선기관 중의 하나가 선정되는 것이 일반적
- 대리은행은 전반적인 사후관리 업무를 수행하면서 차주와 대주의 중간에서 금융기관의 권리보호기능을 수행하며, Agent Fee를 매년 차주로부터 지급받음
- 프로젝트의 규모, 복잡성 등을 감안하여 Facility Agent 또는 Administrative Agent, Security Agent, Inter-creditor Agent 등으로 구분하여 각각 별도의 관리기관 선정 가능

Agent Bank 주요 업무 내용

업무영역	주요 업무내용
자금관리 및 금융계약 관리	- 대출금의 인출 및 차주 앞 지급 - 원리금 회수 및 대주은행 앞 배분 - 인출 선행 조건 이행 여부 확인 - 금융계약 조건 이행 상황 확인(각종 준수 사항, 채무 불이행 사항 등) - 차주 및 출자자 신용도 평가 - 프로젝트 진행 상황, 회계자료, 기타 차주의 정보의 수집 및 배포
기성관리	- 공정 진행 상황 확인 - 대주단 기술 자문(Lenders' technical advisor) 연락 및 관리
담보관리	- 대주단을 대신하여 대출약정서에 규정된 모든 담보의 관리

12 금융 주선 절차

(1) 차주의 금융제안요청서(Request for Proposal) 발송

Request for proposal 발송
- 차주는 금융제안요청서(Request for proposal)를 금융주선기관 앞으로 발송
- 차주는 자금 제공 능력, 금융 주선 실적, 시장 평판(Reputation)을 고려하여 선정
- RFP 발송 시 해당 금융기관의 금융 주선 능력, 즉 신디케이션 주선 능력을 우선 고려
- RFP 발송 시 사업자의 사업내용을 요약한 제반 자료를 요약 또는 선별 제공

RFP에 포함될 사업설명서 내용
- 사업 개요, 프로젝트 구조
- 차주 및 출자자에 대한 일반적인 검토사항
- 사업 추진 배경, 추진 경과, 향후 일정 등
- 투자비 및 재원 조달 구조
- 사업성 내용
- 주요 프로젝트 리스크 및 경감 방안
- 금융조건 양식

(2) 금융 주선 조건 작성 및 차주 앞 발송

금융주선조건의 작성 및 발송
- 금융제안요청서를 접수한 예비 금융주선기관이 각사의 금융주선조건을 작성
- 금액, 만기 등 기본사항을 수용하면서 경쟁력을 갖춘 금융조건을 구성
- 금융조건(Terms & Conditions)을 작성하여 차주에게 주선 의향서 공문 제출

※ 일반적으로 복수의 금융기관을 대상으로 금융주선기관 선정 입찰을 진행

Terms & Conditions
- Terms & Conditions는 차주가 제시한 사업설명서를 바탕으로 해당 사업의 특성과 신디케이션 시장 현황을 감안하여 주요 금융조건을 제시하는 것으로, 향후 작성될 금융약정서의 주요 조건을 구성한다. 단, 금융주선조건은 통상적으로 예비금융주선기관의 내부 승인 완료, 만족스러운 실사(Due Diligence)의 완료 등을 전제로 하는 조건부 제안이다.

- 주요 포함 내용:
  금융주선금액, 자금 용도, 인출 기간, 인출 방법, 대출 만기, 원리금 상환 방법, 조기 상환, 이자율 및 각종 수수료, 인출선행조건(Conditions Precedent), 진술과 보증 (Representations & Warranties), 적극적 및 금지적 준수사항(Positive & Negative Covenants), 채권 보전(Security), 채무 불이행 사유(Events of Default), 준거법(Governing law), 기타 금융계약서에 담을 주요 내용들

(3) 기채의뢰서(Mandate Letter) 접수

차주의 기채의뢰서 발급	• 차주는 예비 금융주선기관들로부터 접수한 각 **금융조건을 비교**하고 유리한 기관을 선정함 • 선정된 기관(단수 또는 복수 선정 가능)에게 **금융주선**을 요청하는 **기채의뢰서 발급** • 선정 과정에서 가장 중요한 판단 기준은 가격 결정(Pricing), 채권 보전(Security) 구조임

**Mandate의
종류**
	• **총액인수조건**(Fully Underwritten basis)
	  - 신디케이션의 성공 여부에 관계없이 금융주선은행이 총액을 인수하는 조건
	  - 신디케이션을 통한 자금 조달 총액이 모집되지 않을 경우 주선기관이 전액 인수
	• **최선노력기준**(Best Effort basis)
	  - 금융주선은행이 성공적인 신디케이션을 위하여 최선의 노력을 투입하는 조건
	  - 자금 조달 총액 모집이 불가능할 경우 금융주선기관은 사전에 약정한 인수금액 책임
	• 최근의 금융시장 동향에 비추어 최선노력기준의 Mandate가 일반적으로 활용되며, 신디케이션 실패 시 금융조건의 변경, 신용보강조건의 추가 등을 통하여 새로운 절차를 진행하게 됨

(4) 금융주선기관의 Due Diligence 수행

Due Diligence 수행 목적
- Mandated Lead Arrange(금융주선기관)이 신디케이션을 위한 사업의 실사를 진행함
- 최초 사업주관자가 실시하나 평가의 공정성 목적으로 독립된 제3기관이 재평가 실사를 함
- 사업실사 비용은 차주가 부담하며, 용역계약은 용역사, 금융기관, 차주 3자 간 체결
- 차주가 금융제안요청서에서 제시한 사업내용에 대하여 금융기관이 교통량(물동량), 기술, 법률, 회계, 보험, 운영 등의 부문에 대하여 **항목별로 실시함**

Due Diligence 종류 및 내용
- Traffic Due Diligence: 교통량 또는 물동량에 대한 평가, 가장 중요한 판단 자료
- Technical Due Diligence: 기술적으로 난이도가 있는 교량, 터널, 철도, 항만 등에 적용
- Legal Due Diligence: 실시협약, 도급계약서 등 제반 프로젝트의 법률 문제 검토
- Insurance Due Diligence: 건설기간 및 운영기간 중의 적정 보험가입을 위한 검토
- Accounting Due Diligence: 협약 Model 검토 및 Banking model 설계 및 제공
- Feasibility Report: 제반 실사를 전반적으로 수행하는 신용평가기관을 활용할 경우, 실사의 종류와 내용은 사업자와 협의하여 결정하며, 일반적으로 인정된 기술의 경우에는 Technical Due Diligence를 생략할 수 있고, Feasibility study 기관에게 용역을 일괄 부여하고 최종 Report를 해당 기관으로부터 수령하는 경우도 있음

(5) IM(Information Memorandum)의 주요 내용

IM 발송은 참여 금융기관의 참여 금액과 참여 희망 여부를 공식적으로 offer하는 것으로서 project의 PF 성공의 가장 중요한 절차이다.

IM의 작성

- **작성목적**
  금융주선기관이 대주단 또는 투자기관의 승인 의사결정 지원

- **작성책임**
  금융주선기관은 사업설명서의 내용에 대해서는 책임을 지지 않음

- **평가책임**
  프로젝트 참여 금융기관이 IM을 참고하여 독자적인 평가 및 분석을 수행함

IM의 주요 목차 (BTO A Project 사례)

1. 사업의 개요
2. 사업구조 및 주요 사업참여자 현황
3. 소요자금
4. 금융조건(Terms and Conditions) 주요 내용
5. Traffic 분석
6. 프로젝트 건설 계획
7. 운영 계획
8. 보험 가입 계획
9. 원리금상환능력 검토
   (주식투자의 경우 투자수익성 분석)
10. 해지시지급금 수준 검토
11. Project Risk 분석

IM의 첨부서류

첨부서류의 내용
(BTO A Project 사례)

1. 실시협약 1부
2. 추정재무제표 1부
3. Traffic Due Diligence Report
4. Technical Due Diligence Report
5. Insurance Due Diligence Report
6. Terms & Conditions Summary

(6) 신디케이션(Syndication)의 구성

- 금융주선기관이 Exposure 관리 목적상 신디케이션 일정표를 작성, 신디케이션 팀을 편성하여 절차를 진행한다.
- 공모방식(Open Market Syndication 또는 General Syndication)과 사모방식 (Private Placement 또는 Club Deal)이 있다.

단계	내용

대주단 참여요청서 발송	• 참여 금융기관 범위 확정: 주선 규모, 차주 희망사항, 과거 신디케이션 실적, 신용도 등을 고려하여 대주단 참여요청서(Invitation Letter) 발송
	   - 금융주선 내용, 참여수수료 조건, 참여금액 배분 기준, 신디케이션 일정, 참여확약서 양식
	   - 사업설명서(Information Memorandum)을 참여 금융기관에게 배포
	• 사업설명회의 개최, Site Visit의 실시, 질의 응답의 대응, 심사 참고자료의 제공 등

대출 참여확약서 접수	• 대주단 참여요청서를 접수한 금융기관은 정해진 기한 내에 내부 승인 절차의 진행 • 승인 완료 즉시 신디케이션 참여 여부 및 참여 희망금액을 주선금융기관으로 통보
대출 참여금액 배분	• 참여희망금액이 주선총액을 초과하는 경우 대주단 참여요청서에 정해진 배분 기준에 따라 금액을 배분함 • 참여희망금액이 주선총액에 미달하는 경우 기채의뢰서 조건(Fully Underwritten basis 또는 Best Effort basis)에 따라 처리

(7) 금융약정서의 작성 (Financing Documentation)

Documentation의 개시	• 시기: 차주로부터 기채의뢰서를 접수하고 금융주선기관들 간의 역할 분담이 결정된 때 개시 • 금융주선기관은 대주단 자문변호사(Lenders' legal counsel)를 통하여 금융주선조건을 계약문서화하는 과정을 진행 • Documentation 과정에서는 Terms & Conditions와 추가로 포함되어야 할 내용에 대하여 추가적인 협상과 조건 결정의 과정이 필요
Documentation의 절차	• 금융주선기관이 차주와 협의된 주요 금융조건을 대주단 자문변호사에게 초안 작성 의뢰 • 작성된 초안을 기준으로 대주단의 검토를 거쳐 차주에게 송부할 수정안을 작성 • 금융주선기관은 수정안을 기준으로 차주와 금융약정서 문안에 대한 협의 절차 진행 • 주선기관과 차주는 각각의 자문변호사의 자문을 받아 최종적으로 금융약정서를 확정
계약서의 종류	• 공통금융조건약정서(Common terms agreement) • 대출약정서(Loan agreement) • 출자자지원약정서(Shareholders' support agreement) • 대주단협약서(Inter-creditor agreement) • 담보계약서(Security documents) • 투자계약서(Shareholders' agreement) 등

13 금융기관의 투융자의사결정 절차: Loan

(1) 대출 신청 내역, 수익성, 채권 보전 내역

대출 신청 내역

대출과목 Item	대출금액 Amount	여신등급 Facility Rate	금리 Interest Rate	대출기간 Term	자금용도 Money use	신청구분 Application type	대출형식 Loan type
투자금융시설자금 대출 (장기대출)	-	-	-	-	-	-	-

대출 수익성

[ ]년		[ ]년		향후 본건 연간 예상 (Expected profits including additional transactions)	
총이익 Total Profits	연수익률 Profit Ratio	총이익 Total Profits	연수익률 Profit Ratio	총이익 Total Profits	연수익률 Profit Ratio
-	-	-	-	-	-

채권 보전 내역

채권보전 Security
- 산업기반신용보증서 취득
- 해지시지급금 (실시협약에 대한 양도담보 설정으로 선순위 권리 확보)
- 관리운영권에 대한 선순위 근저당권 설정(후취)
- 출자자 보유주식에 대한 선순위 근질권 설정
- 차주사 제 예금계좌에 대한 자금관리
- 보험금 지급청구권에 대한 선순위 근질권 설정
- 차주사의 제 계약상 권리에 대한 양도담보 (실시협약, 공사도급계약, 관리운영계약 등)
- 운영개시 후 향후 [ ]개월분 선순위 대출원리금을 부채상환적립계정(DSRA)에 적립 및 기타 신용 보강 조건

(2) Project 개요, 사업 참여기관 평가

사업의 개요 및 구조

사업의 개요
- 사업시행자, 주무관청, 사업방식, 사업구간, 주요시설물, 사업기간, 총민간사업비, 출자자 구성, 통행료, 실사기관 등

사업의 구조
- 사업시행자 기준 사업의 주요 이해관계기관 및 역할, 사업수익의 개념, 소요자금 조달 및 자금 조달 계획

사업 참여기관 평가

주무관청
- 사업주무관청의 현황 및 예산 규모, 재정 자립도 등의 평가, 주무관청의 사업추진 능력, 금융지원 능력 평가
- 해지시지급금 지급능력을 재정 규모 및 건전성 등으로 평가, 적정 재무 건전성 이하의 주무관청 사업은 제외
- 정부부처, 도, 특별시, 시 등 공표된 재정 관련 자료에 근거하여 금융기관별 평가 기준으로 평가

건설 출자자
- 건설출자자의 주요 재무제표를 통한 신용등급, 시공 능력 평가, 준공 책임 의무의 이행 가능성 등을 평가
- 자본금의 출자능력, 건설기간 중 Cost Overrun 치유 능력, 필요한 경우 운영기간 중 금융 지원 능력 평가
- 해외 출자기관의 경우 신용 보강의 차원에서 해외 우량 금융기관의 출자 또는 자금 지원에 대한 L/C 징구

운영 출자자
- 철도나 항만의 경우 특별한 영업의 노하우 및 운영의 경험과 기술이 중요한 바, 가급적 전문 O&M을 선호
- 도로사업의 경우 운영출자자의 능력이 중요하지는 않으나, 운영출자자가 별도인 경우 예산의 관리가 중요

재무 출자자
- 재무출자기관은 인프라펀드, 개별 금융기관으로 구분하여 평가하며, 출자능력을 주된 평가 항목으로 함
- 인프라펀드는 해당펀드의 Capital Call 잔액, 내부 투융자 위원회의 의사결정과정 이행 여부가 중요
- 개별 재무투자기관의 경우에도 개별 출자능력을 평가하되, 투자계약상 미이행 주주에 대한 대안도 동시에 검토

(3) Due Diligence 결과의 평가

Due Diligence 내용 및 평가

Due Diligence 항목	Due Diligence 결과의 평가
Traffic DD	[도로사업] • 해당 프로젝트의 통행량 및 통행료 수입의 예측을 전문 실사 기관이 평가하고 그 결과를 분석 • 주변 교통량 추이 분석, 첨두 시 교통량의 분석을 통하여 교통량 평가 모델을 설정, 예측 실시 • 영향권 내의 개발 계획, 장래의 교통 계획을 반영하여 프로젝트 기간 동안의 수요 예측의 적정성 평가 • 통행료, 환산계수, Ramp Up 적용의 타당성, 차종 구성비 등을 감안하여 시나리오별 예측 결과 분석 • 실시협약 통행량/통행료 수입과 실사결과로 나온 통행량/통행료 수입을 비교하여 협약 내용의 적정성 판단 [항만사업] • 항만의 경우 거시경제적인 지표와 글로벌 물동량 분석을 전제조건으로 평가 • 해당 항만의 현재 물동량 및 예측 물동량, 전문 운영기관의 물동량 확보 가능성 등을 판단
Operation DD	• 도로의 경우 한국도로공사 등 실제 운영기관의 운영 실사 의뢰, 항만의 경우 실제 항만 운영사에 실사 의뢰, 평가 • 일반적으로 교통량 및 물동량 실사 시 일괄 패키지 용역으로 평가 결과를 의뢰하여 평가
Technical DD	• 토목, 엔지니어링, 시공 기법 등을 평가하여 사업의 기술적 문제점을 분석, 판단 • 도로의 경우 교량(사장교, 현수교), 터널 등 고도의 기술을 요하거나, 항만 및 철도의 신공법 도입 타당성 분석
Legal DD	• 제반 Project Documents(실시협약, 공사도급계약서, 주주협약서 등)를 실사하여 법률적 문제점 들을 분석 • Legal Advisory의 제반 서류 분석결과, 금융완결을 위하여 계약의 변경, 수정, 보완을 통하여 문제점 치유
Insurance DD	• Insurance Advisory의 건설공사 및 운영보험의 설계(보험조건, 가입금액, 특별조건 등) 내용에 기초하여 평가 • 자문기관 의견의 적정성을 판단하고, 금융완결과 동시에 해당 자문의견에 따라 보험이 가입되는 여부를 판단
Account DD	• 실시협약 모델에 기초하여 금융모델(Banking model)을 작성하고, 한국회계기준에 의한 적합성을 판단 • 시나리오 분석에 의한 민감도 결과가 한국의 회계기준을 적합하게 반영하였음을 확인하고, 그 결과를 판단

(4) 재무타당성 평가(Financial Feasibility Study) I

재무 분석의 가정

가정
- 분석 기간, 물가상승률, 자금 투입 순서, 타인자본 금리 및 상환 방식, 통행료, 통행량, 운영비용, DSRA 적립 등의 가정
- 이자수입, 법인세, 지급제한 조건 등을 가정하여 회계실사 기관에 의뢰하여 분석의 모델을 확보하고, 타당성 평가

판단
- 해당 프로젝트에서 원리금 상환에 필요한 자금이 충분히 확보될 수 있는지 여부를 Cash Flow로 검토, 분석
- Base Case, Best Case, Worst Case를 가정하여 평가하고 금융의사결정의 Worst Case를 가정하여 판단
- 프로젝트 현금흐름에 대한 예측 및 비율분석(DSCR) 실시

민감도 분석
- 프로젝트로부터 발생 가능한 다양한 경우 하에서도 사업성을 유지할 수 있는가를 판단하는 Sensitivity Study 실시
- 운영비용, 부채 및 자기자본 규모, 총사업비, 이자율, 환율, 공사 지연, 매출액(물동량, 교통량), 원가 등 민감 변수
- Base Case에서는 안정적인 상환구조를, Worst Case에서는 금융조건 변경, 신용보강단 보완 등 채무불이행 위험 제거

대출원리금 상환 능력 검토

구분	합계	2014	2015	2016	2017	2018	2019	2020	2021
영업활동 현금흐름	-	-	-	-	-	-	-	-	-
투자활동 현금흐름	-	-	-	-	-	-	-	-	-
재무활동 현금흐름	-	-	-	-	-	-	-	-	-
당기 현금 증감									
기초 현금	-	-	-	-	-	-	-	-	-
기말 현금	-	-	-	-	-	-	-	-	-
DSRA 적립 잔액	-	-	-	-	-	-	-	-	-
단순 DSCR	-	-	-	-	-	-	-	-	-
누적 DSCR	-	-	-	-	-	-	-	-	-

(5) 재무타당성 평가(Financial Feasibility Study) II

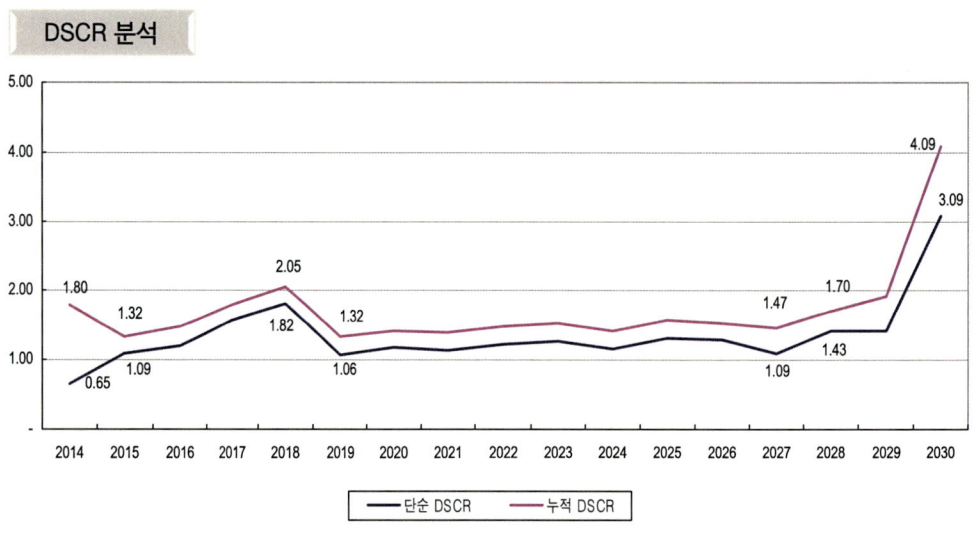

민감도 분석

구분		단순 DSCR		누적 DSCR		신용보강장치 활용 수준	
		최소	평균	최소	평균	신용공여 대출(원)	CDS(원)
통행량	실시협약의 [ ]%	0.56	1.22	1.22	1.56	[ ]억	[ ]억
	실시협약의 [ ]%	0.46	0.78	1.14	1.24	[ ]억	[ ]억
	실시협약의 [ ]%	0.42	0.66	1.00	1.21	[ ]억	[ ]억
물가 상승률	건설 [ ]%, 운영 [ ]%	0.64	1.28	1.26	1.60	[ ]억	[ ]억
	건설 [ ]%, 운영 [ ]%	0.62	1.21	1.24	1.54	[ ]억	[ ]억
대출 금리	[ ]%, ([ ]bp 상승)	0.61	1.31	1.25	1.63	[ ]억	[ ]억
	[ ]%, ([ ]bp 상승)	0.58	1.28	1.22	1.60	[ ]억	[ ]억

(6) 해지시지급금 분석 (Termination Payment Analysis)

실시협약상 해지시지급금 산정 기준 (수익형 민자사업 기준)

구분	해지시지급금	
사업시행자의 귀책 사유	▪ 건설: 기투입 민간투자자금	▪운영: 좌동의 정액법 상각잔액
주무관청 귀책 사유	▪ 건설: 기투입 민간투자자금 X (1+경상수익률(A))	▪ 상동의 정액법 상각잔액과 실적치에 근거한 미래기대현금흐름의 현재가치를 가중평균한 금액
비정치적 불가항력 사유	▪ 건설: 기투입 민간투자자금 X (1+표준차입이자율(B))	
정치적 불가항력 사유	▪ 건설: 기투입 민간투자자금 X [1+(A+B)/2)]	

해지시지급금과 선순위대출잔액 비교

보수적 관점에서 사업시행자 귀책사유로 인한 해지 시, 해지시지급금이 총 선순위 채무의 보장 여부를 판단하고, 그 결과에 따라 추가신용보강조건 필요 여부를 판단

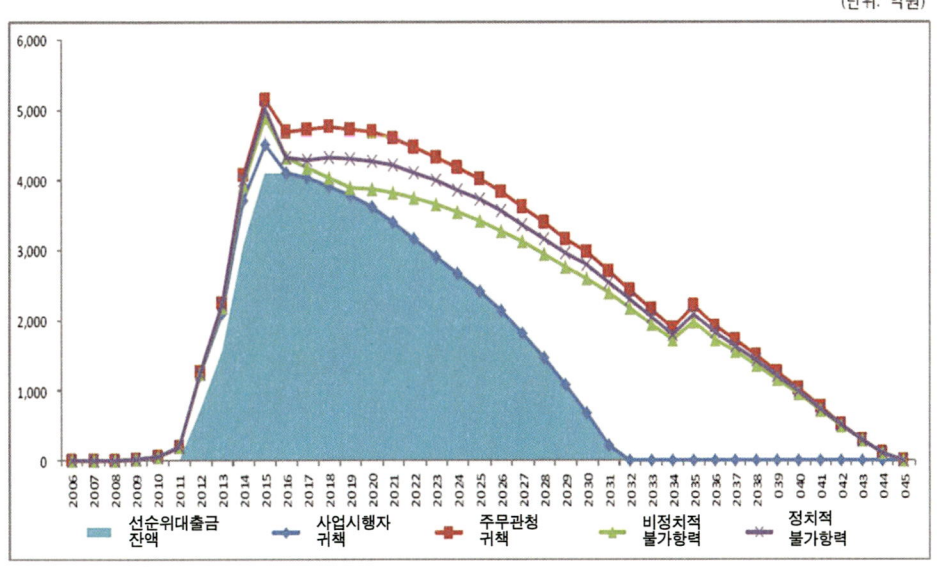

(단위: 억원)

(7) Project Risk의 평가

Project Risk 및 관리 방안

구분	관리 방안
출자자위험 (Sponsor Risk)	• 실시협약에서 정한 자본금 및 후순위대출금 전액 선투입 후 선순위대출금 인출 • 대외신용도 우수한 건설출자자의 출자지분 [　]% 참여 ([　]출자자 간 출자의무 연대 이행) • 자금 여력이 있는 재무출자자의 출자지분 [　]% 참여
건설위험 (Completion Risk)	• Fixed price Turn-key base 공사도급계약 체결 (Cost Overrun 문제 해결) • 건설출자자의 초과 사업비 부담 및 준공 책임 의무 (공사 완공 지연 의무 포함) • 재무출자자의 추가 비용 부담 의무
운영위험 (Operation Risk)	• 도로사업의 일반적인 운영 사례에 비추어 특별한 운영위험은 낮음. 도로의 경우 한국도로공사에 위임 사례 • 항만 및 철도의 외부 전문 운영기관과의 O&M 계약체결을 당연시 하고 있으며, 입찰을 통해 선정 • 운영기간 중 일시적인 운영자금의 부족 상황에 대비한 신용공여대출금 설정 여부 • 운영기간 중 연도별 예상운영비용 사전 확정 및 동 예상운영비용을 한도로 한 예산 관리 및 자금 관리
선순위대출금 미상환 위험	• 선순위장기대출금 및 신용공여대출금에 대한 산업기반 신용보증기금 보증서 취득 • 향후 [　]개월분 대출원리금에 대한 DSRA 적립 • 선순위대출원리금 및 운영비용 부족의 충당에 대비한 [　]출자자의 자금 보충 의무 • 후순위 대출원리금 및 배당금에 대한 지급 제한 조건 설정
금리 및 물가 변동 위험	• 선순위대출금을 일정비율 고정금리로 조달함으로써 금리 상승 위험 헤지 • 운영기간 중 물가 상승 시 물가상승률에 연동하여 매년 통행료 조정
불가항력 위험	• 건설 및 운영기간 중 불가항력에 대비하여 보험 가입 • 건설기간 중 협약상 불가항력 사유의 발생으로 인한 총사업비 증가분 중 보험 미처리 부문의 주무관청 부담 여부 • 운영기간 중 불가항력 사유의 발생으로 운영손실이 발생하는 경우 보험 미처리 부문의 처리방안

(8) 실시협약 Risk의 평가

실시협약 Risk 평가

구분	관리 방안
통행량 및 사업수익률	• 협약 교통량의 적정성 여부: 교통량 외부 실사를 통한 사업타당성 검정 • 사업수익률: 교통실사 교통량을 기준으로 사업수익률을 재검토한 후 투자수익성을 재평가
통행료의 조정, 환수, 감면	• 통행료 조정이 소비자물가지수 변동분을 적절히 반영하여 조정 가능한지 여부를 판단 • 불가항력 사유 및 이와 동일시 취급되는 사유의 발생 시 재정보조금의 지원여부 및 부정기적 조정 가능 • 통행료의 환수 조항의 경우 환수의 시기와 방법이 채무 상환에 미치는 영향 분석 • 교통량 감소 요인, 대체 교통수단 신설 등의 사유 발생 시 환수 조항의 변경 가능성 • 통행료 감면 사유 및 추가적인 감면 사유 발생 시 통행료 관련 사항의 보전 가능성
접속도로, 미개통 위험	• 해당 프로젝트에 직접 영향을 주는 접속도로의 미개통 시 주무관청의 지원사항 • 경쟁도로 개통 시 해당 프로젝트에 대한 주무관청의 지원사항 (통행료, 무상 사용 기간의 조정 등)
매수청구권	• 선순위대출금이 잔존하는 기간 동안 매수청구권 발생 시 각 기간별 대출금 상환 가능 위험 • 매수청구권 행사 시 주주 및 후순위 대출기관 투융자 금액 변제 가능성의 위험
협약의 해지	• 주무관청에 의한 사업해지, 사업시행자 중도해지, 불가항력에 의한 해지 사유 발생별 해지 절차의 실효성 • 실시협약의 해지에 따른 주무관청과의 법적 분쟁 발생 가능성 및 사업시행자 중도 해지 선언의 가능성
해지시지급금	• 사업시행자, 주무관청, 정치적, 비정치적 해지 사유별 해지시지급금 계산의 선순위 채무 보장 위험 • 감가상각법 적용 방법의 변경으로(정액법, 정률법 등) 사업 해지 시 선순위 채무의 충당이 부족할 위험
자금재조달 위험	• 자금재조달 규정의 엄격한 적용으로 향후 사업의 원활한 운영에 제한을 가하는 조항의 유무 • 주주 변경, 금리 변경 등 조건의 경미 또는 중대 사안별 자금재조달 추진의 문제점 분석

14 금융기관의 투융자의사결정 절차: Equity

(1) 투자 신청 내역

투자 신청 내역

투자과목 Item	투자금액 Amount	지분율 Ratio	투자등급 Facility Rate	예상수익률 Expected Yield	투자기간 Term	자금용도 Money use
주식투자	[ ]억 원	[ ]%	[ ]등급	Base Case ROE [ ]% 이상	약[ ]년 (건설+운영기간)	민간 투자비 등

투자 조건

투자 조건	• 주식 종류: 보통주 • 액면가: 5,000원 • 취득 가격: 5,000원 • 채권보전: 신용 • 이사 선임 권한의 유무 • Cost Overrun 발생 시 이에 대한 책임 부담 유무 • 자본금 투입 시기 및 조건: 일정비율(Pro-rata), 선순위 대출기관과의 투자 순서 • 지분매각: 지분매각에 대한 제한 요인 유무
배당금 지급 제한 조건	• 선순위 대출 상환 개시 • 반기 기준 선순위 대출 누적 DSCR [ ]회 연속 [ ] 이상 • 부채상환적립금(DSRA) 등 의무 적립 대상인 제 적립금의 적립 완료 • 지급하여야 할 각종 수수료 및 원리금의 지급 완료 • Standby Facility 잔액이 없을 것
배당금 및 투자원금 회수 방안 (Exit Plan)	• 실시협약상 주무관청의 최소통행료 수입 보장(Minimum Revenue Guarantee) 유무 • 주주협약서상 출자지분 매각 가능 시기 • 실시협약 해지시지급금(사업자 귀책사유 제외) 및 보유 현금 잔고를 통하여 재무투자자 투자원금 충당 여부 • 건설기간 및 운영기간 초기 배당금 미지급에 따른 수익률 저하 방지 목적의 후순위 대출 연계투자 가능성

(2) 투자수익성 분석

추정 현금흐름 (제반 가정 동일)

구분	05~09	2027	2028	2029	2030	2031	2032	2033	2034	2035	2036
자본투입	-	-	-	-	-	-	-	-	-	-	-
통행료수입	-	-	-	-	-	-	-	-	-	-	-
순이익 CF	-	-	-	-	-	-	-	-	-	-	-
배당금 CF	-	-	-	-	-	-	-	-	-	-	-

추정 투자수익성 분석투자조건

: Worst Case 기준 내부 투자수익률 기준(Huddle Rate) 초과 달성 여부 판단

구분	Base Case	Best Case	Worst Case	
지분투자수익률 (ROE; Return on Equity)	[ ]%	[ ]%	[ ]%	배당 및 잔여가치 배분에 따른 현금흐름 기준 수익률(IRR)
지분+후순위대출수익률 (ROI; Return on Investment)	[ ]%	[ ]%	[ ]%	후순위원리금, 배당, 잔여가치 배분에 따른 현금흐름 기준 수익률(IRR)

주식가치평가 (Valuation; Free Cash Flow to Equity)

: 주식의 중도 매각 시 자본이득(Capital Gain) 발생 가능성 판단

할인계수의 산정	내용
무위험이자율	[ ]%
시장수익률	[ ]%
베타	[ ]
비상장위험프리미엄	[ ]%
주주요구수익률 (할인율)	[ ]%

Scenario	예상주가	
Base Case	[ ]원 ~	[ ]원
Best Case	[ ]원 ~	[ ]원
Worst Case	[ ]원 ~	[ ]원

15 출자자와 Lender의 Position

출자자 Position

- 출자자(Sponsor)의 출자 규모를 먼저 결정하고 타인자본 조달 절차 진행
- 자기자본 투자를 최소화하여 최대의 이익 기대 (주당순이익)
- 저리의 타인자본을 최대한 활용하여 자기자본 이익 극대화
- Risk Taker
- 평가기준은 프로젝트의 수익성(IRR 수익률, NPV 등)으로 평가
- 기대수익은 대출금 상환 이후의 Cash Flow(배당, 처분/청산가치)

대출기관(Lender) Position

- 출자자가 사업자의 자기자본 조달에 근거하여 타인자본 조달 요청
- 대출금을 최소화하여 대출금 상환의 안정성을 추구
- 자기자본의 최대화, 주주들의 신용보강 장치를 요구
- Risk Averter
- 평가 기준은 대출원리금의 안정적인 상환 능력(담보, DSRA, DSCR 등)으로 평가
- 기대수익은 프로젝트 위험 정도에 따른 적정이자율(Net Margin)

PROJECT

16 출자자와 Lender의 금융약정 Concept

주주 협약 Concept

- 당사자는 SPC와 출자자들과의 계약으로 대출약정서와 직접 관계 없음
- 자기자본 투자 및 주주 운영, 의사결정 구조, Exit에 대한 약정
- 출자자(Sponsor)의 신용 보강 조건의 분담 방안
- 대출약정서의 제반 조건의 Accept를 전제로 주주 약정 체결
- 운영의 자율권 확보 차원에서 대부분의 구속력 있는 조항은 배제 경향

대출 약정 Concept

- 약정 당사자는 SPC와 대출기관
- 금전소비대차의 기본적인 대출조건 약정
- 대출금 상환 이전까지 모든 금전 배분의 우선순위는 대출금
- 현금흐름의 전반을 대리은행을 통해 통제(예산 관리, 운영 관리 등 자금 관리 전반)
- 출자자(Sponsor)의 자기자본 출자 규모 결정
- 출자자(Sponsor)의 사업적 행위능력과 Cash Flow 전체를 제한, 구속 (투자약정서)
- 출자자(Sponsor) 이외의 시설공급자, O&M, 원료공급자 등을 구속
- 출자자(sponsor)의 신용 보강 수단을 요구(출자, 후순위 대출, 현금 보충 등)
- 미래에 발생 가능한 제반 위험요인을 대출금 약정 시 Cover하는 약정

SPC

IV. Project Finance

17. Financing Agreement(BTO A Project 사례): SPC

투자약정 계약서	Shareholder's Agreement	• 주주들간 투자 의무, 후순위 대출, 관리운영에 대한 약정 • 주주총회, 이사회 등 운영에 대한 의사결정 구조 약정
대출약정 계약서	Credit Facilities Agreement	• 선순위 대출 약정서 • 주선기관은 선순위 대출자, 대리은행, 담보대리은행 자격 서명
	Shareholder's Subordinated Loan Agreement	• 후순위 대출 약정서 • 재무투자자들이 지분투자 비율에 맞추어 후순위 대출 약정 체결
	Fee Letter	• 주선수수료, 대리은행수수료 등 수수료 관련 약정서
	Intercreditor Agreement	• 대주 간 채권 이행 제한 및 협의
	Sponsor Support Agreement	• Sponsor의 자기자본 납입에 대한 신용 보강 제공 및 사업비 증가에 대비한 지원 약정
	D&C Direct Agreement	• SPC의 지급 불능 시 SPC의 의무와 권리를 대주단이 인수

	Security Documents (선순위 및 후순위 담보)	• 각종 담보계약서류
		  - 보험질권설정계약서, 양도담보계약서, 예금질권설정계약서
		  - 주식질권설정계약서, 일반담보계약서 등

18 주주협약서 Head of terms (BTO A Project 사례)

주주협약에서 가장 중요한 사항은 사업기간 동안 건설출자자들의 신용도 변화에 대한 risk이다. 따라서 건설출자자들의 주주로서의 의무와 권리(시공부문과 연계) 등을 명확히 정의하고 위반 시 손해배상과 책임에 대해 규정한다.

조항	제목	내용
정의	정의	• [SPC], [Sponsor], [Financial Investor]
회사의 사업		• 해당 프로젝트만 시행
금융완결과 회사의 재무	1. 프로젝트와 금융문서	• 회사는 금융완결일 이전까지 아래의 계약을 체결 • 건설도급 계약 등 …… (생략)
	2. 자기자본	• 주주들은 [ ]에 따라 자기자본을 출자할 것 • 각 주주들의 출자 금액은 다음과 같은 금액 이하로 제한 [ ] W[ ] …… (생략)
	3. 후순위 대출	• 투자자들은 '주주의 후순위 대출 약정'에 따라 후순위 대출금을 대부
	…… (이하 생략)	
회사의 운영	1. 이사회	• 이사회는 회사의 운영방침과 경영에 대해 책임을 다함

	2. 만장일치	• 다음 사항들에 대해서는 이사회의에서 만장일치 필요
		  - 사업문서(Project Document)의 개정, 수정, 파기
		  - 설계감리자의 지정, 교체, 해제
		  - 최초통행료, 총사업비, 통행료, 무상사용기간, 통행료수입, 민간사업비, 준공예정일, 완공예정일, 공사기간의 변경을 제안, 요청, 승인하는 경우
		  - 사업문서나 본 협약에 기술되지 않은 [ ]억 원 이상의 지출
		  - 건설도급계약(D&C Contract)상의 계약자를 해지, 지정, 대체하는 경우 …… (생략)

	3. 운영관리 계약	• 운영관리 계약은 [ ] 또는 [ ]와 맺음 • Funding Date부터 운영개시일 [ ]년 전까지 계약을 체결 …… (생략)
이사회		• 이사는 [ ]명으로 함 • 이중 [ ]명의 이사는 [ ]이 지명하고, …… (생략) • 감사인은 [ ]이 지명하고 이사회에서 투표에 따라 선출 …… (생략)
대표 이사		• 대표이사는 [ ] 하되, 투자자들이 승인하고 주주총회에서 주주들에 의해 선출 …… (생략)

조항	제목	내용
주주 총회		• 주주총회는 당해 회계연도가 끝난 뒤 [ ]개월 이내에 열림 • 이사의 요청에 따라 이사회는 비정기 주주총회를 소집 • 주주총회의 정족수는 투표권이 있는 주식의 [ ]로 함 • 다음의 사항의 결정에 대해서는 모든 주주들의 동의가 있어야 함 • 정관 변경 …… (생략)
주식 발행과 처분		• 주식의 처분은 다른 모든 주주들의 동의와 이사회의 승인이 필요함. 단, 계열사로의 주식 이전은 특별한 이유 없이 반대되지 아니할 것 …… (생략)
비밀 유지		• 주주들은 비밀사항과 본 문서의 내용을 비밀로 유지할 것
진술과 보장		• 당사자들은 본 협약에 참가하기 위한 적법성을 유지하고 있음 • 각 당사자들은 본 협약을 체결하고 유지하기 위한 모든 내부 절차를 완료 • 각 당사자들은 본 협약을 체결, 유지하는 것으로 다음 사항들을 위반하지 않음 • 관계 법령 및 정부의 명령 • 각 당사자들의 정관 및 법적인 규약 …… (생략)
협약의 이행		• 본 협약과 정관의 내용이 상충하는 경우 본 협약이 우선 • 필요한 경우 본 협약의 조항들을 정관에 포함시킬 것 • 주주들은 투표권과 권리를 행사하여 본 협약의 조항들을 실현하고 회사가 본 협약을 준수함
정보의 제공		• 대표이사는 회사와 관련된 모든 정보와 문서를 주주들이 열람할 수 있도록 허용하고, 주주들이 사업에 영향을 끼치지 않는 범위 내에서 공사부지에 접근할 수 있도록 허용함 • 대표이사는 본 협약의 [ ]조에 따라 주주의 합리적 요청에 의해 회사 문서의 사본을 제공
주주 간의 관계	1. Partnership 부재	• 본 협약에서 주주간의 관계는 다른 주주와 공동책임을 가지는 Partnership이나 협회로 해석되지 아니함 …… (생략)
	2. 신의와 성실	• 각 주주들은 다른 주주들과 신의 성실 관계를 가지고 사업을 진행할 것
존속과 해지		• 소유했던 모든 주식을 본 협약에서 규정하고 있는 방법에 따라 이전한 주주는 이 협약에 구속받지 아니함 • 주식을 모두 이전함으로써 본 협약으로부터 해지되기 위해서는 …… (생략)
양도		• 본 협약 규정에 따라 주식의 이전에 의한 양도 이외에는 주주는 자신의 권리를 양도할 수 없음

조항	제목	내용
통보		• 모든 통보는 문서로 실행, 적절한 권한을 가진 자로부터 서명되어질 것 • 협약에 명기된 주소로 문서가 전달됐을 때 통보가 전해진 것으로 간주
추가적 보증		• 각 당사자들은 본 협약이 실행되기 위한 모든 합리적인 문서의 작성과 노력을 다함
Entire Agreement		• 본 협약이 유일한 협약이며 이전의 문서나 구두에 의한 모든 사항보다 우선
수정		• 본 협약의 수정은 수정 당시 모든 주주들로부터의 만장일치가 필요
No Waiver		• 어떤 권리, 권한, 배상의 실행이 이루어지지 못하거나 지연되거나 일부만 실행되더라도 해당 권리, 권한, 배상이 포기되었다고 보지 않음
Remedies Cumulative		• 어떤 권리, 권한, 배상이 본 협약에서 주어지더라도 법이나 다른 협약에서 주어지는 권리, 권한, 배상은 영향을 받지 아니함
No Merger		• 각 당사자들의 권리와 의무는 그것들이 모든 당사자로부터 실행이 완료 되었다고 하더라도 완료된 권리와 의무에 대해 실행자를 구분함
Severance		• 본 협약에서 어떤 조항이 법에 의해 무효화되더라도 나머지 조항들의 효력은 유지되며 당사자들은 무효화된 조항을 대체할 조항을 합의 하에 결정
Enurement (효력)		• 본 협약의 조항들은 당사자들과 각각의 계승자 및 허용된 대리인 및 양수자에게 효력을 발휘함
준거법		• 본 협약은 대한민국의 법령을 따름
분쟁의 해결	1. 협력	• 당사자들은 본 협약과 관련한 의견의 차이와 분쟁에 대해 우호적이고 합리적인 원칙 아래 합의에 도달하도록 최선을 다할 것
	2. 관할 법원	• 법적인 분쟁의 해결은 [ ]법원의 판결에 따름
전문가		• (a) 전문가는 적절한 자격을 가져야 하며 결과에 대해 어떠한 직간접적인 개인적 이권을 가지고 있지 않아야 함 …… (생략)
Counterparts		• 협약 관련 당사자 수의 제한은 없으며 모든 당사자가 함께 본 협약을 이룸
책임의 한도		• 협약에서 제공된 주주들의 어떠한 의무, 인수, 진술 등도 회사의 이익을 위해 제공되지 않음

19 Financing Documentation

(1) Case Study

- 대출약정과 관련한 Terms & Condition, Negotiation, Documentation 사례 분석
- A Project SOC-PF의 Terms & Condition의 사례 분석을 통하여 약정 Process의 세부 내용을 이해

일반 사항

항목	내용
차주	[　　]주식회사
출자자	[　　]('재무출자자') [　　]%, [　　]('건설출자자') [　　]%
후순위 대주	[　　]투융자회사
주선은행	[　　]
대주단	주선은행이 주선하는 국내 금융기관
대리은행	[　　]
대주단 자문기관	교통량자문기관　[　　], 재무모델자문기관　[　　] 법률자문기관　　[　　], 보험자문기관　　　[　　] 사업타당성분석기관　[　　]
총민간투자비	[　　]억 원 (예상 경상가)
준공예정일	착공일로부터 [　　]개월이 되는 날
금융구조	가. 자본금 [　　] 나. 후순위대출금 [　　] 다. 선순위대출금 (1) 장기대출금 [　　] (2) 신용공여대출금 [　　]
거래서류	
가. 사업서류	차주의 정관　　　　　　　　　주주협약 실시협약(변경실시협약 포함)　공사도급계약 보험계약　　　　　　　　　　주주 후순위 대출약정서 관리운영계약(있는 경우)　　　기타 사업서류로 합의하는 서류
나. 금융서류	선순위대출약정서　　　　　　수수료약정서 출자자약정서　　　　　　　　채권단협약서 담보계약서(근저당권, 예금질권, 주식근질권, 보험질권, 양도담보 등) 기타 대주가 요구하는 담보서류

대출약정

대출약정	가. 선순위 대출약정　　　　금[　]억 원 　(1) 장기대출금 　　　장기대출금 A (변동) 금[　]억 원 　　　장기대출금 B (고정) 금[　]억 원 　(2) 신용공여대출금:　　　금[　]억 원 나. 주주 후순위대출금:　　　금[　]억 원
대출금 사용 용도	
가. 장기대출금	본건 사업의 설계 및 건설에 필요한 자금(부가가치세 매입세액 제외), 건설기간 중 초기 운영준비를 위해 소요되는 비용, 금융비용, 최초 부채상환적립요구액의 적립 및 기타 본사업을 위하여 필요하다고 대주단이 인정한 비용의 지급 등
나. 신용공여대출금	운영기간 중 운영수입으로 충당이 부족한 운영비용, 장기대출금 및 신용공여대출금 원리금 지급용

대출금의 인출 (1)

인출가능기간	가. 장기대출금: 대출약정 체결일로부터 기산, 다음 중 먼저 도래하는 날까지 …… (생략) 나. 신용공여대출금: 운영개시일 기산, 장기대출금이 전액 상환되는 날
인출가능일	최초인출: [　]영업일 전 최초인출 이후: [　]영업일 전
가. 장기대출금	최초인출: 인출가능기간 중 어느 영업일 최초인출 이후: 인출가능기간 중 어느 이자지급일
나. 신용공여대출금	인출가능기간 중 장기대출금 이자지급일
인출가능금액	
가. 장기대출금	공사감리자가 확인한 매회 기성금액(부가가치세 매입세액 제외), 대리은행이 인정하는 향후 [　]개월분의 예상소요자금(운영비용, 금융비용 및 제세공과금 등 포함) 중 자본금, 주주후순위대출금으로 충당되는 금액을 공제한 금액으로 대출약정서 부록에 표시된 인출 스케줄에 따른 분기별 누적 인출예정금액 이내의 금액 …… (생략)
나. 신용공여대출금	인출가능일에 인출될 수 있는 신용공여대출금은 차기 인출가능일까지 자금소요 부족액(운영 부족자금, 장기대출금 및 신용공여대출금 상환원리금 부족액)을 한도
인출방법	건설출자자 자본금 [　] 선투입, 재무출자자 자본금 [　] 후순위대출금 [　] 선투입 장기대출금 A, B를 약정비율(pro rate)에 따라 인출

대출금의 인출 (2)

인출선행조건		
가. 장기대출금	(1) 최초인출	다음에 기술된 사항이 대리은행에게 만족할 만한 내용과 형식으로 충족될 것을 조건으로 하며 다음 사항에 한정되지 않음. • 차주 및 출자자의 회사 서류 제출 • 실시계획 승인을 포함한 사업시행과 관련된 사업 인허가 서류 • 사업서류의 체결 • 납입하기로 예정된 실시협약(실시계획 포함)상의 약정 투자금 100%가 전액 자본금으로 납입되었음을 증명하는 서류 • 주주 후순위대출약정서에 따라 후순위차입금 전액이 인출되었음을 증명하는 서류 • 약정투자금 및 주주 후순위차입금이 본 건 사업비로 투자되었음을 증명하는 서류 • 최초인출일까지 설정 가능한 담보가 최우선순위로 설정될 것 (주식근질권 설정, 예금근질권 설정, 보험근질권 설정, 양도담보 설정) …… (생략)
	(2) 최초인출일 이후	• 최초인출선행조건의 유효 • 차주가 지급하여야 할 대출금 사용 용도에 관한 입증서류 제출 • 공사감리자의 기성보고서 제출 • 시공사 및 공사감리자가 제출한 각종 자료의 제출 (필요한 경우) …… (생략)
나. 신용공여 대출금		• 장기대출금의 인출선행조건의 유효 • 신용공여대출금 사용 용도의 입증서류 • 산업기반신용보증서 제출
다. 공통 선행조건		• 기한의 이익 상실 사유 부존재 • 차주의 진술 및 보장의 진정성 • 인출일까지의 수수료, 기타 비용의 지급 완료 • 인출요청서의 제출 (지출증빙 포함)

대출금 담보 조건

담보		담보조건은 법률실사(Legal Due Diligence)에 따르되 다음 사항에 한정되지 않음.
	가. 장기대출금	• 관리운영권에 대한 선순위근저당권 (후취) • 차주가 발행한 건설출자자 주식에 대한 근질권 • 보험금지급청구권에 대한 근질권 • 차주의 제 예금계좌에 대한 근질권 • 차주의 본건 사업 관련 제 계약상 권리에 대한 양도담보 • 산업기반신용보증서 …… (생략) • 기타 대리은행이 합리적으로 요구하는 차주의 자산 및 권리에 대한 추가담보
	나. 신용공여대출금	상기 담보에 대하여 장기대출금과 공동 선순위 담보권 설정 • 산업기반신용보증서(인출가능기간 동안 유지)
	다. 담보 설정 방법 및 담보 처분 대금 배분 순위	장기대출금과 신용공여대출금은 담보에 대하여 공동 선순위 담보권 설정. 단, 담보권 처분 대금은 아래의 배분 순위로 충당됨. ▪ 장기대출금 관련 수수료 등 모든 비용 ▪ 장기대출금의 원금 ▪ 장기대출금의 이자 ▪ 장기대출금의 연체이자 ▪ 신용공여대출금 관련 수수료 등 모든 비용 ▪ 신용공여대출금의 원금 ▪ 신용공여대출금의 이자 ▪ 신용공여대출금의 연체이자 ▪ 주주 후순위대출금 관련 수수료 등 모든 비용 ▪ 주주 후순위대출금의 원금 ▪ 주주 후순위대출금의 이자 ▪ 주주 후순위대출금의 연체이자 ▪ 후순위조건의 차입금과 관련된 수수료 등 모든 비용 및 원리금

대출금 이자 조건

이자기간	
가. 장기대출금	장기대출금의 최초인출일로부터 매 [ ]개월
나. 신용공여대출금	각 신용공여대출금의 인출일로부터 현존하는 장기대출금의 이자기간 말일까지의 기간과 그 이후 매 [ ]개월
다. 주주 후순위대출금	각 주주 후순위대출금의 최초인출일로부터 현존하는 장기대출금의 이자기간 말일까지의 기간과 그 이후 매 [ ]개월
이자지급일	이자기간의 말일
이자율	
가. 장기대출금	
(1) 장기대출금 A	기준금리 + 가산금리 ([ ]년 주기 변동금리)
기준금리	매 이자율 결정일 [ ]영업일 전부터 [ ]영업일 전까지의(양일 모두 포함) 기간 동안 잔존 만기 [ ]년 신용등급 [ ] 무보증회사채 유통수익률의 산술평균 (소수점 셋째 자리에서 반올림)
가산금리	연 [ ]%
기준금리결정일	각 좌별 최초인출일과 그로부터 매[ ]년이 되는 이자지급일
(2) 장기대출금 B	연 [ ]% (고정금리)
(3) 연체이자율	적용이자율 + [ ]%
나. 신용공여대출금	…… (생략)
다. 주주 후순위대출금	
(1) 건설기간	연 [ ]%
(2) 운영기간	장기대출금 상환완료일까지 연 [ ]% 상환완료일 다음 날부터 연 [ ]%
(3) 연체이자	주주 후순위대출금 이자가 상환되지 못하는 경우, 미지급이자에 대하여는 미지급 기간 동안 후순위대출금의 이자율을 적용한 이자가 별도 가산됨

대출금 원금 상환

상환기간	장기대출금: 최초인출일 후 [　]년, 거치 후 [　]년 신용공여대출: 매 인출일로부터 [　]년 (건별 [　]년) 주주후순위대출금: 최초인출일 후 [　]년, 거치 후 [　]년
원금상환방법	장기대출금: 매 [　]개월 단위로 원금 불균등상환 신용공여대출: 만기 일시상환 주주후순위대출금: 매 [　]개월 단위로 원금 불균등상환
자발적 조기상환	차주는 [　]일 전에 대리은행에 사전 서면 통보함으로써 대출금을 조기상환할 수 있으며, 일부 조기상환의 경우 만기 역순으로 충당함
가. 장기대출금	(1) 조기상환일: 어느 이자지급일에 조기상환 가능 (2) 조기상환조건: 조기상환예정일 30일 이전 사전 서면통지 (3) 최소상환액: 최소 금[　]억원 이상 금1억원 단위 (4) 충당방법: 장기대출금 A와 장기대출금 B에 안분 …… (생략) (5) 조기상환수수료: 잔존기간별 [　]%, [　]%, [　]% (6) 조기상환수수료 면제조건: …… (생략)
나. 신용공여대출금	…… (생략)
비자발적 조기상환	충당 순서 및 방법은 자발적 조기상환 내용을 준용함
가. 사유	해지시지급금 또는 매수청구권을 행사하여 매수가액을 수령한 경우 보험금 수령 후 미사용 등 DSRA 적립 의무 면제로 인한 최초 DSRA 적립 요구액 조기상환
나. 충당방법	장기대출금의 비용(수수료 포함), 이자 및 원금 충당 후, 신용공여대출금 비용(수수료 포함), 이자 및 원금 충당 각 대주별, 각 좌별 대출금 잔액에 동일한 비율로 안분하여 충당
다. 조기상환수수료	적용 없음

수수료와 비용

약정수수료 (부대비용 등)		장기대출금 약정액 중에서 미인출잔액 전액으로 함
	가. 장기대출금	차주는 최초인출일 이후부터 매년도 인출한도액을 결정하여 매년도 인출한도액 중 미인출잔액에 대하여 연 [　]%의 비율로 계산된 금액을 이자지급일에 지급함 …… (생략)
	나. 신용공여 대출금	차주는 신용공여대출금의 인출가능기간 동안 매년도 인출한도액을 결정하여 매년도 인출한도액 중 미인출잔액에 대하여 연 [　]%의 비율로 계산된 금액을 이자지급일에 지급함 …… (생략)

차주의 진술과 변경

차주의 진술 및 보장	다음을 포함하며, 이에 한정되지 않음. • 차주의 적법한 설립 • 거래서류의 적법한 체결 • 인허가 및 법령의 준수 • 담보의 적법한 설정 • 허용된 부채 이외의 채무 부존재 • 타인에 제공된 담보의 부존재 • 분쟁절차의 부존재 • 부도 등 절차의 부존재 • 기한의 이익 상실 사유의 부존재 • 제공한 정보의 정확성

차주의 적극적 준수사항 (Positive Covenants) (1)

자금관리	모든 자금의 지출을 관리하기 위하여 대리은행에 자금관리 계정을 개설하여 관리 …… (생략)
자금집행순위	차주의 모든 수입금은 아래의 순서에 따라 지급, 분배함을 원칙 • 법령에 의한 제세공과금 • 공사비 등 건설기간 중의 사업비 • 운영비용 • 신용공여대출금 수수료 등 비용 • 신용공여대출금의 이자 • 신용공여대출금의 원금 • 장기대출금의 수수료 등 비용 • 장기대출금의 이자(연체이자) • 장기대출금의 원금 • 부채상환적립요구액의 적립 • 주주 후순위대출금 관련 비용, 이자(연체이자 포함) 및 원금 • 출자자에 대한 배당금
부채상환적립금	차주는 장기대출금의 최종인출일로부터 장기대출금 A 및 장기대출금 B 전액이 상환될 때까지의 기간 동안 최초 부채 상환 적립요구액은 장기대출금으로, 이후 선순위 신용공여대출금 전액 인출 이전까지는 차주의 수입금(영업활동 현금흐름) 이내에서, 선순위 신용공여대출금 전액 인출 시에는 차주의 수입금 및 건설출자자의 후순위 신용공여대출로 '부채상환적립요구액'을 부채상환적립계좌에 적립하여 유지하여야 함 • '부채상환적립요구액'이란 장기대출금의 최종인출일로부터 장기대출금 A 및 장기대출금 B 전액이 상환될 때까지의 기간 동안 향후 [ ]개월 내에 상환해야 할 장기대출금 A 및 장기대출금 B의 원리금을 합한 금액을 의미 • 단, 최초상환일로부터 [ ]년 이후 도래하는 회계연도부터 기산하여 단순부채상환비율이 [ ]년 연속 [ ] 이상일 경우, 차주의 부채상환적립금 유지의무는 소멸함. 이 경우 최초 부채상환적립금은 장기대출금의 조기상환에 사용

차주의 적극적 준수사항 (Positive Covenants) (2)		
재무비율		
	가. 부채비율	• 운영기간 동안 [ ]% 이하로 유지 (운영개시일 연도 제외) • 부채비율 계산시 주주 후순위대출금은 자본금과 동일, 미지급된 후순위 대출금 이자는 후순위대출금 원금에 가산하지 않고 산정
	나. 단순부채 상환비율	• '단순부채상환비율': '순가용현금흐름'을 '선순위대출금의 원리금 상환액'으로 나눈 비율, 사업연도 종료 후 대리은행 계산 • 순가용현금흐름'이라 함은 (가) 영업활동으로 인한 현금흐름 + (나) 선순위대출금 이자 및 수수료 + (다) 후순위대출금 이자 + (라) 당해연도 동안의 자본적 지출에 사용된 추가차입금 및 추가자본금 - (마) 당해연도 동안의 자본적 지출액 • 선순위대출금의 원리금 상환액: 상환한 장기대출금 A, B 및 신용공여 대출금의 원금 및 이자, 각종 수수료의 합계액
	다. 누적부채 상환비율	• 운영기간 매 회계연도 말 기준 누적부채상환비율은 [ ] 이상 유지 • '누적부채상환비율': '누적순가용현금잔액'을 '선순위대출금의 원리금 상환액'으로 나눈 비율 • '누적순가용현금잔액'이라 함은 (가) 기초 현금잔액 + (나) 제예금의 기초잔액 + (다) 당해연도 영업활동으로 인한 현금흐름 + (라) 선순위대출금 이자 및 수수료 + (마) 후순위대출금 이자 + (바) 당해연도 동안의 선순위 신용공여대출금 인출금액 + (사) 당해연도 동안의 후순위 신용공여대출금 인출금액 + (아) 당해연도 동안의 자본적 지출에 사용된 추가 차입금 및 추가 자본금 - (자) 운영개시일 이후부터 전기까지 자본적 지출을 위하여 조달된 추가 차입금 및 추가 자본금 중 미사용액 - (차) 당해연도 동안의 자본적 지출액 - (카) 배당금 지급금액
사업서류의 체결		공사도급계약서 등의 사업서류에 대해 계약 체결 …… (생략)
보험의 가입		보험실사(Due diligence)의 수행 결과에 따른 보험 가입 …… (생략)
기타		차주의 진술 및 보장의 정확성 유지 …… (생략)

차주의 소극적 준수사항 (Negative Covenants)

채무 부담 금지	차주는, 대리은행의 사전 서면 동의 없이, 다음의 허용된 부채 이외의 채무 부담을 할 수 없음 …{내용생략}
담보 제공 금지	차주는, 대리은행의 사전 서면동의 없이, 다음의 허용된 담보 이외의 담보제공을 할 수 없음 …… (생략)
구조조정 제한	차주는, 대리은행의 사전 서면 동의 없이, 다음의 행위를 할 수 없음 …… (생략)
투자 제한	차주는, 대리은행의 사전 서면 동의 없이, 금융계약서에서 허용된 이외의 투자 행위를 할 수 없음 …… (생략)
후순위대출금 이자 지급 조건	건설기간 중 기한의 이익 상실 사유가 존속하지 아니하는 한 주주 후순위대출금에 대한 이자를 지급할 수 있음 운영기간 중 차주는, 다음의 조건이 충족되지 않는 한, 주주 후순위대출금의 이자를 지급할 수 없음 • 부채상환적립계좌에 부채상환적립요구액이 전액 적립될 것 • 이전 회계연도 기준 누적부채상환비율이 연속하여 [ ]회 이상 [ ] 이상일 것 (단, 운영 개시 [ ]년간 배제) • 신용공여대출금 미상환 잔액이 없을 것 • 기한의 이익 상실 사유가 존속하지 아니할 것
후순위대출금 원금 상환 조건	차주는, 선순위 장기대출금 및 선순위 신용공여대출금 전액이 상환 완료되기 이전에는 후순위대출금의 원금을 상환할 수 없음
배당금 지급 조건	차주는, 다음의 조건이 충족되지 않는 한, 출자자에게 이익배당 기타의 방법으로 차주의 이익을 분여할 수 없음 …… (생략)
사업서류	차주는, 대리은행의 사전 서면 동의 없이, 사업서류를 변경할 수 없음

출자자 지원사항

준공책임	건설기간 중 본사업의 소요자금이 금융약정금액을 초과하는 경우에도 건설출자자들은 연대하여 자신의 책임과 비용으로 본사업시설을 실시계획에서 정한 기한 내에 준공하여야 함
출자자 후순위 신용공여 대출	건설기간 또는 운영기간 중 차주의 자금부족액을 약정한도를 정하여 충당할 수 있음 …… (생략)

기한의 이익 상실

기한의 이익 상실 사유	기한의 이익 상실 사유는 다음의 사유를 포함하며, 이에 한정되지 않음 • 지급기일이 도래한 금원의 미지급 • 진술과 보장의 허위 • 준수사항의 불이행 • 거래서류의 효력 상실 • 금융서류에 따른 차주 등의 의무 부담이 위법, 취소 또는 실효 • 사업서류에 따른 차주 등의 의무 부담이 위법, 취소 또는 실효 • 담보권의 실효 　　…… (생략) 단, 각 기한의 이익 상실 사유의 치유기간을 포함한 각 사유별 처리 절차는 추후 대출약정서 작성 단계에서 협의하여 결정키로 함
기한의 이익 상실 사유 발생 효과	대리은행의 차주에 대한 통지로 기한의 이익 상실 다만, 차주의 부도 등 당연기한이익 상실 사유 발생의 경우 즉시 기한의 이익 상실

기타사항	
준거법	대한민국 법률
관할법원	서울중앙지방법원
주주 후순위 대출금의 성격	주주 후순위대출금은 모든 금융약정조항에서 선순위대출금에 비하여 후순위 지위를 가지며, 선순위 대출원리금의 상환이 완료되기 이전에는 기한의 이익상실을 선언할 수 없고 담보 처분 절차 불가
기타사항	• 본 금융조건의 내용은 대출약정서 작성과정에서 변경될 수 있음 • 본 금융조건에서 정하여지지 않은 사항은 일반적인 프로젝트 금융 관행을 참조하여 금융약정서 작성 시에 반영하도록 함

　대출약정서는 차주의 권리보다는 의무사항을 규정하고 있다고 해도 과언이 아니다. 한편, 차주가 잘못되는 경우 그에 대한 신용보강으로 건설출자자약정서가 포함되고, 건설출자자약정서에는 자금보충의 의무가 포함된다.

　대출약정의 가장 중요한 요소는 pricing보다는 관리운영권 설정에 따른 고정금리 대출금의 변동금리대출 대환시기를 언제로 할 것이냐에 있다. 관리운영권 설정 시기에 민간투자비가 확정되어 변동금리 대출금의 이자기산일이 확정되기 때문에, 조금이라도 업무처리가 늦어지면 고정금리로 약정한 이자가 지급되는 상황이 발생하므로 유념해야 한다. 또한 건설출자자의 준수사항과 인출의 우선순위 등도 대출약정의 주요 핵심사항이다.

　덧붙여 중도상환수수료는 사업에 따라 다르지만 대개 0.3%~0.5% 정도 수준이다. 현재 중도상환대출을 약정하는 시점에는 모든 pricing이 최적이라고 판단하더라도 추후 건설이 끝난 시점에는 대출금리 등의 pricing이 높다고 느껴질 수 있다. 그러므로 이에 대한 출구방안(Exit 전략) 수립을 염두에 두고 약정을 체결해야 한다.

V

민간투자사업 회계 및 실무

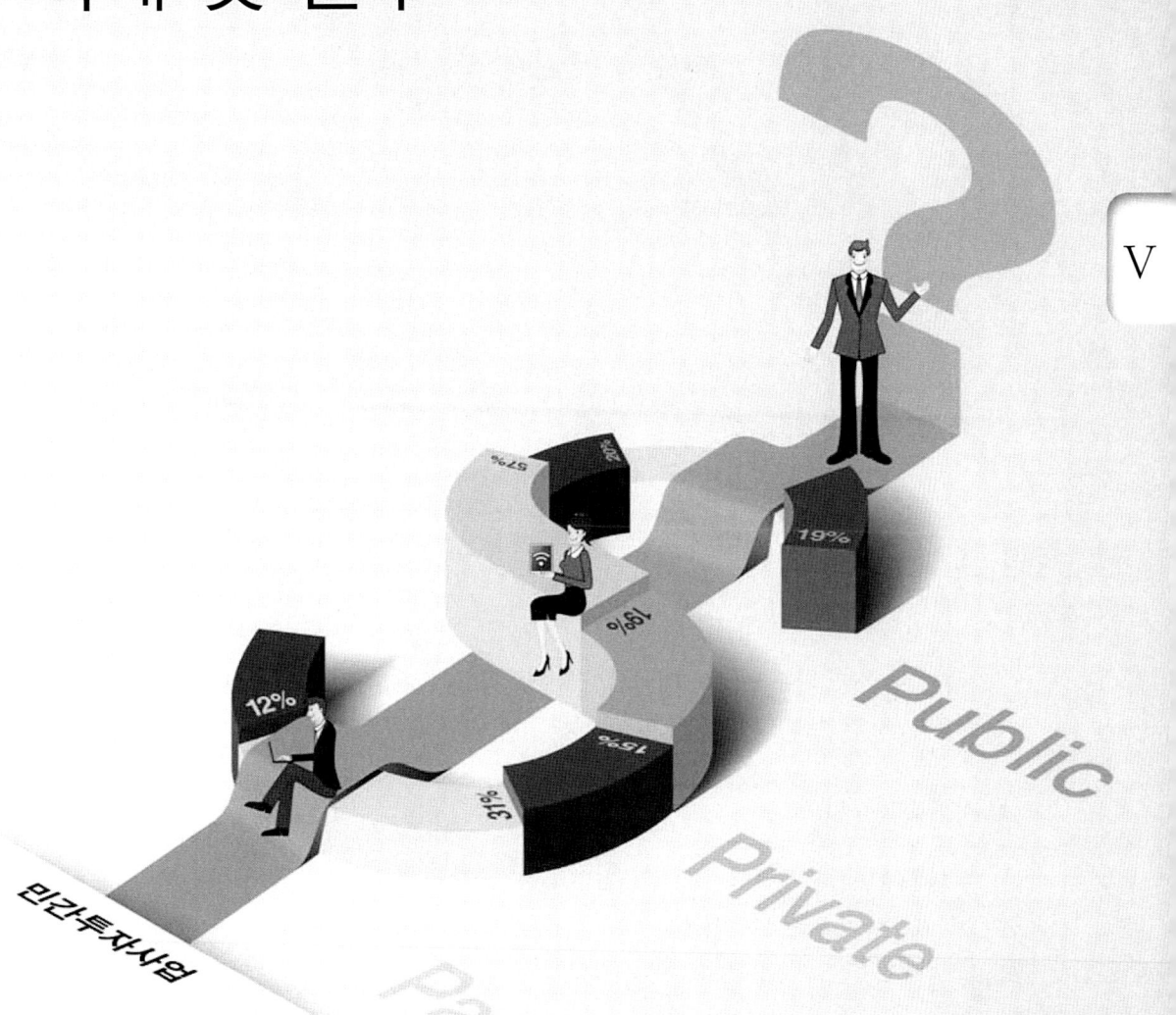

1 회계 및 재무보고

(1) 회계

경제적 정보를 측정·전달하는 과정으로서 정보이용자의 경제적 의사결정에 유용한 정보를 제공하는 것이다.

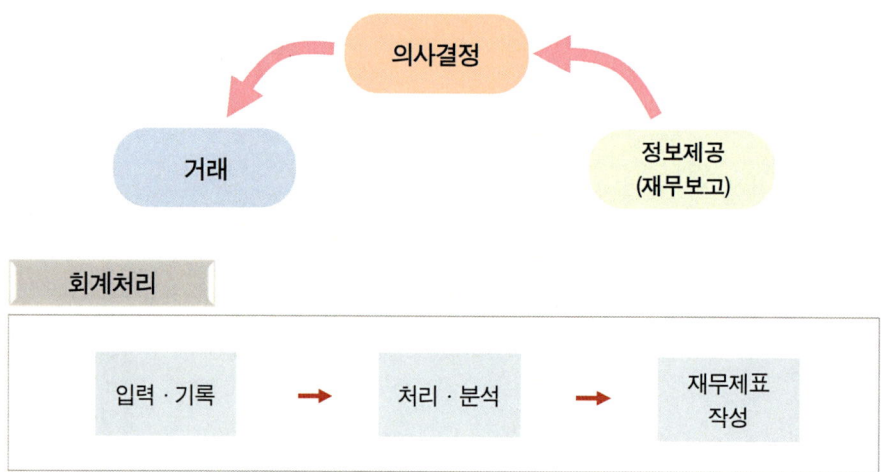

(2) 재무보고

기업의 다양한 외부 이해관계자의 경제적 의사결정을 위해 경영자가 기업실체의 재무상태, 경영성과, 현금흐름, 자본변동 등에 관한 재무정보를 제공하는 것이다.

- 재무보고 수단

    ① 재무제표: 가장 핵심적인 재무보고수단. 재무상태표, (포괄)손익계산서, 자본변동표, 현금흐름표, 주석 등

    ② 기타 수단: 경영자 분석 및 전망, 경영자의 주주에 대한 서한 등

2 현금주의와 발생주의

(1) 현금주의

현금 유출입을 기준으로 수익과 비용을 인식한다. 즉, 현금이 유입되면 수익으로 인식하고, 현금이 유출되면 비용으로 인식한다. (예) 금전출납부, 예산회계 등 (2005년부터는 정부부문도 기업회계기준을 도입하여 발생주의에 의해 재무보고서를 작성하고 있다.)

(2) 발생주의

현금 유출입 시점과 무관하게, 거래나 사건이 발생한 해당 시점에 수익과 비용을 인식한다. (예) 감가상각, 미수수익, 미지급비용 등

(3) 기업회계기준의 발생주의 채택 이유

수익·비용 대응의 원칙에 부합하여 특정기간의 경영성과를 더욱 정확히 나타낼 수 있다. 또한, 대차평균의 원리에 의해 회계 오류를 자동 검증하는 장점이 있다.

3. 기업활동에서 재무정보를 제공하는 과정

- **회계처리 과정**: 기업활동을 촬영하여 사진화(정보화)하여 이해관계자에게 제공하는 과정

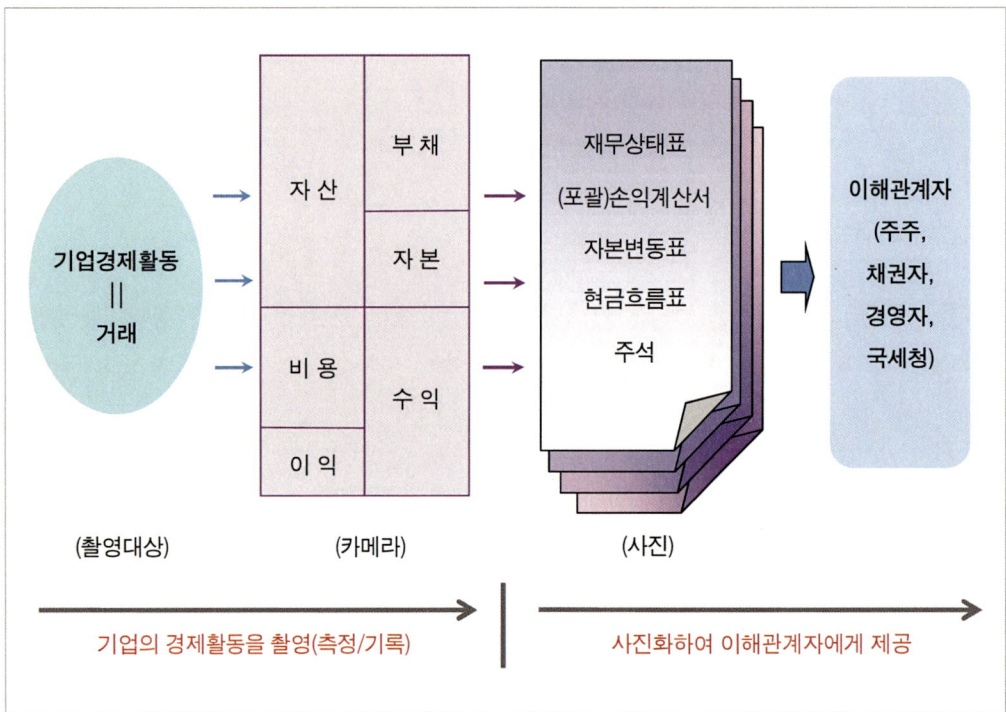

4 재무제표 작성 예시

| 가 정 | • 기초 자산: 현금 100억, 차입금: 80억(이자율 10%), 자본금: 20억
• 기중 내용연수 5년짜리 기계 50억 구입 후 사용, 매출 20억 발생
• 기말 이자 지급, 법인세비용 없음 |

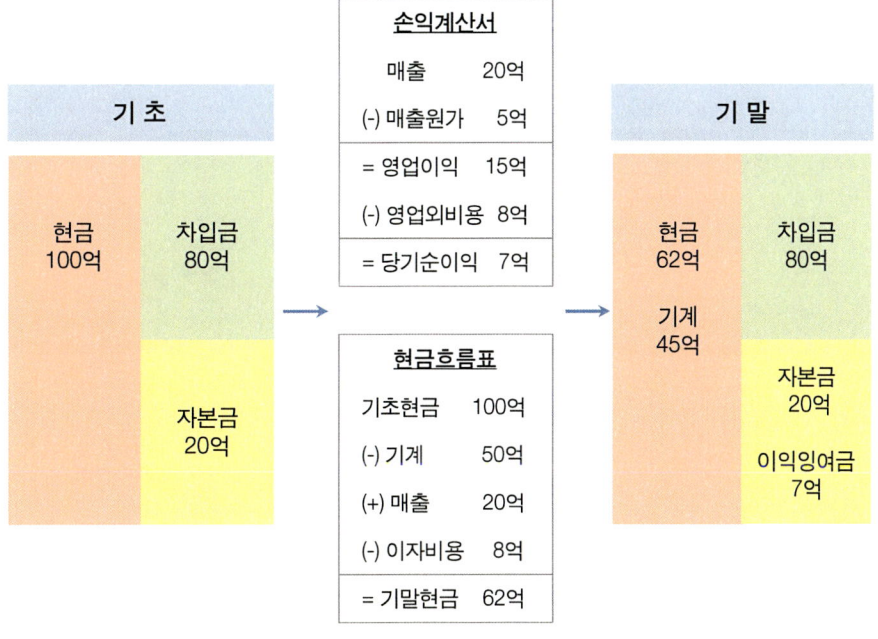

5. 재무제표의 이해

재무상태표

자 산			부채 및 자본		
유동자산	당좌자산	즉시 현금화가 가능한 자산 (현금, 예금, 매출채권, 유가증권)	부채 (타인자본)	유동부채	1년 내에 갚아야 할 빚 (매입채무, 미지급금 등)
	재고자산	제조·판매를 통해 1년 내에 현금화가 가능한 자산 (원재료, 재공품, 완제품 등)		비유동부채	1년 후에 갚아도 되는 빚 (사채, 장기차입금 등)
비유동자산	투자자산	장기 보유 및 타회사 지배 등 투자를 목적으로 한 자산 (투자유가증권)	자본 (자기자본)	자본금	납입자본금
	유형자산	장기간에 걸쳐 영업에 사용되는 자산 (토지, 건물, 기계 등)		자본잉여금	주주와 자본에 변동을 일으키는 거래에서의 잉여금
				자본조정	자본거래에서 발생한 자본을 조정하는 항목
	무형자산	형체가 없으나 기업 이익에 기여하는 자산 (관리운영권, 특허권 등)		기타포괄손익누계액	손익계산서 미반영 손익 (매도가능증권평가손익 등)
	기타비유동자산	이연법인세자산 등		이익잉여금	영업활동에서의 잉여금

차 변　　　　　　대 변
(자원의 보유 형태)　　　　　　(자원의 조달 원천)

(포괄)손익계산서

계속사업	영업활동	매출액	(판매에 의한 수익)
		(-) 매출원가	(판매된 물품의 제조원가: 공장의 원가)
		= 매출총이익	(판매활동에서의 성과)
		(-) 판매비와 관리비	(판매부와 관리부의 비용)
		= 영업이익	(영업활동에서의 성과)
	영업외활동	(+) 영업외수익	(이자수입 등)
		(-) 영업외비용	(이자비용 등)
		= 법인세비용차감전계속사업손익	(경상적 계속사업에서의 성과)
		(-) 계속사업손익법인세비용	(계속사업의 법인세납부액)
중단사업		= 계속사업손익	(계속사업의 순성과)
		(±) 중단사업손익	(중단된 부문의 성과로 법인세 공제 후 금액)
		= 당기순이익	(당기의 순 성과)
미실현		(±) 기타포괄손익	(장기성 미실현보유이익)
		= 총포괄손익	(자본거래를 제외한 순자산의 변동)

현금흐름표

Ⅰ. **영업활동으로 인한 현금흐름**
 1. 당기순이익(손실)
 2. 현금의 유출이 없는 비용 등의 가산
    ① 현금의 유출이 없는 비용
    ② 현금의 유출이 있으나 투자·재무활동으로 인한 비용
 3. 현금의 유입이 없는 수익 등의 차감
    ① 현금의 유입이 없는 수익
    ② 현금의 유입이 있으나 투자·재무활동으로 인한 수익
 4. 영업활동으로 인한 자산·부채의 변동
    ① 영업활동과 관련된 자산의 순증가
    ② 영업활동과 관련된 부채의 순감소
Ⅱ. **투자활동으로 인한 현금흐름**
 1. 투자활동으로 인한 현금유입액
 2. 투자활동으로 인한 현금유출액
Ⅲ. **재무활동으로 인한 현금흐름**
 1. 재무활동으로 인한 현금유입액
 2. 재무활동으로 인한 현금유출액
Ⅳ. **현금의 증가(감소) : Ⅰ + Ⅱ + Ⅲ**
Ⅴ. **기초현금**
Ⅵ. **기말현금**

6 한국채택국제회계기준(K-IFRS)

(1) IFRS(International Financial Recording Standards; 국제회계기준)

IFRS는 국제회계기준위원회가 제정한 국제회계기준서 및 국제회계기준해석서를 통칭한다. 자본시장의 세계화에 따라 전세계적으로 단일기준으로 작성된 재무정보가 요구되고 있다. 현재 약 150개 국가에서 사용하고 있으며 우리나라도 주권상장법인을 중심으로 2011년부터 K-IFRS를 도입했다.

(2) IFRS의 특징

- ✓ 대다수 국가의 공동작업을 통해 제정되는 기준(미국, 영국, 호주, 일본 등): 한국채택국제회계기준은 국제회계기준을 한국어로 번역
- ✓ 원칙 중심의 기준체계: 상세하고 구체적인 회계처리방법보다는 회계처리의 기본원칙과 방법론을 제시
- ✓ 연결재무제표 중심: 사업보고서 등 모든 공시서류가 연결재무제표 기준으로 작성
- ✓ 공정가치 평가: 투자자에게 기업의 재무상태 및 내재가치에 대한 의미 있는 투자정보를 제공

(3) IFRS 도입 후 회계기준

구분	기존	IFRS 도입 후
상장법인	현행 기업회계기준	한국채택기업회계기준(IFRS)
비상장법인		일반기업회계기준
구성	기업회계기준서 기업회계기준해석서 기업회계기준 업종별회계처리준칙 등 기업회계기준 등에 관한 해석	기업회계기준서 기업회계기준 해석서 관련 실무지침

7. SOC 회계와 IFRS

> **IFRS 적용에 따른 SOC 사업 관련 회계처리사항**
> - 특수목적회사(SPC)의 모회사와 연결 여부
> - 퇴직급여 적용 방식
> - 건설차입원가의 자본화 여부
> - BTO, BTL사업 수익과 비용 인식방법

(1) 특수목적회사(SPC)의 모회사와 연결 여부

① 연결재무제표 작성 비교

구분	기존 (일반기업회계기준)	K-IFRS
주 재무제표	개별재무제표	연결재무제표
작성자	최상위 지배기업 및 상장/중간 지배기업	모든 지배기업
지배력 여부 판단	의결권, 이사회 구성원 임명권 등만 고려	일반기업/특수목적기업 구분 - 의결권/실질지배력 기준 - 실질적 정황 - 특수목적기업 효익을 　과반 이상 획득
연결 제외	자산총액 100억 원 미만 제외	모든 종속회사를 기본 대상 포함

② SPC의 연결대상 포함 여부

- 기존 기업회계기준 하에서는 지분율(50% 초과, 또는 30%를 초과하면서 최대주주)에 의하여 지배력 유무를 판단하였기 때문에 지분율이 미달한 경우에는 연결대상에 포함하지 아니한다.

- 그러나 IFRS상에는 실질적 정황을 포함한 실질지배력 기준이 연결대상을 판단하는 중요한 요소로 고려되기 때문에 지분율(50% 초과) 미달의 경우에도 연결대상에 포함시킬 유인이 커진다.

- 또한, 개별사업 등 PF를 동반한 사업의 경우 건설사의 지급보증이 수반되기 때문에 이를 근거로 실질적인 지배력이 있는 것으로 보아 SPC를 연결대상에 포함하여야 한다는 의견이 많다.

③ 연결재무제표 작성에 따른 영향

- 기존 재무제표는 개별 재무제표가 주 재무제표이기 때문에 재무비율 산출 시 모기업의 개별 재무제표를 통하여 산출하였다. 그러나 IFRS상에는 주 재무제표가 연결재무제표이기 때문에 종속회사의 자산과 부채를 포함한 연결재무제표를 기준으로 재무비율을 산출하여야 하며, 부채비율이 상대적으로 높은 SPC의 부채를 포함할 경우 부채비율이 증가할 수 있다.

- 연결 대상 판단에 실질적인 지배력이 판단 요소로 강화되었으며, 소규모 회사의 경우에도 연결대상에 포함되어 부채비율이 증가할 가능성이 높다.

(2) 퇴직급여 적용 방식

① 퇴직급여: 종업원의 퇴직 이후에 지급하는 급여

② 퇴직급여제도의 종류

  1) 확정기여형: 기업의 기여금이 사전에 확정, 기금의 수익에 대한 위험을 종업원이 부담하는 형태

  2) 확정급여형: 근로자의 퇴직급여가 근무기간과 평균임금 등을 통해 사전적으로 확정, 운영결과에 따른 위험을 기업이 부담하는 형태

구분	기존 (일반기업회계기준)	K-IFRS
금액	결산시점에 전 직원 퇴직 시 지급할 퇴직급여액 또는 K-IFRS 방법 가능	보험수리적 가정에 따라 각 직원별 퇴직급여 지급예상액의 현재가치
회계처리	기말에 전 직원 퇴직급여를 퇴직급여충당금으로 설정	확정기여형 (공정가치로 퇴직급여충당금 인식) 확정급여형 (외부기관에 지급할 때만 처리)

(3) 건설차입원가의 자본화 여부

- 자산의 취득기간 중에 발생한 차입원가 중에서 일정금액을 자산의 원가로 처리하는 것

회계처리	
기존 (일반기업회계기준)	K-IFRS
원칙: 비용화 예외: 자산화 인정	원칙 : 자산화

(4) BTO, BTL 사업 수익과 비용 인식 방법

구분		기존 (일반기업회계기준)	K-IFRS
BTO	건설기간	투자비를 건설중인자산으로 계상, 공사 완료 시 무형자산으로 대체	공정가액으로 공사수익 인식, 지출한 투자비는 공사원가로 계상
	운영기간	사용료를 수익 계상, 무형자산으로 계상한 투자비 상각	사용료를 수익으로 계상, 무형자산으로 계상한 공사수익액 상각
BTL	건설기간	투자비를 건설중인자산으로 계상, 공사 완료 시 리스채권으로 대체	공정가액으로 공사수익인식, 지출한 투자비는 공사원가로 계상
	운영기간	금융리스 회계처리에 따라 수령한 임대료 수취액을 이자수익과 리스채권상각액으로 처리	임대료 수취액을 공사채권과 이자수익의 회수로 처리

8. BTL 회계처리 실무

사업 단계별 주요 회계처리

구 분	K-IFRS	일반기업회계
개업시점	• 출자 시 회계처리 • 우선주 회계처리	• 동일함
건설기간	• 건설기간 동안 진행률에 따른 수익 인식 방법	• 자본화 대상 비용 결정
준공시점	• 관리운영권 공정가치 재평가	• 건설중인자산의 대체 • 금융리스상각표 작성
운영기간	• 매출채권에 대한 이자수익 • 법인세 이슈 • 장기수선충당부채 인식	• 리스 회계처리 • 법인세 이슈 • 장기수선충당부채 인식

(1) SPC 개업 시점

- **출자주식 액면가액**: 자본금으로 계상
- **출자 관련 비용**: 주식할인발행차금으로 계상함
  - 주식할인발행차금의 예: 법무사비용, 등록세, 교육세, 공증료, 인지대 등
- **우선주에 대한 사항**
  - 재무적투자자(FI)가 참여하는 사업의 경우, 우선주가 발행되는 경우가 있음
  - 우선주는 보통주와 구분하여 자본금으로 계상하여야 하며, 발행비용은 보통주와 같이 회계처리함
- **출자 시 회계처리 시점**: 각 단계별로 다음과 같이 회계처리함
  - 현금 수령 시   차) 현금성자산   XXX   대) 청약증거금   XXX
  - 주식발행 등기 시   차) 청약증거금   XXX   대) 자본금   XXX

(2) 건설기간

① 금융비용의 자본화

- **금융비용자본화 의의**: 취득원가의 개념 및 수익·비용 대응의 원칙

  - 자산의 취득원가는 그 자산의 취득을 위해 지출된, 회피 불가능한 비용을 모두 포함한다.
  - 자산 취득을 위해 차입한 차입금의 이자비용은 향후 그 자산으로 인해 발생될 수익을 인식하는 시점에 비용화되는 것이 더 합리적이다.

- **자본화 대상 금융비용**: 주선수수료, 약정수수료, 이자비용 등 (대리은행수수료 제외)

  - 대리은행수수료는 자산 취득을 위한 PF에 대해 직접적으로 발생한 수수료가 아니라 PF의 향후 관리비용 성격이므로 판관비로 회계처리하는 것이 더 바람직하다고 판단된다.

- **금융비용자본화의 효과**: 건설기간 동안 발생할 당기순손실 감소 및 이월결손금의 감소

  - 이자비용 및 관련수수료 등이 건설중인자산 계정에 자본화된 후, 운영기간 동안 금융리스채권의 상각을 통하여 비용화(리스이자수익의 감소)되기 때문에 건설기간 동안 당기순손실의 규모가 감소하게 된다.

② 건설기간 회계처리(일반기업회계기준): 총사업비의 지출을 건설중인자산 계정에 집계

- **총사업비의 지출**: 비용항목의 지출에 대해 회계처리와는 별도로 관리가 필요
  - 건설기간 동안의 지출내역에 대해 총사업비의 구성요소로 구분하여 집계하는 과정이 필요
  - 향후 준공시점에 금융모델 작성 등 내부 관리 목적으로 동 수치가 필요함(시기, 금액)
- **공사비 회계처리**: 사업비의 대부분을 차지하는 중요한 금액
  - 건설기간 중 공사비 등의 사업비 지출은 건설중인자산 계정으로 우선 집계된 후 준공시점에 금융리스채권으로 대체됨
  - 사업비의 대표적인 항목인 공사비는 다음과 같이 회계처리 함

인식:	기성 청구 시점	차) 건설중인자산	XXX	대) 미지급금	XXX
		부가세대급금	XXX		
지급:	현금 지급 시점	차) 미지급금	XXX	대) 현금성자산	XXX
	부가세 정산 시점	차) 현금성자산	XXX	대) 부가세대급금	XXX

③ 건설기간 회계처리(IFRS): 총사업비의 지출을 당기공사원가로 처리

- 건설기간 동안 연도별로 총사업비 대비 진행률을 산정
- 시설임대료의 공정가치 산정
- 진행률에 따라 시설임대료의 공정가치 인식

인식:	기성 청구 시점	차) 건설중인자산	XXX	대) 미지급금	XXX
		부가세대급금	XXX		
지급:	결산 시점	차) 공사원가	XXX	대) 건설중인자산	XXX
		차) 매출채권	XXX	대) 공사수익	XXX
				대) 현재가치할인차금	XXX

(3) 준공시점

준공시점에는 시설물의 기부채납 및 관리운영권 등록 등이 이루어지며, 이와 관련하여 다음의 업무를 수행해야 한다.

- 기부채납 관련 영세율 신고
- 준공기성 관련 부가가치세 신고
- 금융리스채권 상각표 작성

(4) 운영기간

① 정부지급금 회계처리(일반기업회계기준)

- **시설임대료 회계처리**
  - 시설임대료는 주무관청으로부터 매 분기 일정한 금액을 수령함
  - 동 금액은 리스상각표에 의해 전체 운영기간 동안 이자수익과 금융리스채권의 감소로 인식

  | 청구, 수령 시 | 차) 현금성자산 XXX | 대) 금융리스채권 XXX |
  | | | 리스이자수익 XXX |

- **운영비 회계처리**
  - 운영비는 불변운영비에 소비자물가지수의 변동을 반영하여 매 분기 수령함
  - 동 금액은 일반적으로 수령 후 운영사에 지급되고 있음

  | 입금 시 | 차) 현금성자산 XXX | 대) 운영수익 XXX |
  | 지급 시 | 차) 운영비용 XXX | 대) 현금성자산 XXX |

② 정부지급금 회계처리(IFRS)

- **시설임대료 회계처리**
  - 시설임대료는 주무관청으로부터 매 분기 일정한 금액을 수령함
  - 동 금액은 리스상각표에 의해 전체 운영기간 동안 이자수익과 금융리스채권의 감소로 인식

청구, 수령 시	차) 현금성자산	XXX	대) 매출채권	XXX
	현재가치할인차금	XXX	이자수익	XXX

- **운영비 회계처리**
  - 운영비는 불변운영비에 소비자물가지수의 변동을 반영하여 매 분기 수령함
  - 동 금액은 일반적으로 수령 후 운영사에 지급되고 있음

입금 시	차) 현금성자산	XXX	대) 운영수익	XXX
지급 시	차) 운영비용	XXX	대) 현금성자산	XXX

9. BTL 사업의 세무상 주요 이슈

(1) 법인세법상 BTL 사업 수익인식기준

- 회계상 BTL 사업의 수익인식: 『일반기업회계기준 제13장 리스』에서 리스자산의 소유에 따른 위험과 보상의 대부분을 이전하는 리스는 금융리스로 분류하여 회계처리한다.

- 세무상 BTL 사업의 수익인식: 세무상 관련 예규에서는 사용수익기부자산의 형태로 세무조정할 것을 요구하고 있다.

- 실무상 BTL 사업에서는 시행법인의 대부분이 회계상 금융리스로 회계처리하고 있어서 세무상 수익인식 방법과는 차이가 있으며, 민간업계에서는 지속적으로 세법 개정을 건의하고 있는 상황이다.

관련예규 (1) 법인세과-687 (2010.07.19)

[질의]

- 법인세의 BTL(Build-Transfer-Lease) 방식에 의하여 취득하는 자산이 기업회계기준해석(제2112호) 문단 제16호에 따라 금융리스로 분류되는 경우 해당 금융자산에 대한 세무조정방법
- BTL(Build-Transfer-Lease): 사회기반시설의 준공과 동시에 당해 시설의 소유권이 국가 등에 귀속되며, 사업시행자에게 일정 기간의 시설관리운영권을 인정하되, 그 시설을 국가 등에 협약에서 정한 기간 동안 임대하여 투자원리금(투자원금 + 투자원금의 이자상당액)을 회수하는 방식
- 해당 BTL 방식에 의하여 취득하는 자산이 법인세법상 사용수익기부자산에 해당하는지 여부
- 사용수익기부자산에 해당하는 경우 기업회계기준에 의해 금융리스로 분류되는 자산에 대한 감가상각방법

[회신]

법인세의 과세소득을 계산함에 있어서 「사회기반시설에 대한 민간투자법」 제4조 제2호의 민간투자사업 추진방식(BTL)에 따라 취득하는 자산은 사용수익기부자산에 해당하며, 법인이 해당 자산을 기업회계기준에 따라 금융리스로 회계처리한 경우에는 받기로 한 리스료 수입 중 이자상당액을 초과하는 금융리스채권의 상각액을 「법인세법 시행령」 제25조 제1항에 따른 장부가액을 직접 감액한 감가상각비로 보아 같은 법 시행령 제26조 제1항 제7호에 따른 상각범위액과 비교하여 시부인 하는 것이다.

관련예규 (2) 법인세과-2178 (2008.08.27)

[질의]

사용수익기부자산 관련 수익의 인식 방법

[요지]

사용수익기부자산은 사용수익기간(특약이 없는 경우에는 신고내용연수)에 따라 균등하게 안분한 금액을 상각하는 것이다.

[회신]

법인이 공동주택을 건설하여 국방부에 기부하고 일정기간 관리운영권을 획득하여 국방부로부터 임대료 등을 지급받는 경우, 당해 자산은 사용수익기부자산으로서 법인세법시행령 제26조 제1항 제7호의 규정에 따라 손금에 산입하는 것이며, 국방부로부터 지급받는 임대료 수입 등은 같은 법 제40조 및 같은 령 제71조 규정에 따라 익금 산입하는 것이다.

(2) 법인세법상 대수선비 수익 및 비용 인식 기준

- BTL 사업의 운영비 중 대수선비를 운영비 수입으로 수령하고 이를 적립하여 향후 사용하는 사업의 수익인식 시기와 관련한 이슈

- 회계상 BTL 사업 대수선비의 수익 및 비용 인식: 운영비 수입을 수령하는 시점에는 선수금으로 처리하고, 실제 사용하는 시점에 수익 및 비용으로 인식한다.

- 세무상 BTL 사업 대수선비의 수익 및 비용 인식: 사업시행자가 지급받는 운영비에 사업 종료 시 미사용액을 반환하는 조건의 수선비가 포함되어 있는 경우, 수선비 명목으로 지급받은 금액은 지급받은 날이 속하는 사업연도에 익금산입하고 수선비로 사용되는 시점에 손금산입하도록 규정되어 기간귀속의 차이로 인한 법인세가 발생할 수 있다. (관련예규: 법인세제과-1112, 2011.11.10)

향후 대처 방안

✓ 수선비 해당액을 운영비 지급액에서 제외하여 주무관청에서 직접 관리하도록 협약 체결 (수선충당금을 주무관청의 계좌로 관리하고, 필요 시 변경)

✓ 실시협약상 수선충당금의 소유권은 주무관청에 있고, 추후에도 사업자에게 귀속되지 않으며, 단지 사업시행자의 계좌로 관리만 됨을 명확히 표기

10 BTO 회계처리 실무

사업 단계별 주요 회계처리

구 분	K-IFRS	일반기업회계
개업시점	• 출자 시 회계처리 • 우선주 회계처리	• 동일함
건설기간	• 건설기간 동안 진행률에 따른 수익 인식 방법 • 건설보조금의 처리	• 자본화 대상 비용 결정 • 건설보조금의 처리
준공시점	• 관리운영권 재평가 여부	• 건설중인자산의 무형자산 대체
운영기간	• 공정가치 무형자산 상각 • 건설보조금의 상각	• 장부가액 무형자산 상각 • 건설보조금의 상각

(1) SPC 개업 시점: '8. BTL 회계처리 실무'와 동일

- 출자주식 액면가액: 자본금으로 계상
- 출자 관련 비용: 주식할인발행차금으로 계상함
  - 주식할인발행차금의 예: 법무사비용, 등록세, 교육세, 공증료, 인지대 등
- 우선주에 대한 사항
  - 재무적투자자(FI)가 참여하는 사업의 경우, 우선주가 발행되는 경우가 있음
  - 우선주는 보통주와 구분하여 자본금으로 계상하여야 하며, 발행비용은 보통주와 같이 회계처리함
- 출자 시 회계처리 시점: 각 단계별로 다음과 같이 회계처리함

  - 현금 수령 시   차) 현금성자산   XXX   대) 청약증거금   XXX
  - 주식발행 등기 시   차) 청약증거금   XXX   대) 자본금   XXX

(2) 건설기간

① 건설기간 회계처리(일반기업회계기준): 총사업비의 지출을 건설중인자산 계정에 집계

> - **총사업비의 지출**: 비용항목의 지출에 대해 회계처리와는 별도로 관리가 필요
>   - 건설기간 동안의 지출내역에 대해 총사업비의 구성요소로 구분하여 집계하는 과정이 필요
>   - 향후 준공시점에 금융모델 작성 등 내부 관리 목적으로 동 수치가 필요함(시기, 금액)
> - **국고보조금 회계처리**: 국고보조금 수령 시 당기수익으로 인식하지 않고, 건설중인자산의 차감계정으로 처리함
>
> | (예) | 유형자산 | | 150 |
> |---|---|---|---|
> | | 1. 건설중인자산 | 100 | |
> | | 　국고보조금 | (50) | 50 |
> | | 2. 토지 | | 100 |
>
> - 준공 시 건설중인자산을 관리운영권(무형자산)으로 대체

② 건설기간 회계처리(IFRS): 총사업비의 지출을 당기공사원가로 처리

> - 건설기간 동안 연도별로 총사업비 대비 진행률을 산정
> - 운영기간의 관리운영권의 공정가치 산정
> - 진행률에 따라 관리운영권의 공정가치 인식
>
> | **인식**: 기성 청구 시점 | 차) 공사원가 | XXX | 대) 미지급금 | XXX |
> |---|---|---|---|---|
> | | 　부가세대급금 | XXX | | |
> | **지급**: 결산 시점 | 차) 관리운영권 | XXX | 대) 공사수익 | XXX |

(3) 운영기간

① 운영기간 회계처리(일반기업회계기준)

- 사용료 회계처리
    - 매년 발생한 수익을 인식

    | 발생 시 | 차) 현금성자산 XXX | 대) 운영수익 XXX |

- 운영비 회계처리
    - 운영비는 발생한 연도의 비용으로 인식
    - 결산 시 관리운영권과 국고보조금을 상계하여 상각함

    | 발생 시 | 차) 무형자산상각비 XXX | 대) 관리운영권 XXX |
    | 무형자산상각 | 차) 국고보조금 XXX | 차) 무형자산상각비 XXX |

② 운영기간 회계처리(IFRS): 일반기업회계기준상의 회계처리와 동일

11 기타 세무상 고려할 사항

(1) 해지시지급금에 대한 법인세

해지시지급금은 건설기간인 경우에는 건설물, 운영기간인 경우에는 관리운영권의 매각에 대한 대가에 해당하기 때문에 해지시지급금과 건설물 또는 관리운영권 잔액과의 차액(자산처분이익에 해당)에 대하여는 법인세 과세가 발생함에 유의해야 한다.

(2) 부가세법상 BTL사업 중 관사의 주택 임대 행위 간주

BTL 군인관사사업의 경우 주택 임대 행위로 사업비 전액이 매입세액이 공제되지 않는다는 것이 국세청의 입장이다. 과거 일부 사업의 경우 BTL 군인관사사업을 주택 공급으로 간주하고 국민주택 초과분에 대한 매입세액에 대해 공제받는 것으로 부가가치세를 신고납부하였다가 가산세를 부과받은 예가 있다.

> **관련예규: 법인세과-857 (2007.12.17)**
>
> [질의]
>
> 사업시행자(SPC)가 군관사를 BTL 방식으로 국방부에 기부채납한 것과 관련하여 군관사를 주택의 임대로 보아 임대료가 면세되는지 여부
>
> [회신]
>
> 이 경우 군인 또는 군인가족이 사용하는 군관사는 부가가치세법 제12조 제11호의 상시 주거용으로 사용하는 건물(주택)에 해당되어 임대료가 면세되며, 국방부에 군관사를 기부채납한 SPC가 건설단계에서 부담한 매입세액은 공제되지 아니한다.

(3) 기부채납 부가가치세 과세표준

- 사업시행자가 목적물 기부채납 시 영세율이 적용될 경우에도 영세율 세금계산서를 발행하여야 하고, 이때 과세표준을 총투자비로 하여야 하나, 일부 사업의 경우 민간투자비를 과세표준으로 기재하여 가산세를 부과받은 사례가 있음에 유의하여야 한다.

- SPC가 주무관청에 기부채납하는 시설물가액은 건설기간 중 수령한 건설보조금이 포함된 가액과 동일할 것이기 때문에 총투자비를 공급가액으로 하는 것이 타당할 것이며, 국세청 심판례 국심2006중1142(2007.01.15)에서도 총투자비를 기준으로 하도록 하고 있다.

(4) 부가가치세법상 BTL 사업의 부동산 임대사업 간주

국세청은 BTL 사업을 부동산 임대사업으로 간주하여 부동산임대소득명세서를 제출하여야 한다는 입장이고, 일부 법인의 경우 명세서를 제출하지 않아 가산세가 부과된 사례가 있다.

관련 판례: 조심2013중344 (2013.04.19)

[쟁점]

임대형 민간투자(BTL) 사업자가 사회기반시설을 건설하여 주무관청에 기부채납하는 대가로 동 시설에 대한 시설관리운영권을 부여받아 주무관청으로 하여금 이를 사용하게 하고 주무관청으로부터 임대료 및 운영비를 수취한 경우, 부동산 임대업자로서 부동산임대공급가액명세서 제출의무가 있는지 여부

[판단]

① 사업자가 『사회기반시설에 대한 민간투자법』 제4조 제2호에서 정한 방식(임대형 민간투자방식)으로 사회기반시설 투자를 하기로 한 후, 사회기반시설을 건설하여 주무관청에 주무관청에 기부채납하고 해당 주무관청으로부터 설정받은 동 시설에 대한

관리운영권을 토대로 해당 주무관청에 동 시설을 다시 임대하여 임대료 등을 받는 경우, 사업시행자는 사업의 수익을 실현하기 위하여 해당 시설을 주무관청으로 하여금 사용하게 하고 해당 시설의 적절한 유지·관리에 관하여 책임을 지며 그 대가로 임차료 등의 사용료를 징수하는 것이고(동법 제25조 제4항, 제26조 제3항), ② 청구법인의 경우 청구법인과 주무관청 사이에 체결한 실시협약에서 사업시행자의 수익실현은 주무관청에 임대하는 방식으로만 하도록 한정하고(실시협약 제7조), 실시협약이 체결됨으로 인하여 임대차계약도 체결된 것으로 간주된다고 정한 점(실시협약 제41조 제2항) 등에 비추어 볼 때 청구법인은 사업시설을 유지관리하면서 주무관청으로 하여금 이를 사용하게 하고 그 대가로 수취한 정부지급금(임대료와 운영비)이 청구법인의 주된 수익을 이루는 부동산임대업자로서 그 수입금액에 대하여 부동산임대공급가액명세서를 제출할 의무가 있다고 보는 것이 타당하다 할 것이다. (조심2012서532, 2012. 3.21 참조)

(5) 관리운영권에 대한 부가가치세

- 민간투자사업의 경우 목적물을 건설하여 주무관청에 기부채납하고 이에 대한 관리운영권을 부여받아 사용하고 있는데, 주무관청이 사업시행자에게 관리운영권을 부여하는 행위에 대하여 기획재정부는 부동산 임대용역으로 간주하고 있다.

- 재정경제부 질의회신(재정경제부 부가가치세제과-186, 2007.03.22)에 의하면 사회기반시설에 대한 민간투자법 제2조 제7호의 규정에 의한 사업시행자로부터 같은 법 제4조 제1호 내지 제2호의 규정에 의한 방식으로 사회기반시설을 기부채납 받은 주무관청이 사업시행자에게 관리운영권을 부여하여 일정기간 무상 사용하게 하는 경우, 부동산임대업에 해당되어 부가가치세가 과세된다.

- 이에 따라 2007년 1월 1일 이후 공급분에 대하여, 주무관청은 관리운영권 가액을 관리운영권 존속기간 동안 안분하여 매 분기 세금계산서를 발행하고, 사업시행자는 부가가치세액(10%)을 주무관청에 지불하며, 주무관청과 사업시행자는 해당내역에 대해 각각 매출세액과 매입세액으로 부가가치세를 신고납부한다.

| 관련 문제점 | ✓ 이중적인 행정처리 및 이중과세 문제
✓ 사업시행자의 사업수익률 하락: 과세사업자의 경우에는 납부 및 공제시점의 기간 차이에 따른 자금 부담, 만약 면세사업자에게도 적용될 경우에는 매입세액 불공제
✓ 사용료 또는 정부지급금 상승으로 인해 이용자 또는 정부 부담의 증가
✓ 부가세 신고 납부가 미이행된 경우 주무관청의 가산세 부담 및 사업시행자의 매입세액 불공제/가산세 부담 |

(6) 부가가치세 조기환급 미해당

민간투자사업의 경우 부가가치세법상 고정자산 취득에 해당되지 않아 부가가치세 조기환급 대상이 아니라는 것이 국세청 입장이지만, 일부 사업시행자의 경우 조기환급 신청으로 인하여 가산세가 부과된 예가 있음에 유의해야 한다.

12 Case study

(1) 민자사업 관리운영권의 부가가치세 비과세에 대한 논란

① 현황

기획재정부(구 재정경제부)의 유권해석(재부가-186, 2007.3.22.)에 따르면,「사회기반시설에 대한 민간투자법」제2조 제7호의 규정에 의한 사업시행자로부터 같은 법 제4조 제1호 내지 제2호의 규정에 의한 방식으로 사회기반시설을 기부채납을 받은 주무관청이 사업시행자에게 관리운영권을 부여하여 일정 기간 무상 사용하게 하는 경우 부동산임대업에 해당되어 부가가치세를 부과해야 한다.

이에 따라 주무관청은 관리운영권 가액을 관리운영권 존속기간 동안 안분하여 세금계산서를 발행하고, 사업시행자는 세금계산서상의 부가가치세액을 주무관청에 지불하며, 주무관청과 사업시행자는 해당 내역을 각각 매출세액과 매입세액으로 부가가치세를 신고 납부하도록 하고 있다.

세금계산서 발급 예시

❖ 사회기반시설 관리운영권 등록부

- 사업명 및 사업시행자: ○○고속도로, ○○고속도로(주)
- 관리운영권 존속기간: 2009.10.29 ~ 2039.10.28
- 투자비 총액(관리운영권 가액): 10,375억 원

❖ 매 분기 세금계산서 발행 금액

- 관리운영권 가액 ÷ 관리운영권 존속기간 × 3개월
- 10,375억 원 ÷ (30년 × 12개월) × 3개월 = ₩8,646,541,667
- 공급가액: ₩8,646,541,667
- 부가가치세액: ₩864,654,167

⇒ 주무관청은 상기 내용의 세금계산서를 매 분기 발행하고, 사업시행자는 부가가치세 신고/납부일 전까지 상기 부가가치세액을 주무관청에 납부하고, 해당 금액을 매입세액으로 부가가치세를 신고하였다.

② 문제점

1) 사업수익률의 하락

 민간투자사업으로 경전철 등 면세 사업을 영위하는 사업시행자가 상기 유권 해석에 의하여 주무관청에게 부가가치 매출세액을 지급할 경우 해당 사업시행자는 면세사업자에 해당되기 때문에 매입세액이 불공제될 것이며, 이는 운영비용의 증가를 초래하여 사업시행자의 수익률 하락으로 이어진다.

세금계산서 발급 예시

❖ **예시 내용 (○○경량전철)**
- 사업명: ○○경량전철 민간투자사업
- 총 투자비: 5,841억 원
- 실시협약 세후 불변수익률: 7.76%

❖ **매입세액 불공제 효과**
- 불공제 매입세액 총액(30년) = 관리운영권 가액 × 부가가치세율(10%)
- 5,841억 원 × 10% = 584억 원
- 매입세액 584억 원이 불공제되어 운영비용이 증가하는 효과 있음
- 사업수익률 변동: 7.76% → 7.39%

⇒ 주무관청이 발행한 세금계산서에 따라 사업시행자는 운영기간 동안 총 584억 원의 부가가치세를 납부하나, 부가가치세 면세사업자에 해당되어 해당 매입세액을 공제받지 못하므로 운영비용이 증가하여 결국 사업수익률이 하락하게 된다.

 사업시행자가 면세사업자이면 위와 같은 문제점이 있고, 과세사업자인 경우에는 해당 매입세액을 공제받을 수 있다. 그러나 이 경우에도 부가가치세 납부시점(매 분기 말)과 매입세액 공제 시점(매 분기 익월 25일)과의 기간 차이로 인하여 사업시행자의 실질적인 사업수익률이 하락할 수 있다. 그러므로 기간 차이 동안 추가적인 자금 여유가 필요하다. 과세사업의 사업수익률 하락분은 면세사업자의 사업수익률과 대비해보면 적은 수준이기는 하지만, 사업수익률이 BTO 사업에 비해 상대적으로 낮은 BTL 사업의 경우에는 하락폭이 적은 경우에도 사업의 자금조달 가능 여부에 영향을 미칠 수 있다.

2) 이중적인 행정 처리 및 이중 과세 문제

사업자가 사업용 고정자산을 건설/매입하기 위해서는 건설/매입 과정에서 발생하는 매입세액을 부가가치세로 신고납부해야 하며, 매입세액에 대해 1회만 부가가치세를 신고납부하면 된다. 그러나 유권해석에 따라 부가가치세를 신고납부할 경우 사업시행자는 사업용 자산을 획득하기 위해서 기부채납 대상이 되는 자산을 건설하는 단계에서 매입세액을 신고납부하고, 이를 기부채납한 이후 관리운영권을 부여받고 동일 자산에 대하여 다시 매입세액을 신고납부해야 하기 때문에 결과적으로 1건의 사업용 자산을 획득하기 위해 2회에 걸쳐 매입세액을 신고납부하는 과정을 거치게 된다.

이때 부가가치세법상 면세사업(매출세액은 면세이고 매입세액은 자기부담, 부가세법상 사업자가 아니며 소득세, 법인세에 의한 사업자등록만 필요)에 해당되는 민간투자사업을 수행하게 될 경우에는 건설단계에서 발생한 매입세액이 공제되지 않고 건설기간의 총 투자비에 포함된다. 이는 주무관청이 발행하는 매출세금계산서의 공급가액에 포함되어 다시 공제되지 않는 매입세액의 지출을 유발하기 때문에, 동일 자산 취득을 위해 2회에 걸쳐 부가가치세를 납부하는 이중 과세의 문제가 발생할 수 있다.

3) 사용료(BTO 사업) 또는 정부지급금(BTL 사업) 상승으로 인한 이용자 또는 정부 부담의 증가

위에서 언급한 바와 같이 사회기반시설 임대용역에 대하여 부가가치세가 과세되므로, 이 경우 사업수익률이 하락하여 사업성이 떨어지는 결과를 초래하고 사업추진에 따른 제약이 발생한다. 예컨대 BTO 사업인 경우 과세되어 사업성이 떨어진 부분만큼 사용료(도로의 경우 통행료)가 높아지고, BTL 사업의 경우에는 정부지급금(운영비용)을 추가 지급하게 되므로 결국 이용자 또는 정부 부담이 증가하는 현상이 발생하게 된다. (국세청의 세금부과는 주무관청의 또 다른 정부지출의 원천이 되어 악순환이 반복되는 결과를 초래)

4) 주무관청의 가산세 부담 및 사업시행자의 매입세액 불공제/가산세 부담

정부 또는 지방자치단체가 공급하는 부동산 임대용역이 부가가치세법상 과세대상임을 규정한 법률은 「부가가치세법 시행령」 제38조 제3호이며, 이는 2007년 1월 1일 이후 공급분에 대하여 과세로 개정된 사항이다.(BTO사업 및 BTL 사업의 관리운영권 부여가 부동산임대용역에 해당됨은 기획재정부(구 재정경제부)의 유권해석을 통해 발표된 사항) 그러나 이러한 세법 개정에도 불구하고 주무관청간에도 세금계산서를 발행하는 주무관청이 있는 반면 발행하지 않는 주무관청이 있다.

주무관청의 세금계산서 발행의무 이행 현황

구분	내용	비고
세금계산서 발행 중인 사업	국토해양부 또는 경기도가 주무관청인 BTO 사업	서울외곽고속도로, 서울춘천고속도로, 일산대교 등
세금계산서 미발행 중인 사업	국토해양부외의 중앙정부 또는 경기도 외의 지방자치단체가 주무관청인 BTO 사업 및 모든 BTL 사업	부산광역시 및 광주광역시의 경우 2011년 4사분기에 세금계산서 발행 시행 중

그러나 세법상 과세로 되어있는 부분을 고려해보면, 주무관청이 세금계산서 발급의무를 미이행한 경우 아래와 같은 가산세 부담이 있다.

주무관청이 세금계산서 미발행에 따라 부담하는 가산세

구분	내용	비고
세금계산서 발행 관련	세금계산서 발급 불성실 가산세	미발급 공급가액 × 2%
부가가치세 신고 관련	무신고 가산세	무신고 납부세액 × 20%
부가가치세 납부 관련	납부불성실 가산세	미납부세액 × 기간 × 3/10000

❖ 예시 내용 (도로사업)

- 사업명: 공공도로 민간투자사업
- 관리운영권 금액: 192,397백만 원
- 매 분기 공급가액: 192,397백만 원 ÷ 30년 × 3개월 ÷ 12개월 = 1,603백만 원
- 유료 운영개시일: 2007년 7월 1일
- 세금계산서 미발행 기간: 2007년 7월 1일 ~ 2011년 9월 30일 (총 17회)

❖ 주무관청 부담 가산세 금액(납부불성실 가산세 제외)

- 세금계산서 발급 불성실 가산세 = 1,603백만 원 × 2% × 17회 = 545백만 원
- 무신고 가산세 = 1,603백만 원 × 20% × 17회 = 545백만 원
- 합계 = 1,090백만 원

또한, 주무관청이 세금계산서를 미발행함에 따라 세금계산서를 수령하지 못한 사업시행자의 경우에도 해당 사안에 따라 납부한 매입부가가치세를 환급받지 못하거나 가산세를 부담해야 하는 문제를 초래할 수 있으므로, 과세관청 또는 사업을 관리하는 주무관청, 기획재정부에서 다음과 같은 대안 제시 또는 기타의 부속조치가 필요할 것이다.

① BTO 사업 및 BTL 사업의 관리운영권 부여는 부동산임대업에 해당되지 않는 것으로, 부가가치세법 시행령 제38조 제3호를 개정하여 민간투자사업 운영법인이 부담해야 하는 행정적인 손실 및 이용자·주무관청의 부담을 완화해 주거나, 시행령 개정이 어려울 경우에는 '재부가-186, 2007.3.22.' 예규를 재해석하여 관리운영권 부여는 부동산임대업에 해당되지 않는 것으로 변경하는 등의 조치이고,

② 국토해양부를 제외한 중앙부처, 경기도를 제외한 지방자치단체가 주무관청인 BTO 사업 및 거의 모든 BTL 사업의 주무관청이 세금계산서 발행의무를 이행하지 않고 있는 점을 고려하여, 기획재정부의 유권해석을 통해 현재 시점까지 의무불이행에 따른 주무관청과 사업시행자의 가산세를 면제하고, 사업시행자가 매입세액을 지연 납부할 경우에도 매입세액이 공제될 수 있는 방안을 마련하는 것이다.

관련 법령

부가가치세법 제12조(면세)

① 다음 각 호의 재화 또는 용역의 공급에 대하여는 부가가치세를 면제한다. (2010.1.1. 개정)부칙

- 중략 -

18. 국가, 지방자치단체 또는 지방자치단체조합이 공급하는 재화 또는 용역으로서 대통령령으로 정하는 것

부가가치세법 시행령 제38조 (국가·지방자치단체 또는 지방자치단체조합이 공급하는 재화 또는 용역에 대한 면세 범위)

법 제12조 제1항 제18호에서 '대통령령으로 정하는 것'이란 다음 각 호의 재화 또는 용역을 제외한 것을 말한다. (2010.2.18. 개정)부칙

- 중략 -

3. 부동산 임대업, 도·소매업, 음식·숙박업, 골프장·스키장운영업, 기타 운동시설 운영업. 다만, 다음 각 목의 어느 하나에 해당하는 경우는 제외한다. (2007.2.28. 단서개정)부칙

가. 국방부 또는「국군조직법」에 따른 국군이「군인사법」제2조에 따른 군인,「군무원인사법」제2조에 따른 군무원, 그밖에 이들의 직계존비속 등 기획재정부령이 정하는 자에게 제공하는 재화 또는 용역 (2008.2.29. 직제개정)부칙

나. 국가·지방자치단체 또는 지방자치단체조합이 그 소속직원의 복리후생을 위하여 구내에서 식당을 직접 경영하여 공급하는 음식용역

관련 유권해석

질의	회신 (재부가-186, 2007.3.22.)
「사회기반시설에 대한 민간투자법」제2조 제7호의 규정에 의한 사업시행자가 부가가치세가 과세되는 사업을 영위할 목적으로 동법 제4조 제1호 내지 제2호의 규정에 의한 방식으로 국가 또는 지방자치단체에 공급하고, 기부채납의 대가로 관리운영권을 얻어 일정기간 무상 사용하게 되는데 기부채납가액 상당액을 사용 수익기간 동안 국가 또는 지방자치단체가 사업시행자에게 부동산 임대용역을 제공한 것으로 보아 부가가치세과세 여부 및 적용시기	• 국가 또는 지방자치단체가「사회기반시설에 대한 민간투자법」제2조 제7호의 규정에 의한 사업시행자로부터 같은 법 제4조 제1호 내지 제3호의 규정에 의한 방식으로 사회기반시설을 기부채납 받고 그 대가로 관리운영권을 부여하여 일정기간 무상 사용하게 하는 경우 부동산임대업에 해당되어「부가가치세법 시행령」제38조 제3호의 규정에 의하여 부가가치세가 과세됨. • 그 적용시기는 사업시행자가 2007.1.1. 이후「사회기반시설에 대한 민간투자법」제26조 제1항의 규정에 의하여 당해 사회기반시설을 무상으로 사용 수익하는 분부터 적용되는 것임.

(1) BTL사업 법인세법상 금융리스로 수익인식에 대한 논란

① 현황

BTL 사업이란 사업시행자가 사회기반시설을 건설(Build)한 후 준공과 동시에 국가나 지자체로 소유권을 이전(Transfer)하고, 국가나 지자체가 사업시행자에게 일정기간의 관리운영권을 부여하여 사업시행자는 그 시설을 국가 또는 지자체 등에게 임대(Lease)하고 임대료(리스료)를 지급받아 투자금을 회수하는 사업을 의미한다.

법인세법 시행령 제24조 5항에 따르면, 리스자산은 기업회계기준에 따라 금융리스 또는 운용리스로 분류하고 이를 감가상각하도록 규정하고 있다. 기업회계기준의 판단 근거가 되는 '일반기업회계기준 제13장 리스'에 대해서는, 리스자산의 소유에 따른 위험과 보상의 대부분을 이전하는 리스는 금융리스로 분류하고 이에 대한 예시를 제시하여 이에 해당될 경우 금융리스로 분류하도록 하고 있다.

따라서 다수의 사업시행자는 BTL 사업의 경우 리스 종료 또는 그 이전에 리스자산의 소유권이 리스이용자에게 이전되는 점과 리스시행일 현재 최소리스료를 내재이자율(사업수익률)로 할인한 현재가치가 리스자산 공정가치의 대부분을 차지하는 점 등(첨부 관련 근거 참고)을 고려하여 BTL 사업을 법인세법상 금융리스로 인식하고 법인세 신고를 수행하고 있다.

그러나 BTL 사업에 대한 관련 유권해석 '법인세과-2178, 2008.8.27. 사용수익기부자산 관련 수익의 인식방법'은 BTL 사업을 사용수익기부자산으로 정의함에 따라 운용리스와 유사한 방법으로 법인세법상 비용 및 수익을 인식하도록 하기 때문에, 금융리스로 법인세를 신고납부하는 경우와 운용리스로 신고납부하는 경우로 나뉘어져 BTL 사업시행자들의 혼란이 가중되고 있다.

② 문제점

법인세 신고납부자가 판단컨대 법인세법 시행령 제24조 5호와 유권해석(법인세과-2178, 2008.8.27.)은 서로 배치되는 면이 있어서 상위 근거인 법인세법 시행령에 따라 법인세를 신고납부한 경우에도 관련 유권해석을 근거로 과세관청과 다툼이 발생할 여지가 매우 크다.

또한, 금융리스의 경우 손실이 발생하는 운영 초기에 수입을 많이 인식하고(운영 초기에는 차입금 이자 때문에 수입을 많이 인식해도 법인세가 발생하지 않음) 이익이 발생하는 운영 후기에 수입을 적게 인식하기 때문에 상대적으로 발생하는 법인세 금액이 작으나, 운용리스의 경우에는 운영기간 동안 시설임대료와 관련한 수입을 균등하게 인식하기 때문에 운영후기에 발생하는 이익이 금융리스보다 커서 법인세 금액이 많이 발생한다. 예를 들어 총투자비가 1,463억 원인 ○○하수관거 BTL 사업의 경우(실시협약 기준) 동 사업을 금융리스로 처리하면 운영기간 전 기간 동안 법인세 발생액은 3백만 원이고, 운용리스로 처리하면 법인세 발생액은 13.3억 원으로 차이가 크다.

「법인세법 시행령」 제24조에 의하여 BTL 사업을 법인세법상 금융리스로 판단하고 사업성을 분석하였으나, 관련 유권해석 '법인세과-2178, 2008.8.27. 사용수익기부자산 관련 수익의 인식방법'에 의하여 BTL 사업을 운용리스로 분류할 경우 해당 사업의 수익성이 악화될 수 밖에 없다.

상기 법인세법 시행령과 관련 유권해석을 검토할 때 상위 근거가 되는 법인세법 시행령에 따라 BTL 사업의 비용 및 수익을 금융리스로 인식했을 경우 관련 유권해석에 배치되는 모순 및 과세관청과의 다툼이 발생할 수 있다. 또한, 상기 유권해석과 같이 법인세법상 BTL 사업의 수익인식 기준이 사용수익기부자산처럼 명확한 수익인식을 해야 하는 것일 경우 사업참여자들은 더 높은 수익률을 요구할 것이며, 이는 주무관청이 부담하는 시설임대료의 증가를 초래하게 될 것이다.

③ 개선 방안

이에 관련 유권해석이 법인세법 시행령과 배치되어 법인세 신고납부자 및 과세관청에게 혼란을 야기하는 점, 사업시행자가 높은 수익성을 달성하여 법인세를 납부하는 것이 BTL 사업의 취지에 부합하지 않은 점, 법인세법상의 해석에 따라 사업참여자가 더 높은 수익성을 요구할 경우 정부 또는 주무관청의 부담으로 이어지는 점을 고려하여, 법인세법 시행령에 따라 BTL 사업을 법인세법상 금융리스로 수익인식하는 것이 타당하다는 유권해석이 필요하다.

관련 규정

법인세법 시행령 제24조 【감가상각자산의 범위】

- 중 략 -

⑤ 제1항을 적용할 때 자산을 시설대여하는 자(이하 이 항에서 "리스회사"라 한다)가 대여하는 해당 자산(이하 이 항에서 "리스자산"이라 한다) 중 기업회계기준에 따른 금융리스(이하 이 항에서 "금융리스"라 한다)의 자산은 리스이용자의 감가상각자산으로, 금융리스 외의 리스자산은 리스회사의 감가상각자산으로 한다. (2010.12.30. 개정)부칙

일반기업회계기준 제13장 리스

리스의 분류 (13.5~13.12)

13.5 리스자산의 소유에 따른 위험과 보상의 대부분을 이전하는 리스는 금융리스로 분류한다. 리스자산의 소유에 따른 위험과 보상의 대부분을 이전하지 않는 리스는 운용리스로 분류한다.

13.6 리스는 계약의 형식보다는 거래의 실질에 따라 분류한다. 다음에 예시한 경우 중 하나 또는 그 이상에 해당하면 일반적으로 금융리스로 분류한다.

(1) 리스기간 종료 시 또는 그 이전에 리스자산의 소유권이 리스이용자에게 이전되는 경우
(2) 리스실행일 현재 리스이용자가 염가매수선택권을 가지고 있고, 이를 행사할 것이 확실시 되는 경우
(3) 리스자산의 소유권이 이전되지 않을지라도 리스기간이 리스자산 내용연수의 상당부분을 차지하는 경우
(4) 리스실행일 현재 최소리스료를 내재이자율로 할인한 현재가치가 리스자산 공정가치의 대부분을 차지하는 경우
(5) 리스이용자만이 중요한 변경 없이 사용할 수 있는 특수한 용도의 리스자산인 경우

[문서번호] 법인세과-2178(2008.8.27) 세목 법인

[제 목] 사용수익기부자산 관련 수익의 인식방법

[요 지]

사용수익기부자산은 사용수익기간(특약이 없는 경우에는 신고내용연수)에 따라 균등하게 안분한 금액을 상각하는 것임.

[회 신]

법인이 공동주택을 건설하여 국방부에 기부하고 일정기간 관리운영권을 획득하여 국방부로부터 임대료 등을 지급받는 경우 당해 자산은 사용수익기부자산으로서 법인세법시행령 제26조 제1항 제7호의 규정에 따라 손금에 산입하는 것이며, 국방부로부터 지급받는 임대료 수입 등은 같은 법 제40조 및 같은 령 제71조 규정에 따라 익금산입하는 것임.

[관련법령] 법인세법

④ 사례: ○○하수관거 BTL 사업

❖ 회계처리

○○ BTL 하수관거 민간투자사업(이하 본사업)의 실시협약 재무모델을 근거로 운영개시연도인 2013년과 운영종료연도인 2033년의 시설임대료 수입을 금융리스로 회계처리할 때와 운용리스로 회계처리 할 때로 구분하여 제시하면 다음과 같다. (이하 단위는 백만 원)

1. 2013년 회계처리 (운영개시연도)
- 단위: 백만 원
- 총민간투자비: 146,293
- 시설임대료 대상 민간투자비: 145,813 (영업준비금 480 제외)
- 운영기간: 20년
- 수익률: 3.59% / 년 (분기 0.897%)

금융리스의 이자수익 계산에 적용되는 내재이자율은 엑셀함수에서 rate(nper, pmt, pv) 함수를 이용한다.
여기서 nper은 총 기간을 의미하며, pmt는 각 기간의 상환금액으로서 음수로 표시된다. pv는 향후 납입할 현가총액을 의미한다. 여기서 적용되는 rate는 rate(80분기, -2,560,148,813)에 따라 산정된 약 0.89%(분기 내재이자율=수익률)가 된다. 이때 148,813은 공정가치로 총투자비에서 영업준비금을 공제한 금액이다.
현재가치할인차금상각액은 전년도 말 직전장부가액에 내재이자율(수익률 3.59%)를 곱하여 계산하며, 장부가액은 장기미지급금의 명목가액에서 현재가치할인차금잔액을 차감한 가액으로 최초발생액에서 부채상환에 따른 감소와 현재가치할인차금상각액 등을 고려하여 계산한다.

금융리스 상각표

연도	현재가치할인차금상각	이자수익	부채상환액	장부가액
2013년	3,182	3,261	6,442	142,631
2014년	5,204	5,036	10,240	137,427
2015년	5,393	4,848	10,240	132,034
2016년	5,588	4,652	10,240	126,446
2017년	5,791	4,449	10,240	120,654
2018년	6,001	4,239	10,240	114,653
2019년	6,219	4,021	10,240	108,434
2020년	6,445	3,796	10,240	101,989
2021년	6,679	3,562	10,240	95,311
2022년	6,921	3,320	10,240	88,390
2023년	7,172	3,069	10,240	81,218
2024년	7,432	2,808	10,240	73,786

연도	현재가치할인차금상각	이자수익	부채상환액	장부가액
2025년	7,702	2,539	10,240	66,084
2026년	7,981	2,259	10,240	58,103
2027년	8,271	1,970	10,240	49,832
2028년	8,571	1,670	10,240	41,261
2029년	8,882	1,359	10,240	32,379
2030년	9,204	1,036	10,240	23,175
2031년	9,538	703	10,240	13,637
2032년	9,884	356	10,240	3,753
2033년	3,753	45	3,798	-

운용리스 상각표

연도	현재가치 할인차금상각	이자수익	부채상환액	장부가액	관리운영권 상각비
2013년	-	-	6,443	-	4,587
2014년	-	-	10,240	-	7,291
2015년	-	-	10,240	-	7,291
2016년	-	-	10,240	-	7,291
2017년	-	-	10,240	-	7,291
2018년	-	-	10,240	-	7,291
2019년	-	-	10,240	-	7,291
2020년	-	-	10,240	-	7,291
2021년	-	-	10,240	-	7,291
2022년	-	-	10,240	-	7,291
2023년	-	-	10,240	-	7,291
2024년	-	-	10,240	-	7,291
2025년	-	-	10,240	-	7,291
2026년	-	-	10,240	-	7,291
2027년	-	-	10,240	-	7,291
2028년	-	-	10,240	-	7,291
2029년	-	-	10,240	-	7,291
2030년	-	-	10,240	-	7,291
2031년	-	-	10,240	-	7,291
2032년	-	-	10,240	-	7,291
2033년	-	-	3,798	-	2,704

[금융리스로 회계처리하는 경우]

    (차) 현금   6,443 (대) 이자수익 3,261
                  금융리스채권 3,182

[운용리스로 회계처리하는 경우]

    (차) 현금   6,443 (대) 운용리스료수익 6,443
    (차) 감가상각비 4,587 (대) 관리운영권 4,587

[금융리스 vs 운용리스 회계 및 세무상 순수입 비교]

금융리스(A)	운용리스(B)	차액(A-B)	비고
3,261	6,443 - 4,587 = 1,856	1,405	금융리스의 회계 세무상 순수입 大

2. 2014년 회계처리 (운영 2년차)

[금융리스로 회계처리하는 경우]

    (차) 현금   10,240 (대) 이자수익 5,036
                  금융리스채권 5,204

[운용리스로 회계처리하는 경우]

    (차) 현금   10,240 (대) 운용리스료수익 10,240
    (차) 감가상각비 7,291 (대) 관리운영권 7,291

[금융리스 vs 운용리스 회계 및 세무상 순수입 비교]

금융리스(A)	운용리스(B)	차액(A-B)	비고
5,036	10,240 - 7,291 = 2,949	2,087	금융리스의 회계 세무상 순수입 大

3. 2033년 회계처리 (운영종료연도)

[금융리스로 회계처리하는 경우]

    (차) 현금   3,798 (대) 이자수익 45
                  금융리스채권 3,753

[운용리스로 회계처리하는 경우]

   (차) 현금   3,798 (대) 운용리스료수익 3,798
   (차) 감가상각비 2,704 (대) 관리운영권   2,704

[금융리스 vs 운용리스 회계 및 세무상 순수입 비교]

금융리스(A)	운용리스(B)	차액(A-B)	비고
45	3,798 - 2,704 = 1,094	-1,049	운용리스의 회계 세무상 순수입 大

4. 법인세 계산

① 금융리스인 경우

구분		2013년	2014년	2033년	비고
Ⅰ.영업수익		4,090	6,387	916	
	이자수익	3,261	5,036	45	
	운영비수입	829	1,351	871	
Ⅱ.영업비용		4,068	6,358	848	
	운영비	829	1,351	871	
	이자비용	3,149	5,005	37	회계처리상 현금계정은 차입원리금 상환으로 계속 감소함
	기타비용	90	2		
Ⅲ.법인세차감전 영업이익		22	29	8	
Ⅳ.법인세비용		0	0	1	
Ⅴ.법인세차감후영업이익		22	29	7	

② 운용리스인 경우

구 분		2013년	2014년	2033년	비고
Ⅰ.영업수익		7,272	11,591	4,669	
	운용리스료수입	6,443	10,240	3,798	
	운영비수입	829	1,351	871	
Ⅱ.영업비용		8,655	13,649	3,612	
	관리운영권상각비	4,587	7,291	2,704	회계처리상 현금계정은 차입원리금 상환으로 계속 감소함
	운영비	829	1,351	871	
	이자비용	3,149	5,005	37	
	기타비용	90	2	-	
Ⅲ.법인세차감전 영업이익		-1,383	-2,058	1,057	
Ⅳ.법인세비용		-	-	211	
Ⅴ.법인세차감후영업이익		-1,383	-2,058	847	

금융리스

단위: 백만 원

구분	2013	2014	2015	2016	2017	2018	2019	2020	2021	2022	2023
이자수익	3,261	5,036	4,848	4,652	4,449	4,239	4,021	3,796	3,562	3,320	3,069
법인세전 순이익	22	29	25	24	20	17	14	11	9	6	4
법인세	-	-	-	-	-	-	-	-	-	-	0

구분	2024	2025	2026	2027	2028	2029	2030	2031	2032	2033
이자수익	2,808	2,539	2,259	1,970	1,670	1,359	1,036	703	356	45
법인세전 순이익	3	1	1	(0)	(0)	0	1	3	5	8
법인세	0	0	0	-	-	0	0	0	0	1

운용리스

단위: 백만 원

구분	2013	2014	2015	2016	2017	2018	2019	2020	2021	2022	2023
순수입	1,856	2,950	2,950	2,950	2,950	2,950	2,950	2,950	2,950	2,950	2,950
법인세전 순이익	(1,383)	(2,057)	(1,872)	(1,678)	(1,479)	(1,272)	(1,057)	(835)	(603)	(363)	(114)
법인세	-	-	-	-	-	-	-	-	-	-	-

구분	2024	2025	2026	2027	2028	2029	2030	2031	2032	2033
순수입	2,950	2,950	2,950	2,950	2,950	2,950	2,950	2,950	2,950	1,094
법인세전 순이익	144	413	691	980	1,280	1,591	1,915	2,250	2,598	1,057
법인세	-	-	-	-	-	-	97	473	550	211

금융리스와 운용리스의 법인세를 비교해 보면, 금융리스와 운용리스 모두 차입금에 대한 이자상환에 따른 이자비용을 반영하여 법인세전순손실이 발생하기 때문에 법인세비용이 발생되지 않으나, 관리운영권 반납일이 가까울수록 차입금에 대한 이자비용이 감소하므로 법인세가 발생한다.

법인세 비교

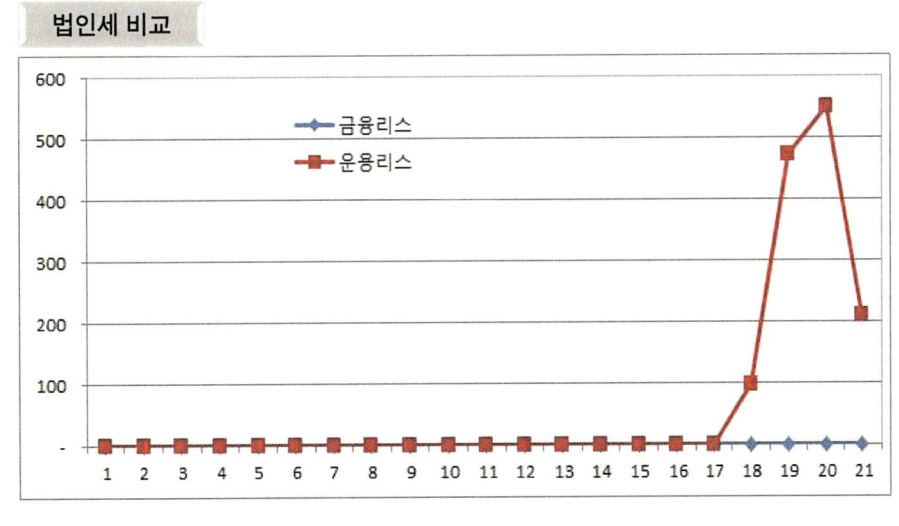

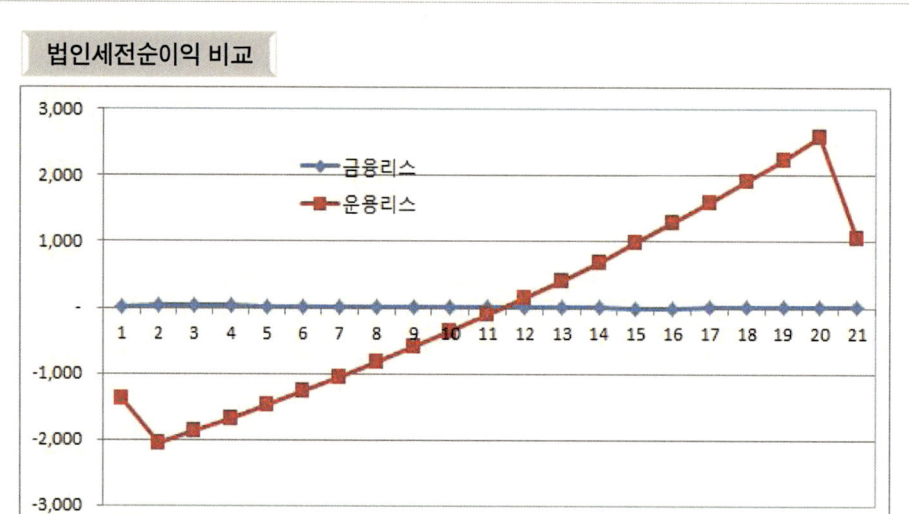

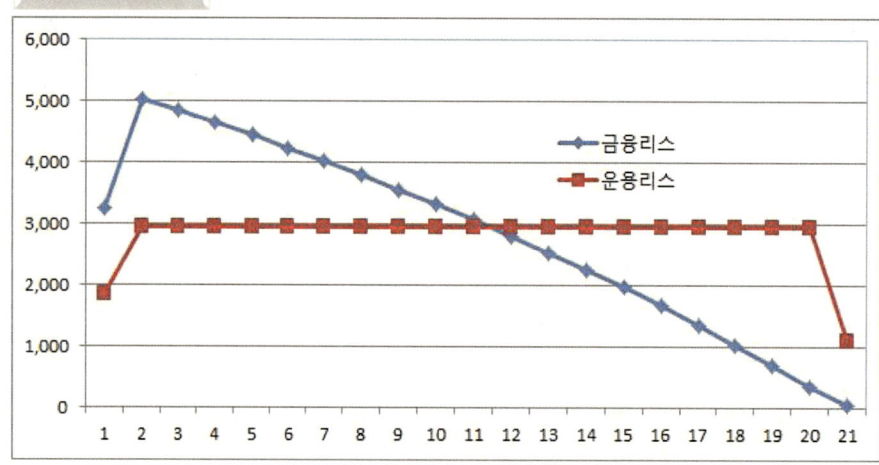

한편, 금융리스와 운용리스의 수익 발생 시점이 다르기 때문에 수익과 비용의 합계액이 같더라도 법인세 발생 금액은 다르다. 금융리스의 경우 지출이 많은 운영초기에는 수익이 상대적으로 크게 반영되더라도 법인세가 발생하지 않고, 운영종료시점이 가까울수록 이자비용에 대한 지출이 점차 감소하므로 법인세가 발생된다.

운용리스의 경우에는 운영기간 중에 시설임대료 수입을 균등하게 인식하므로 운영종료 시점이 가까울수록 이자비용은 적어지고 수익은 일정하게 되어 금융리스보다 법인세가 많이 발생된다.

VI
표준실시협약분석

1 실시협약과 제 협약 간의 관계

실시협약은 모든 협약서의 출발점이다. 즉, 일종의 헌법과도 같은 존재이다. 그러므로 실시협약의 조항과 문구가 사업에 어떠한 영향을 가져올지를 명확히 판단하여 충분한 자료 준비와 숙지로 협상에 임해야 할 것이다.

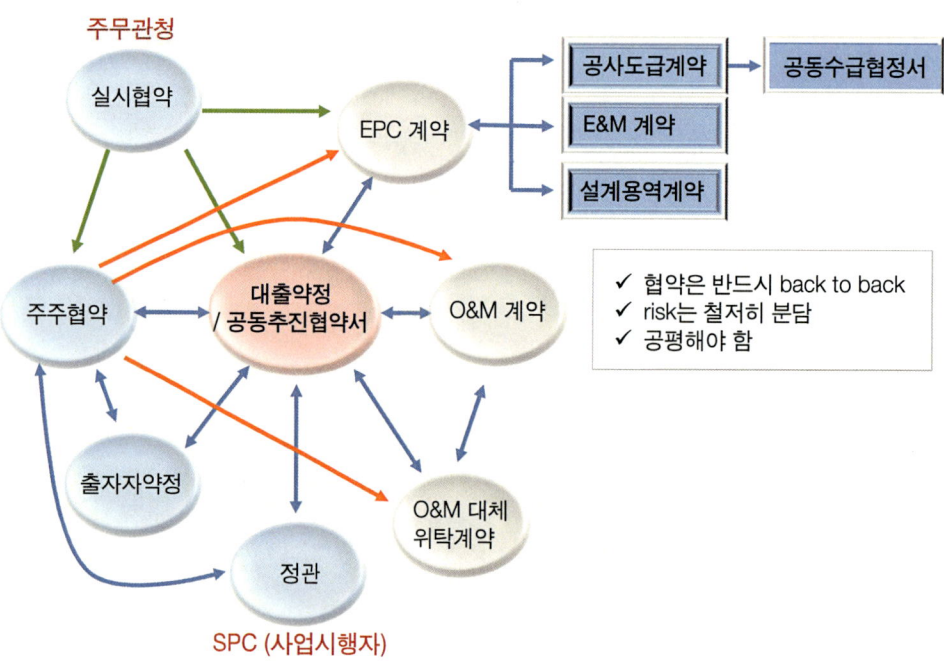

2. SPC와 각각의 이해당사자

사업에 대해 직접적인 권리와 의무, risk를 부담해야 할 주체는 SPC이다. SPC를 둘러싸고 있는 모든 이해관계자의 집단은 아래와 같으며, 이들은 모두 최고의 전문가 그룹이어야 한다. SPC는 종종 paper company 형태(명목상 회사)로 운영되나 이는 바람직하지 못하다. 업무처리와 책임의 소재에 대하여 주간사와 법인의 관계가 모호해지는 결과를 초래하기 때문이다. 반드시 법인은 정상적인 형태로 운영되어야만 한다.

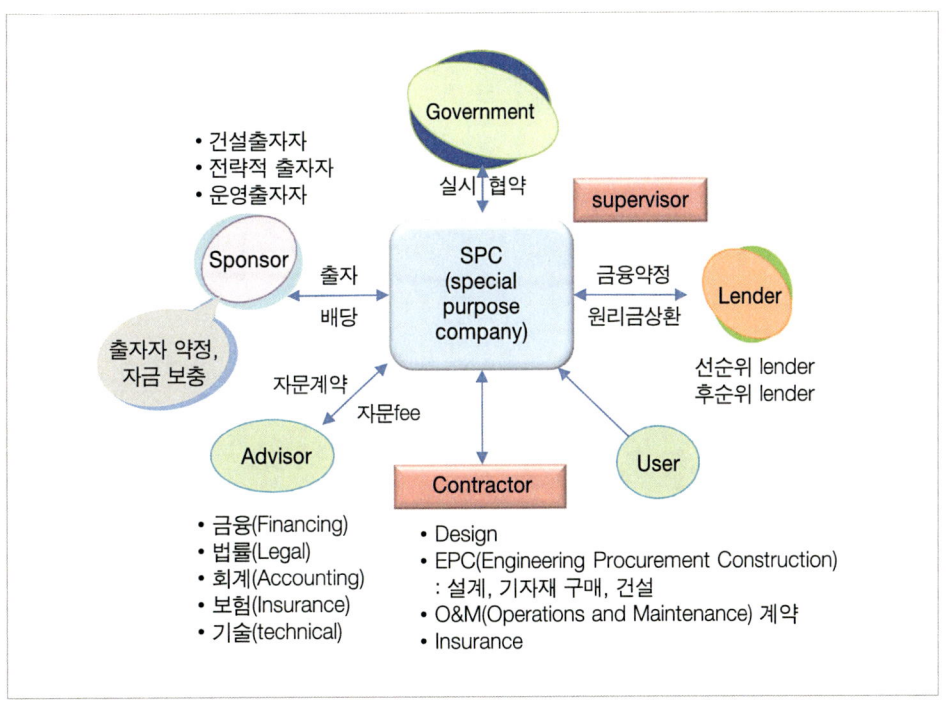

3. 매수청구권 및 해지시지급금(민투법 제59조, 령 제39조)

매수청구
- 사유: 천재지변 등, 대통령령에 의한 불가피한 사유
- 대상: 본사업시설(부대사업 포함)
- 행사절차: 민투법시행령 제40조

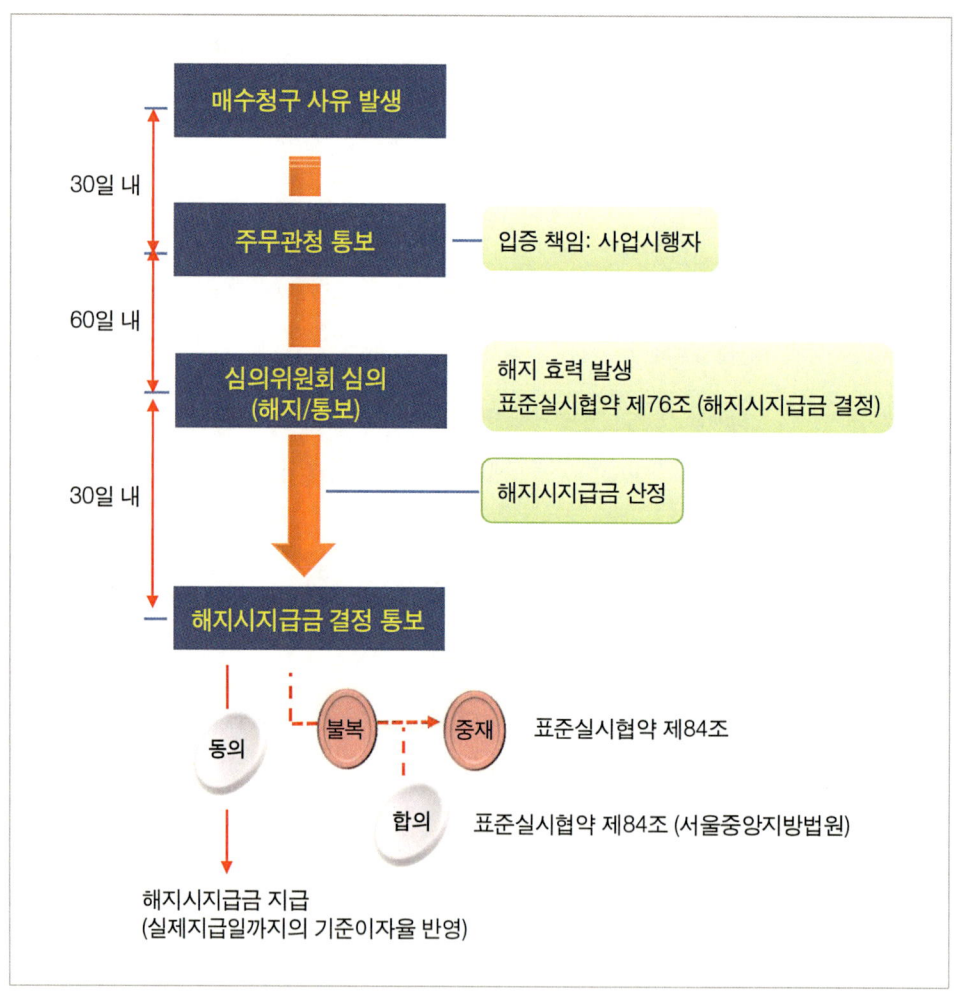

4　해지 처리 절차도

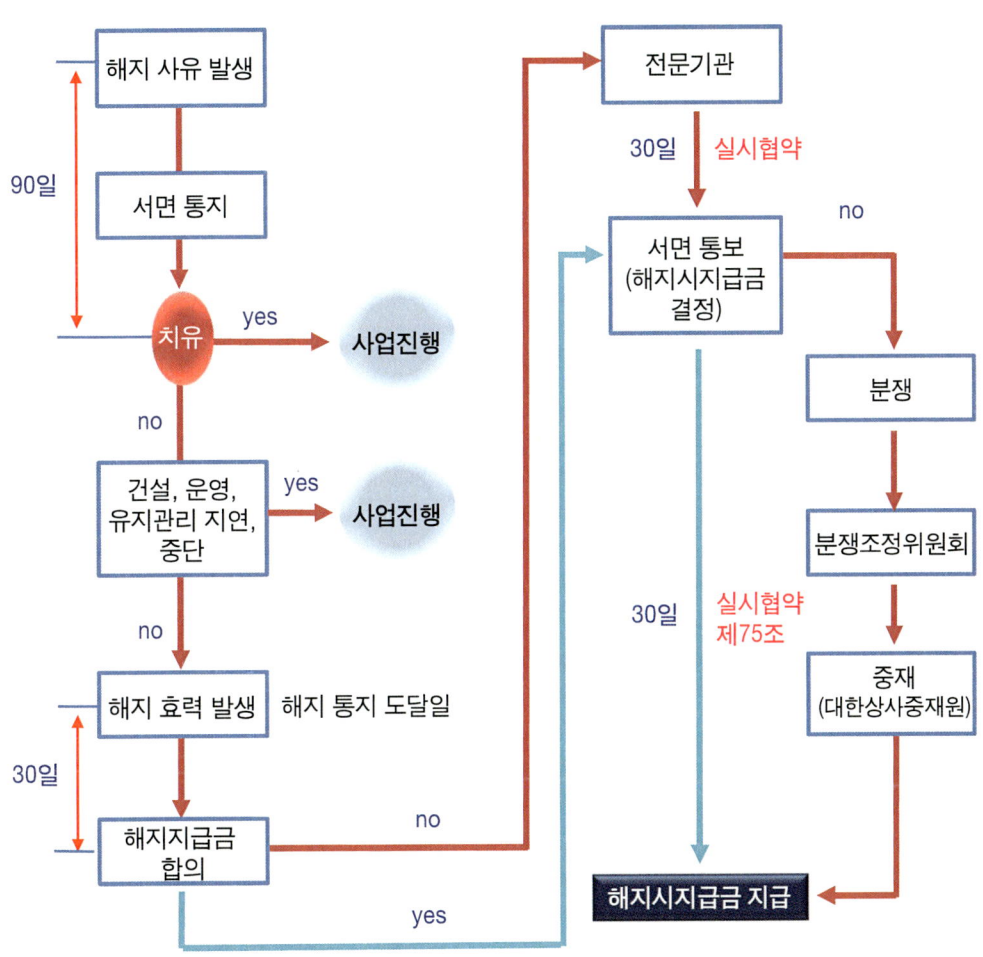

5 해지시지급금 산정공식의 주요사항

(1) BTL

- **이해관계자 간 견해차 존재**: 아래 표에서 보는 바와 같이 주무관청과 사업시행자 간에 부담하는 risk의 정도 차가 심하게 괴리되고 있다.

구분			대상금액	표준협약	주무관청	사업시행자
지급 시기				해지일로부터 ○○일 내	좌동	좌동
이자 계산 기간				해지 다음 날부터 실제 지급일	좌동	좌동
이자율	건설 기간	사업자 귀책	기투입 민간투자비 (−) 건설이자 (−) 기투입 납입자본금	이자보상 없음	이자보상 없음	납입자본금 포함
		비정치적 사유	해지시 기투입 민간투자자금	국채금리	국채금리	납입자본금 포함
		정치적 사유	해지시 기투입 민간투자자금	국채금리 (+) 가산율의 50%	국채금리 (+) 가산율의 50%	납입자본금 포함
		정부 귀책	해지시 기투입 민간투자자금	사업수익률	사업수익률	납입자본금 포함
	운영 기간	사업자 귀책	잔여시설 임대료의 현재가치	사업수익률	사업수익률	대출이자율
		비정치적 사유	잔여시설 임대료의 현재가치	사업수익률	사업수익률	대출이자율
		정치적 사유	잔여시설 임대료의 현재가치	사업수익률	사업수익률	대출이자율
		정부 귀책	잔여시설 임대료의 현재가치	사업수익률	사업수익률	대출이자율

(2) BTO

- **건설기간**: 협약체결일로부터 운영개시일 전날까지의 기간
  - 실시설계비 투입
  - 사업이행보증서 제출

구분			대상금액	표준협약	주무관청	사업시행자
지급 시기				해지일로부터 ○○일 내	좌동	좌동
이자 계산 기간				해지 다음 날부터 실제 지급일	좌동	좌동
이자율	건설기간	사업자 귀책	기투입 민간투자비 (-) 건설이자 (-) 기투입 납입자본금	이자보상 없음	이자보상 없음	납입자본금 포함
		비정치적 사유	해지시 기투입 민간투자자금	국채금리	국채금리	납입자본금 포함
		정치적 사유	해지시 기투입 민간투자자금	국채금리 (+) 가산율의 50%	국채금리 (+) 가산율의 50%	납입자본금 포함
		정부 귀책	해지시 기투입 민간투자자금	사업수익률	사업수익률	납입자본금 포함
	운영기간	사업자 귀책	잔여시설 임대료의 현재가치	사업수익률	사입수익률	대출이지율
		비정치적 사유	잔여시설 임대료의 현재가치	사업수익률	사업수익률	대출이자율
		정치적 사유	잔여시설 임대료의 현재가치	사업수익률	사업수익률	대출이자율
		정부 귀책	잔여시설 임대료의 현재가치	사업수익률	사업수익률	대출이자율

❖ 사업시행자: 대출원리금 상환 지연 시 연체이자 부담

6. 해지시지급금 산정금액(민간투자 기본계획 제11조, 제16조)

구분	건설기간	
	BTO	BTL
사업자 귀책	기투입 민간투자자금[1]	해지시 기투입 민간투자비 - 해지시 기투입 납입자본금
비정치적 불가항력	기투입 민간투자자금 × (1 + 표준차입이자율[2](A))	해지시 기투입 민간투자자금 × (1 + A[1])
정치적 불가항력	기투입 민간투자자금 × [1 + (A + B) / 2]	해지시 기투입 민간투자자금 × [1 + (A + B) / 2]
정부 귀책	기투입 민간투자자금 × (1 + 경상수익률[3](B))	해지시 기투입 민간투자자금 × (1 + B[2])

구분	운영기간	
	BTO	BTL
사업자 귀책	(BTO)의 정액법 상각잔액[4]	(잔여기간의 시설임대료를 해지시 적용된 수익률[3]로 할인한 현재가치) − (납입자본금) = C
비정치적 불가항력	상동의 정액법 상각잔액과 실적치에 근거한 미래기대현금흐름[5]의 현재가치를 가중평균한 금액[6]	C + (D−C) × 1/3
정치적 불가항력		C + (D−C) × 2/3
정부 귀책		잔여기간의 시설임대료를 해지시 적용된 수익률[4]로 할인한 현재가치 = D

7. 해지시지급금 산정공식(민간투자 기본계획 제11조)

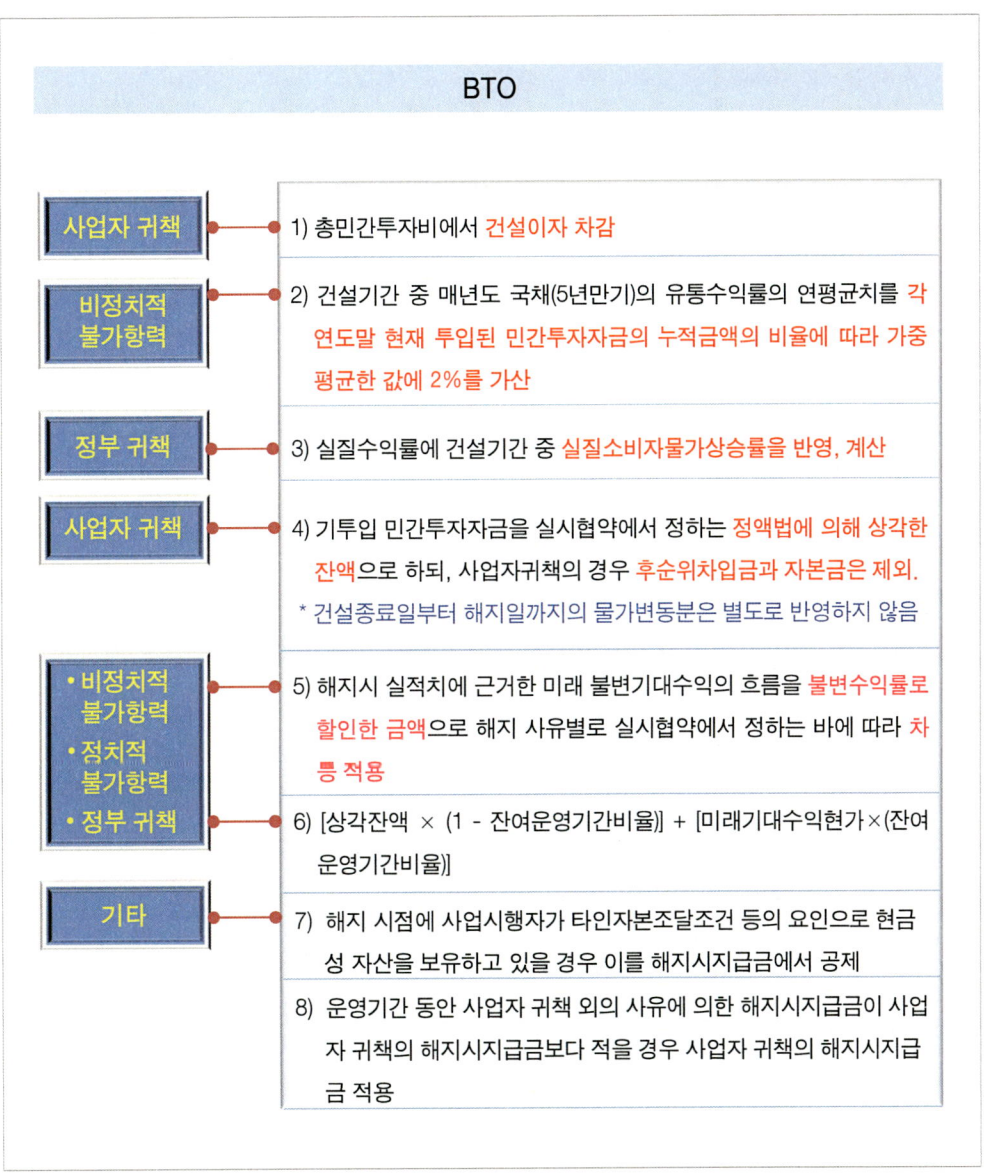

BTO

귀책사유	산정방법
사업자 귀책	1) 총민간투자비에서 건설이자 차감
비정치적 불가항력	2) 건설기간 중 매년도 국채(5년만기)의 유통수익률의 연평균치를 각 연도말 현재 투입된 민간투자자금의 누적금액의 비율에 따라 가중평균한 값에 2%를 가산
정부 귀책	3) 실질수익률에 건설기간 중 실질소비자물가상승률을 반영, 계산
사업자 귀책	4) 기투입 민간투자자금을 실시협약에서 정하는 정액법에 의해 상각한 잔액으로 하되, 사업자귀책의 경우 후순위차입금과 자본금은 제외. * 건설종료일부터 해지일까지의 물가변동분은 별도로 반영하지 않음
• 비정치적 불가항력 • 정치적 불가항력 • 정부 귀책	5) 해지시 실적치에 근거한 미래 불변기대수익의 흐름을 불변수익률로 할인한 금액으로 해지 사유별로 실시협약에서 정하는 바에 따라 차등 적용 6) [상각잔액 × (1 - 잔여운영기간비율)] + [미래기대수익현가×(잔여운영기간비율)]
기타	7) 해지 시점에 사업시행자가 타인자본조달조건 등의 요인으로 현금성 자산을 보유하고 있을 경우 이를 해지시지급금에서 공제 8) 운영기간 동안 사업자 귀책 외의 사유에 의한 해지시지급금이 사업자 귀책의 해지시지급금보다 적을 경우 사업자 귀책의 해지시지급금 적용

8 건설기간 중 사업 flow

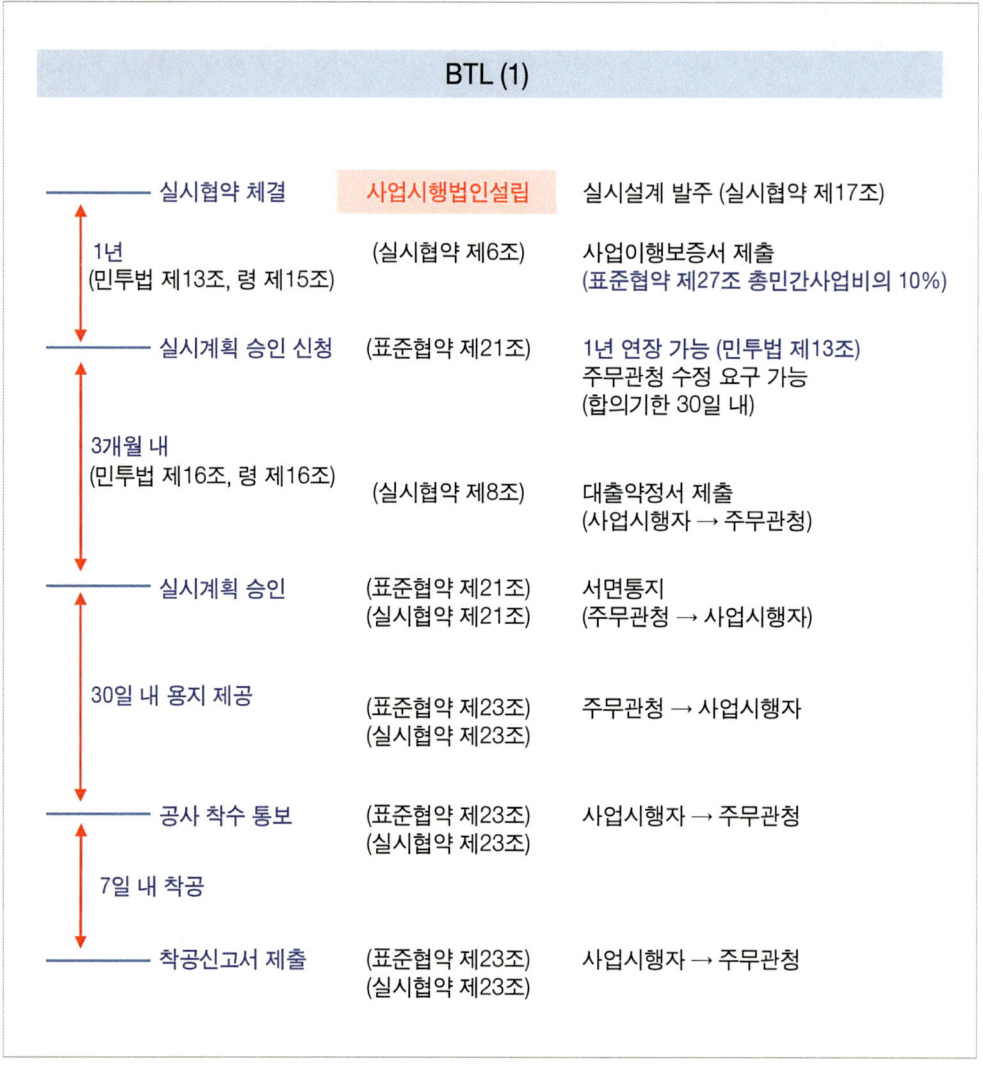

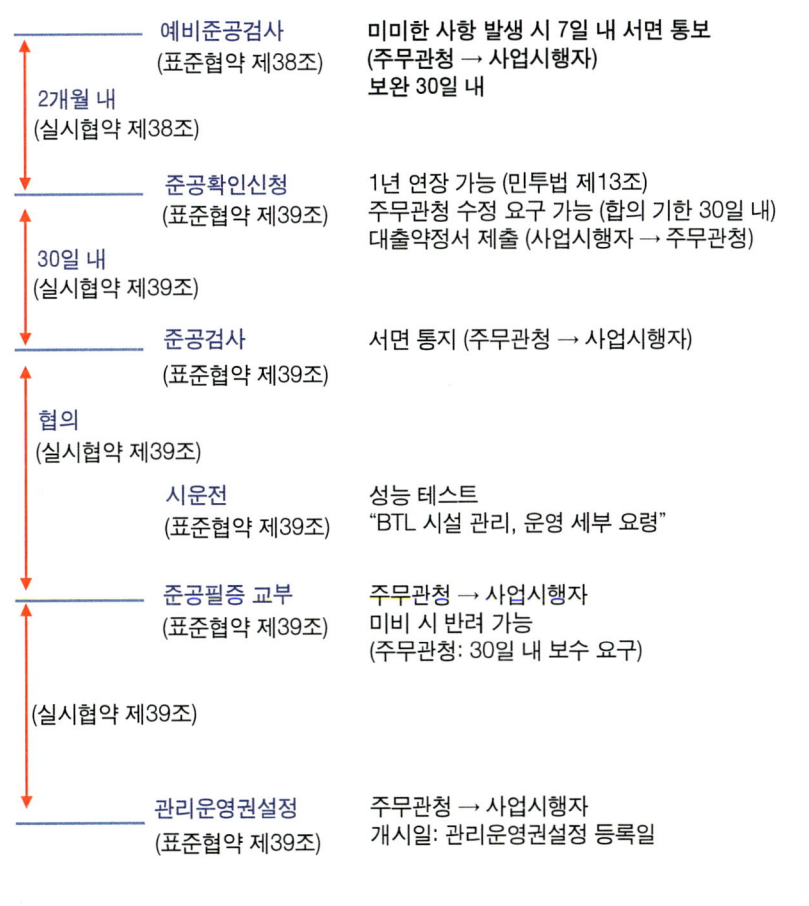

9 사업시행자의 지정

- 법인설립 출자자의 신용 변동 risk

  BTL
  - 사업시행법인 설립 시기: 실시계획 승인 신청 전까지
  - 사업시행법인 설립 조건: 평가 단계에서 제출한 법인설립계획에 따라 설립
  ※ 미이행 시 사업시행자 지정의 효력 상실

  VS

  BTO
  - 사업시행법인 설립 시기: 실시계획 승인 신청 전까지
  - 사업시행법인 설립 조건: 평가 단계에서 제출한 법인설립계획에 따라 설립
  ※ 미이행 시 사업시행자 지정의 효력 상실

  ✓ 다만, 사업시행자는 출자자의 부도 등으로 인하여 사실상 사업 참여가 곤란하거나 기타 원활한 사업 추진 등을 위하여 불가피한 경우 주무관청의 승인을 얻어 제출한 법인설립계획을 변경할 수 있다.

  - BTL: 표준협약 제6조, 제80조, 제81조
  - BTO: 표준협약 제6조, 제72조, 제73조

10 사업시행자의 의무

- 대출약정의 시기

  BTL
  - 실시계획 승인 신청 시까지 자금차입계약서(대출약정서) 사본을 주무관청에 제출하여야 한다. (기존 조건부대출확약서 제출기관의 기득권 사실상 인정)

  VS

  BTO
  - 사업계획서 제출 당시 제시한 채권금융기관 등의 대출의향서 또는 조건부대출약서를 실시계획 승인 신청 시까지 대출약정서로 변경하여 주무관청에 제출하여야 한다. (기존 조건부대출확약서 제출기관의 기득권 인정)

  ✓ 사업 제안 당시 RFP 조건 충족 필요조건으로 특정 FI(금융기관) 우선주선 및 참여 권리 주장 (변경 혹은 교체 사실상 불가능)
  ✓ 실시협약 체결일로부터 1년(민투법 제13조, 령 제15조) 내 실시계획 승인 신청을 해야 하고, 주무관청의 요구 시 그 기간이 단축된다.
  ✓ 실시계획 신청 시 주무관청 심사과정에서 사업비 변경가능성에 대한 불확실성

11. 총민간투자비 (민투법령 제22조 1항)

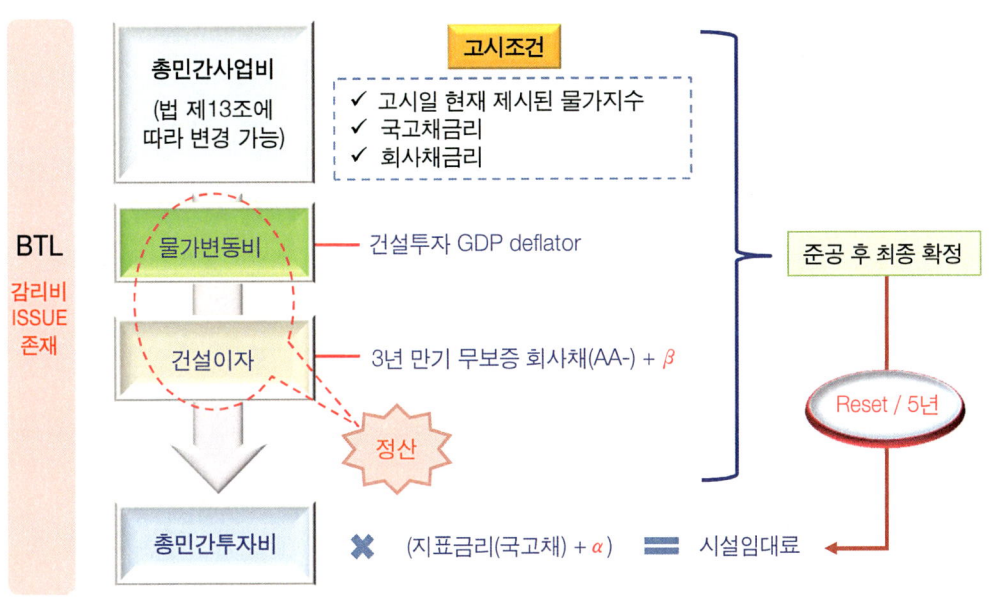

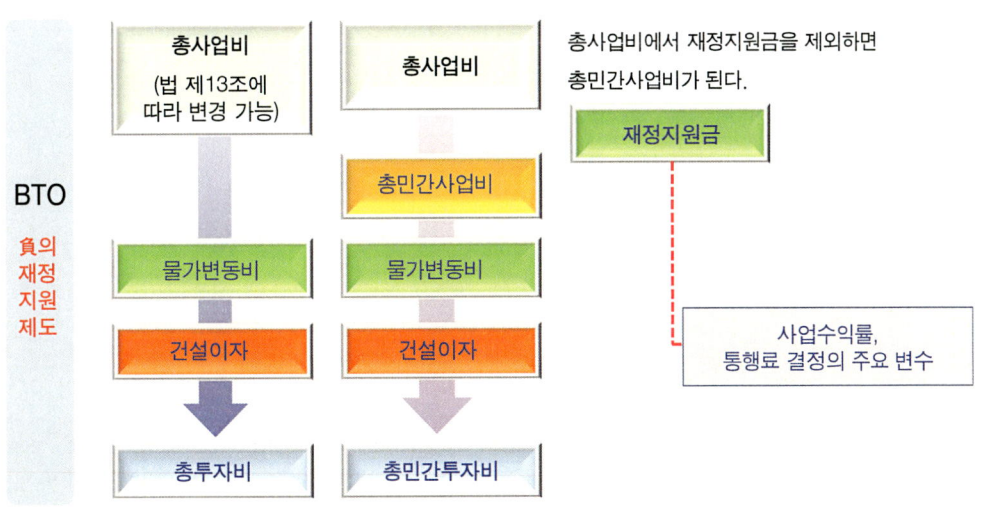

12 총민간사업비 / 총민간투자비(표준협약 제12조)

BTL

다음의 내용은 표준협약(안)에 없는 내용이나 반드시 필요한 사항이다.

✓ 기부채납 시 부가가치세가 발생하는 경우 주무관청이 부담한다.

VS

BTO

- 부가가치세 영세율 한시 적용(2013년 12월 31일): 한시법으로 법령의 재·개정과는 관련이 없다. (조세특례제한법 제105조 제1항의 제3의 2호)

13 총민간사업비의 변경(표준협약 제13조, 제25조와 연계)

(대출약정과 연계)

- 설계 변경이 있는 경우 총민간사업비 변경이 가능하다.
- 설계 변경의 사유: **열거주의 채택**

BTL
- 공사 범위(위치 변경 포함) 변경
- 관련 법령(지침시방서, 정부재정설계기준 및 지침 포함) 제·개정

VS

BTO
- 규정된 내용 없음

사업시행자 요구사항

- 주무관청 또는 관계기관이 교부한 지하매설 지장물 도면이 현장 상황과 현저히 상이한 경우, 협약 체결 후 신규 매설 지장물이 있어 부득이 공사 범위(위치 변경 포함) 변경이 필요하여 사업시행자 비용이 증감되는 경우에는 반영해야 한다.
- 관련 법령(지침시방서, 정부재정설계기준 및 지침 포함) 제·개정

14 위험물 및 지장물의 발견(표준협약 제13조, 제25조와 연계)

(대출약정과 연계)

- 3항: 예상치 못한 위험물, 지장물이 발견된 경우 불가항력 사유로 처리
  표준협약 제71조(불가항력사유 및 그 처리), **사업시행자 20% 부담**

사업시행자 요구사항

BTL
- 3항에서 "다만 발견된 위험물 또는 지장물이 제13조(총민간사업비의 변경) 제3항 제3호에 해당하는 경우에는 주무관청의 비용으로 처리한다."라는 단서조항 추가

VS
- 아래의 내용으로 조항 신설 추가
  - 제1항 내지 제5항에도 불구하고, 매립폐기물이 본사업부지 내에서 발견된 경우, 주무관청 비용으로 매립폐기물 제거

BTO
  - 매립폐기물 발견으로 공사가 중단된 경우 매립폐기물을 제거하기 위하여 소요된 기간만큼 공사기간 연장, 관리운영권 설정에 따른 운영개시일 연기

15 자기자본의 조달 및 투입(표준협약 제15조)

(대출약정과 연계) (실시계획승인단계)

BTL
- 실시계획 승인의 신청 조건
  ✓ 평가 단계 및 협약 체결 시 제출한 투자확약서 등 제반 서류에 따라 신청
  ✓ 자금조달은 실시계획 승인 내용에 따라 출자

VS
- 자금조달계획의 변경: 제13조에 따라 총민간투자비의 변경이 있고, 자금재조달 요건에 해당하지 않는 범위 내인 경우만 가능

BTO
- 실시계획 승인의 신청 조건
  ✓ 자금조달계획에 따라 실시계획 승인 신청
  ✓ 자금조달은 실시계획 승인 내용에 따라 출자

※ BTL 표준협약 제81조 4항, BTO 표준협약 제73조 4항에 따라 출자자 및 출자예정자를 변경 가능하도록 하고 있으나, 설계사의 파산, 법정관리, 회생절차 개시, 기타 출자여건 변화 등으로 인한 변경에 대한 언급은 없다: 참여확약서 제출한 설계사와 용역 계약 (표준협약 제17조 1항)

16 타인자본의 조달 및 투입(표준협약 제16조)

(대출약정과 연계) (실시계획승인단계)

BTL
- 대출 실행 및 관리
- 관리운영권 목적의 근저당권 설정 시 **주무관청 협조**
  - 주무관청 제출서류: 자금차입계약, 근저당권설정계약 등 담보약정에 관한 제반 서류

VS

BTO
- 채무불이행 사유 발생 시 자금차입계약서에 '채권금융기관 등이 근저당권을 실행하고자 할 경우 주무관청과 **사전 협의**해야 한다'는 내용을 포함하여 계약

주요 ISSUE

- 통상 금융기관은 대출채권에 대한 조건부 담보가 아닌 무조건부 담보 조항을 요구하며, 채무불이행에 대한 대출채권의 권리행사도 무조건부여야 한다는 논리

17 실시계획의 승인(표준협약 제21조)

(대출약정과 연계) (실시계획승인단계)

BTL VS **BTO**

주요 ISSUE

- 실시계획 승인 단계에서 사업시행자의 귀책으로 사업시행자 지정 취소가 되는 경우 기 조달한 자금 또는 투자비를 주무관청이 책임지지 않는다는 사항에 대한 논란

- 해지시지급금 산정시 건설기간에 대한 문제와 건설기간중의 해지시지급금 산정시 기투입 자본금은 제외하고 있는 점

  → 이는 용어 정의에서 건설기간이 **협약체결일부터로** 되어있는 점과 표준협약에서 **기 조달한 자금**에 대해 애매모호하게 규정한 문장 때문이다.

18 용지 보상(표준협약 제23조)

용지 제공 주체: 주무관청

BTL
- 민원 발생 시
  - 사업민원으로 주무관청의 책임과 비용으로 처리 (표준협약 제32조)

VS

BTO
- 해지 시
  - 주무관청 귀책 사유 (표준협약 제70조 1항 2호)
  - 서면 통지 후 협약 해지 가능

용지 보상에 대한 문제는 사업 추진 시 가장 큰 문제점의 하나로, 주무관청 사유로 용지 보상 절차가 늦게 진행되는 경우다. 늦게 진행되는 사유 중 가장 큰 요인은 예산 배정에 수많은 시일이 소요되기 때문에 능동적 대처가 어렵다는 점이다.

이러한 경우는 토지소유자가 불특정 개인이기 때문에, 이러한 개인들은 보다 많은 보상을 요구하는 경우가 많기 때문에 그에 따른 민원에 쉽게 노출된다(사유재산의 제한에 따른 권리 침해). 따라서 정부는 최근 이러한 문제들을 해결하고자 민간투자사업에서 행정 행위는 정부가 하고 민간사업자가 먼저 용지 보상을 한 뒤에 추후 정산하는 방식으로 제도를 개선하고 있다.

> **잠깐! 용어설명**
>
> ✓ **행정대집행**: 행정관청으로부터 명령을 받은 특정 시설 및 개인이 법적인 의무를 이행하지 않는 경우 행정기관(시·군)이 직접 또는 제3자에게 명령 집행을 한 뒤 그에 따르는 비용을 법적 의무자에게 부담시키는 제도로, 행정 집행의 한 수단이다.

19. 문화재(표준협약 제26조)

> 대출약정과 연계

주요 ISSUE • 문화재 시굴비용과 발굴비용의 부담 주체

BTL vs BTO

1. 주무관청 주장 (민투법상 사업시행자 = 문화재관련법상 사업시행자)

✓ **BTL**
- 문화재 시·발굴에 관련하여 발생된 비용과 공사기간의 처리는 협약 제10장(위험분담에 관한 사항)에 따라 위험 배분 원칙

✓ **BTO**
- 문화재가 발견되는 경우: 문화재보호법 등 관련 법령에 따라 처리
- 시굴 조사 비용: 사업시행자가 부담
- 발굴 조사 비용: 사업자가 선조달, 후정산 (총사업비에 반영)
- 통상적이고 합리적인 조사가 이루어진 경우 발굴 조사 비용 표준협약 제62조(불가항력 사유 및 처리) 1항의 사유에 준하여 처리

---

2. 사업시행자 주장

✓ **BTL**
- 문화재 보존 처리에 대해서만 구체적으로 명시
- 시굴 조사 비용: 사업시행자가 부담 → 통행료 상승효과
- 발굴 조사 비용: 사업자가 선조달, 후정산 (총사업비에 반영) → 통행료 상승효과
- 표준실시협약 제62조(불가항력 사유 및 처리) 1항의 사유에 준해 처리하는 근거 없음 → **사업시행자가 20% 부담 (우발채무)**

✓ **BTO**
- 문화재 보존처리에 대해서만 구체적으로 명시
- '문화재보호법'과 '매장문화재 보호 및 조사에 관한 법률', '시행령' 및 '시행규칙', '발굴조사업무처리지침'에 사업시행자라는 용어는 없고, 단지 발굴조사업무처리지침에 '공사의 시행자'라는 정의만 있음
- 발생된 비용과 공사기간의 처리는 표준협약 제10장(위험분담에 관한 사항)에 따르도록 하고 있으나 어디에도 명확한 처리 기준 및 방법을 규정한 조항이 없음
- 만일 표준협약 제10장에 따르면 불가항력으로 처리하는 방법이 있으나, 비용의 20%를 사업시행자가 부담하게 되므로 우발채무를 가늠하기 어려움

20 사업이행보증보험(표준협약 제27조, 제28조)

`대출약정과 연계`

주요 ISSUE
• 사업이행보증서 제출 시기, 금액

✓ 지체상금누적액 ≤ 이행보증금 총액
✓ 이행보증서 금액은 총사업비에서 이행보증서 해당 금액을 제외하고 제출해야 함

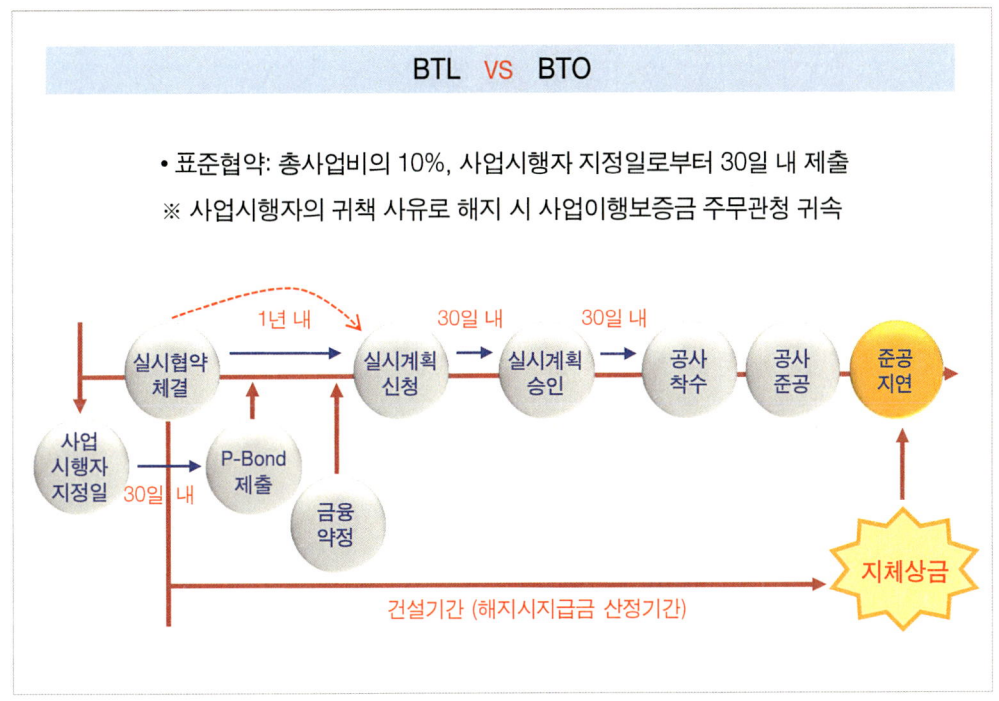

21 지체상금(표준협약 제28조, 제29조)

> 대출약정과 연계

주요 ISSUE • 지체상금 산정방식, 해지 사유와 귀속

✓ 산정공식 = (총사업비 - 기성금) × 1/1000 × 지체일수 (준공예정일 다음부터 준공 시까지)
✓ 지체상금누적액 ≤ 이행보증금 총액

BTL VS BTO

- BTL 표준협약: 지체상금 기준금액은 총사업비로 하고 기성 부분은 제외
- BTO 표준협약: 지체상금 기준금액은 총사업비로 하고 정부부담보상비 제외

※ 주무관청이 본사업을 수행할 수 없다고 판단하는 경우 사업시행자 지정 취소 가능 (지체상금 누적액 ≤ 이행보증금 총액인 경우에도 해지 가능성 존재) 이때, 이행보증금은 정부 귀속

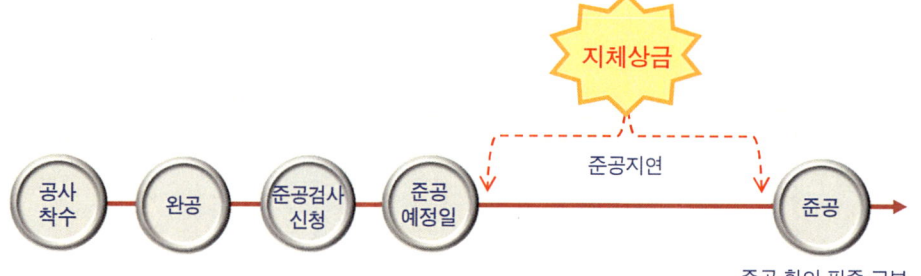

공사착수 → 완공 → 준공검사 신청 → 준공예정일 —(준공지연: 지체상금)→ 준공 (준공 확인 필증 교부)

✓ 지체상금 누적액 + 이행보증료(손해배상예정액) 귀속 그리고 몰취
✓ 사업이행 보증보험(물권) 민사소송
✓ 몰취: 소유권 발탁 국가 귀속

22 보험 가입(표준협약 제29조, 제30조)

> 대출약정과 연계

주요 ISSUE
- 사고 발생 시 보상 금액
  → 사고 시 보상가액은 **재조달가격(경상가액)** 기준이어야 함

- 예시: case 분석 가정

  (물가상승률 3%, 불변공사비 1,000억, 공사보험료율 1%, 사고금액 150억)

사업년도	계	2010년	2011년	착공 2012년	2013년	2014년	완공 2015년
물가		1,000	1,030	1,061	1,093	1,126	1,159
불변공사비	1,000억			200억	300억	300억	200억
경상공사비	1,110억			212억	328억	338억	232억
보험료(불변기준) × 공사보험요율				10억			
보험료(경상기준) × 공사보험요율				11억			
보상비율				100%	100%	100%	100%
보상금액(경상가로 가입 시) = 사고금액 × 보상비율				150	150	150	150
보상비율				90%	90%	90%	90%
보상금액(불변가로 가입 시) = 피해금액(복구비용) × 보험가액 / 보험가입금액				135	135	135	135
피해금액: 복구비용							
보험가액: 완공시점의 재조달가액							

23 민원 처리(표준협약 제32조, 제33조)

> 대출약정과 연계

주요 ISSUE
- 총 민간사업비의 변경으로 처리하는 경우, 우선 건설출자자가 추가 출자하고 주무관청과 정산 (자금보충)

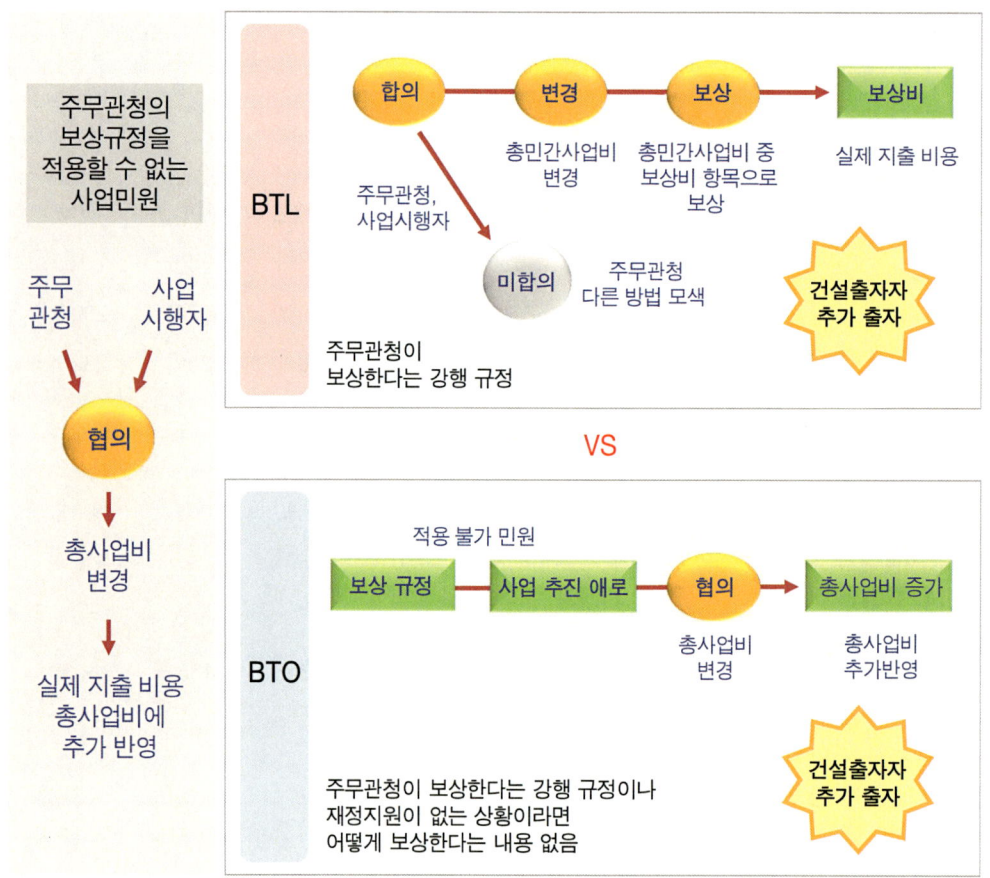

24 공사 책임감리 (표준협약 제34조, 제35조)

대출약정과 연계

주요 ISSUE
- 선정: 주무관청, 계약: 사업시행자
- 근거: 건설기술관리법 등

감리자 선정을 주무관청에서 하고 계약은 사업시행자가 하는 경우, 입찰고시 당시 사업시행자가 내용을 알 수 없어서 계약 체결 시, 또는 실제 업무 추진 시 감리자와 사업시행자 간에 마찰이 발생할 수 있으므로 입찰내용에 대해 주무관청과 사전에 협의하는 것이 중요하다.

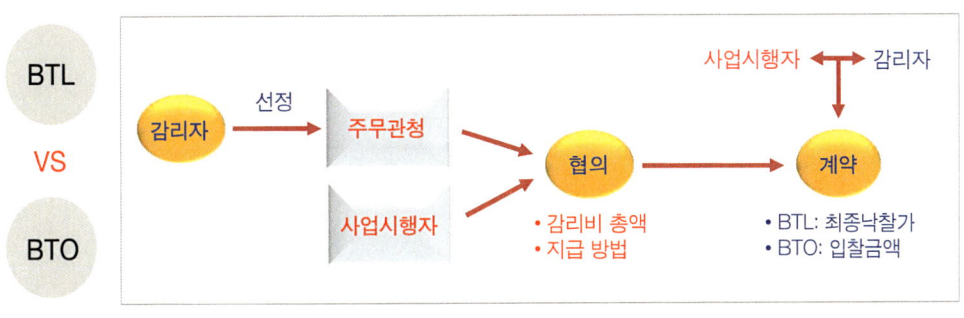

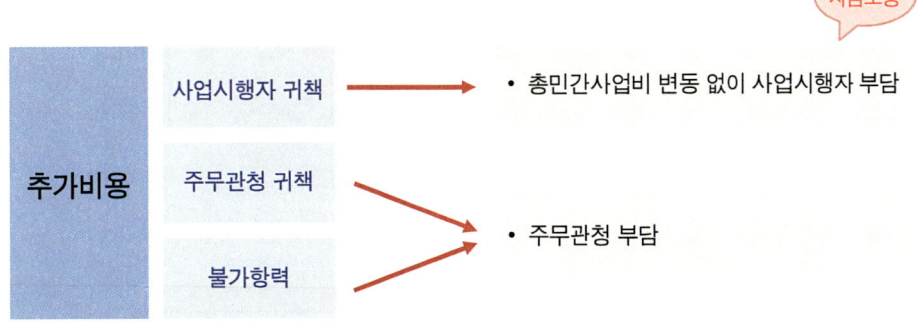

25 유지관리 및 운영의 수행 (표준협약 제47조, 제3조)

> 대출약정과 연계

| 주요 ISSUE | • 용어정의: 시간의 경과에 따라 요구되는 시설물의 **개량**
• 표준협약 제47조 : **준공 당시 기능을 유지**토록 관리 |

※ 개량: 기존 시설물을 현재보다 더욱 양호한 상태로 고치는 것

　시설물은 시간의 경과에 따라 노후화하는 것이 일반적이므로 그 기능의 효율이 감소하기 마련이다. 따라서 유지관리를 준공 당시 기능과 동일한 조건으로 유지하기 위해서는 추가적인 비용으로 내구연한을 연장시킬 수밖에 없는데, 주무관청이 이를 협약성에 그대로 명시하면 사업시행자와의 갈등을 야기할 수 있으므로 사전 협의가 필요하다.

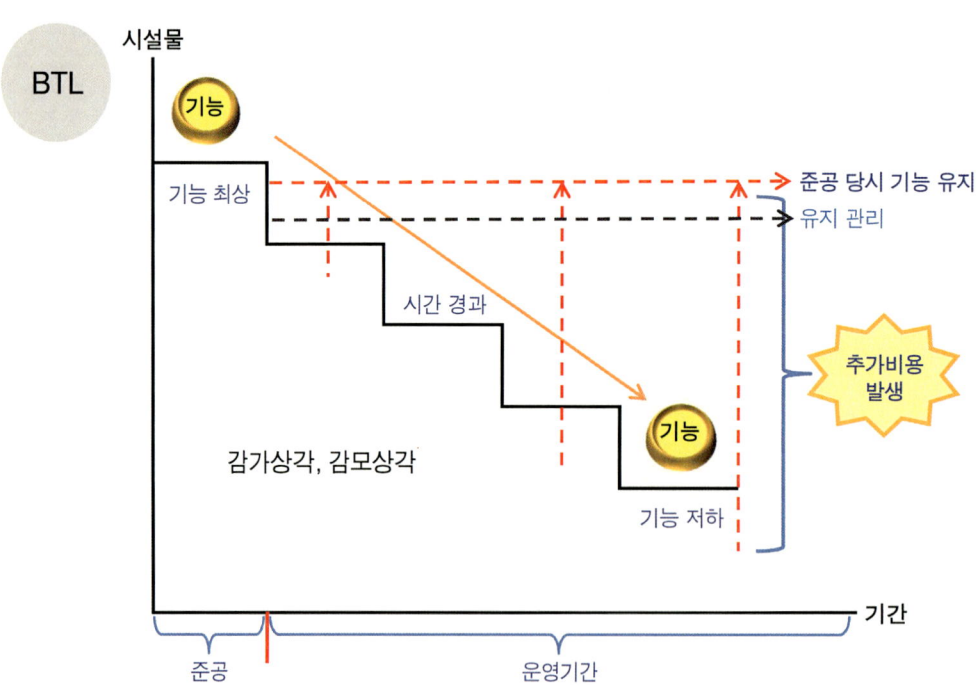

26 부속(부대)시설의 유지관리 운영 (표준협약 제48조, 제46조) (표준협약 제49조, 제47조)

> 대출약정과 연계

주요 ISSUE

- 추정 운영수입 < 실제 운영수입: 초과수입에 대해 50 : 50 분배
- 추정 운영수입 < 실제 운영수입: 사업시행자 책임
- 허위 보고 판명 시 재조사 운영실적(A), 제시(추정)운영이익(C), 보고된 운영이익(B) 즉, A > C인데 C ≥ B 인 경우 A - C를 주무관청에 반환 (허위 보고 패널티)

RISK

- 인허가 등 민원(부대사업지역 관공서, 민원인 등) 사업시행자 처리 등
- 부대사업 재원조달 본사업과 별도로 PF
- 투자비에서 공제하는 방식

  사업시행자의 측면에서 부대사업을 시행하는 경우 본사업과 달리 추진법 등이 일괄하여 의제 처리가 되지 않아 사업자가 모든 책임을 지고 추진해야 하는 문제가 있고, 특히 경기에 민감한 부대사업은 추진하기가 어려워서 사업 추진이 지연될 소지가 매우 크다.

  한편, 가장 큰 문제는 본사업의 대주단이 부대사업 시행으로 본사업의 원리금 상환이 어려워지는 것을 원치 않기 때문에 부대사업과 분리하여 시행하는 것을 강력히 요구한다는 것이다. 따라서 부대사업의 시행은 사업자와 건설출자자들의 가장 큰 우발적인 risk로 인식된다. 이러한 점을 고려하여 부대사업을 추진하는 경우 신중히 제안하고 협상하여야 한다.

27 성과평가 결과에 대한 조치(표준협약 제56조)

> 대출약정과 연계

주요 ISSUE 관련조항: 표준협약 제63조, 제64조

- 임대 개시 후 최초 1분기 운영비: 성과평가 없이 100% 지급
- 시설임대료
  - 임대 최종 분기: 관리운영권 종료일 15일 전 청구, 종료일에 지급
- 운영비: **운영 종료 후 30일 내**
  - 최종 분기 운영비: 성과평가 완료일부터 15일 내 청구 후 15일 내 지급
- 지급 지연 시: 지연배상금 지급 (임대료 산정에 **적용된 수익률** 적용)
- 허위 기재 시 패널티: 감액 또는 지급될 수 있었던 금액의 2배 반환
- 정부지급금(시설임대료, 운영비)에 대한 부가세 (**정부지급금은 면세가 아님**)
- 사업시행자 귀책 사유: 운영비 감액 총액이 주무관청이 지급한 운영비(또는 정부지급금) 총액의 00%(50%) 이상 초과 시 (단, 감액된 금액 중 가산하여 지급한 금액은 감액 총액 산정에서 제외)

※ **대주단**: 대체운영계약서 요구

BTL 사업에서 운영사의 참여는 거의 필수적이지만, 하수관거사업의 경우 국내 운영사의 규모나 경험에 비추어 볼 때 거의 대부분의 운영사가 상당히 열악한 수준이다. 시설물의 준공 후 운영에 대하여는 건설출자자들이 운영사를 겸하는 경우 그에 따른 risk가 상당하다고 볼수 있다.

그러므로 대주단은 운영기간의 risk를 줄이기 위해서 운영기간 전 기간에 대하여 관리운영보험 가입을 요구한다. 그러나 관리운영보험을 취급하는 기관이 시장 독점적 지위에 있어 또 다른 risk가 되고 있는 것이 현실이다.

정부지급금(운영비) 평가에 따른 계산 사례

비 목	1차년도				2차년도			
	1분기	2분기	3분기	4분기	1분기	2분기	3분기	4분기
운영비지급예정액(A)	100	100	100	100	100	100	100	100
평가점수	95	95	85	95	85	75	70	95
평가등급	0	A	B	A	B	C	D	A
지급비율	0	100%	85%	100%	85%	75%	지불정지	100%
감액비율		0%	15%	0%	15%	25%	100%	0%
증액비율		90%	90%	90%	90%	90%	90%	90%
감액(B)		-	15	-	15	25	100	-
증액(C=B *90%)		-	-	14	-	-	-	90
실제지급액(D=A-B+C)	100	100	85	114	85	75	-	190
누적지급예정액(E=A의 합계)	100	200	300	400	500	600	700	800
실제누적지급액(F=D의 합계)	100	200	285	399	484	559	559	749
해지대상액(G=(C-F)×50%)	50	100	143	193	235	273	273	323
손실분(H=E-F)	-	-	15	2	17	42	142	52
사업자 귀책(I=B 합계의 > 50%)								

성과평가 시 시설임대료의 감액 가능성을 실시협약에 명시하고 있는 한 사업 활성화는 한계에 이를 수 있다. 현재까지 시행된 임대형(BTL) 사업에서 시설임대료를 감액한 사례가 일부 있어, 제한된 소구(limited recourse)를 한다는 민간투자사업의 본래의 취지를 벗어나 대주들은 건설출자자의 자금 보충 의무를 당연시하고 있다.

28 본사업시설의 임대차계약(표준협약 제56조)

> 대출약정과 연계

주요 ISSUE
- 임차물건(사업시설물)에 대한 성과평가에 따른 감액

- 임대차 존속 기간: 관리운영권 설정 기간
- 사업시행자(임대자)의 의무: 사용 목적에 적합한 상태로 시설물 유지관리
- 주무관청(임차자): 공익 목적으로 사용, 사용 범위는 성과요구수준서에 기술
- 무상사용수익 권리 부여(총민간사업비 범위 내): 민투법 제25조(시설 사용 내용)

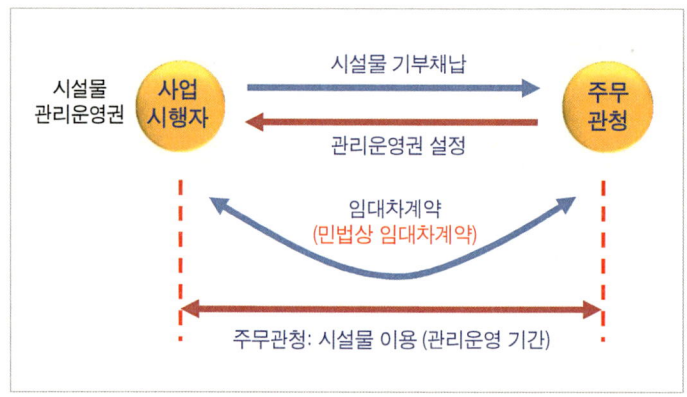

 관리운영권은 주무관청이 시설물 이용 대가로 임대료를 지급할 것을 약정하는 **채권계약**이나 성과평가에 따라 지급임대료를 삭감할 수 있게 실시협약에 명시하고 있어 문제가 된다. 임대형 사업에서는 시설임대료를 지급받아 대출금융기관의 원리금 상환에 충당하기 때문이다. 문제는 이러한 사실들을 사업시행자가 알면서도 주무관청에 끝까지 대응하지 못하는 것이다.

 따라서 법적으로는 사유재산권 침해가 분명히 존재하나, 영리를 목적으로 하는 사협시행자가 이러한 사실을 알면서도 실시협약을 체결하였다는 것만으로 대응력이 떨어지게 된다.

29 시설임대료 산정 및 조정(표준협약 제57조, 제59조, 제60조)

대출약정과 연계

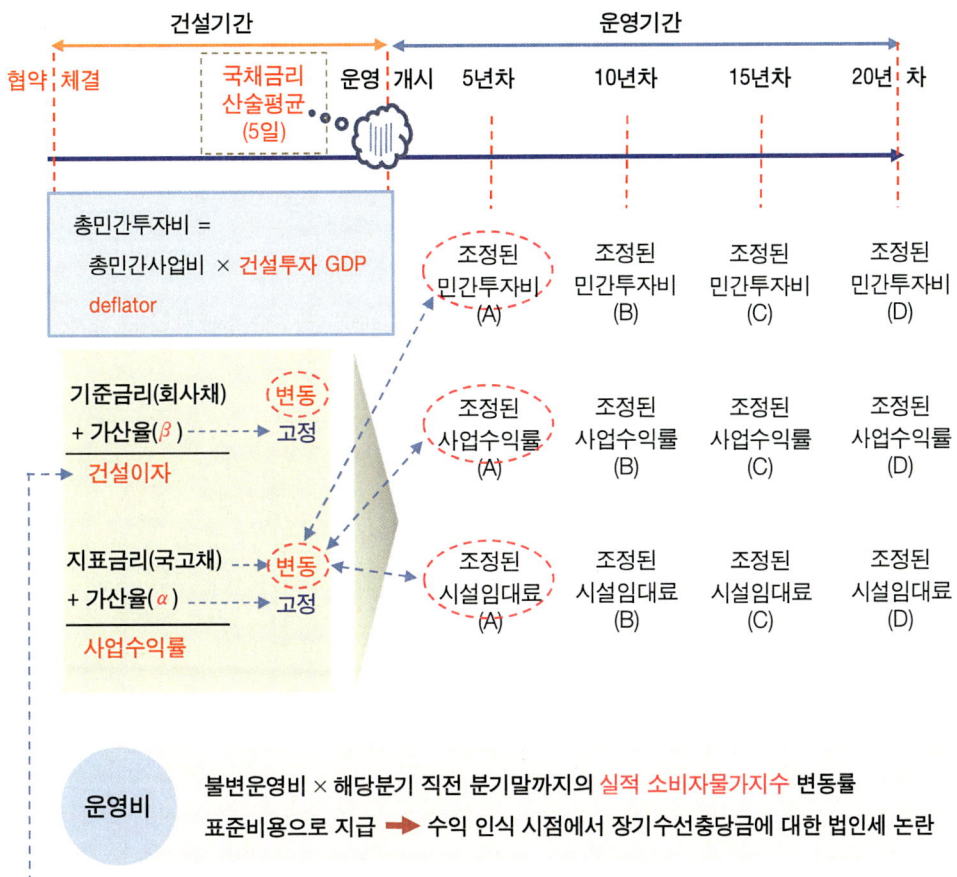

- ✓ **건설이자**는 대주단, FI 참여조건, 수익률과 관련되고 **시설임대료**는 안정적인 대출원리금 회수 조건이 된다.
- ✓ **기준금리(회사채)**는 급격한 금리 변동 시 대체금리 적용이 가능하다. (표준협약 용어정리)

30 해지시지급금에 대한 대주단의 ISSUE(표준협약 제75조)

대출약정과 연계

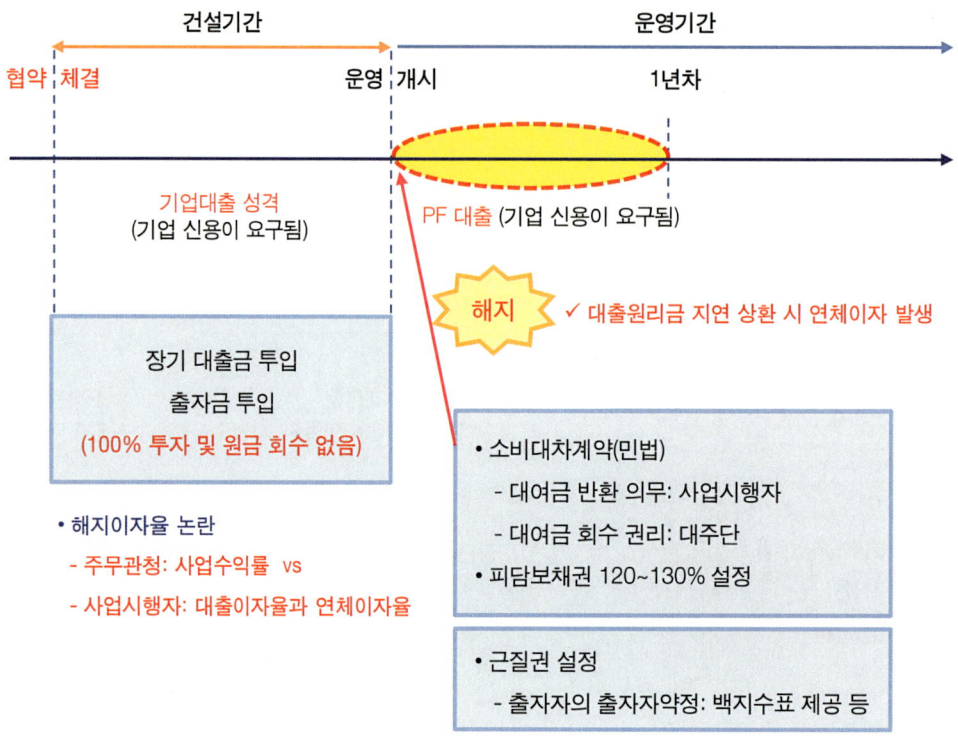

피담보채권의 확보는 최초인출선행조건 충족을 위한 법률의견서 제출 시 대주측 변호사와 갈등 요소가 되고 있다. 변호사가 극보수적인 관점에서의 의견서 발부 기준을 피담보채권의 최상한선으로 하고 있기 때문에 건설출자자와 갈등하게 되는 것이다. 최초인출선행조건이란 각 건설출자자가 투자 및 지분비례에 따르는 채무부담 금액에 대한 적법한 의사결정 기준을 보는 것인데, 대주가 요구하는 채무부담은 연대책임을 지도록 하기 때문에 이러한 갈등이 종종 발생한다.

31 매수청구 및 해지시지급금의 연도별 변천사

> 대출약정과 연계

※ 해당연도에 개정된 내용은 별도의 배경색으로 표시함

연도	매수청구권 및 해지시지급금 산정기준
2000년	**매수청구 및 협약 해지 시의 지급액 산정기준을 명확히 제시하지 않음** • 매수청구권이 행사되는 경우 사업시행자에게 지급되는 매수금액의 산정기준 및 지급방법 등은 청구 당시의 본사업시설 및 관련 운영설비, 부대사업시설, 영업권 등의 적정가치와 매수청구권의 행사사유 및 원인 등을 고려하여 실시협약에서 정할 수 있음
2001년	**매수청구 및 협약 해지 시의 지급액 산정기준의 대략적인 제시** 〈매수청구 및 협약 해지 시의 지급액 산정기준〉 • 효력발생일 현재의 영업권을 포함한 '잔여 사용기간 또는 운영기간 동안의 기대수익의 현가액'을 상한으로 상호 협의하여 결정 • 매수청구권 실행 및 협약의 중도해지시의 지급금 기준은 그 사유와 조건이 같지 않는 한 차등을 두어 결정하여야 함 〈해지시지급금 산정기준〉 • 정부 귀책사유인 경우 매수청구권 가격 범위 내에서 결정 • 사업자 귀책사유의 경우 효력발생일 현재의 영업권을 제외한 시설 자체의 가치평가액, 총민간투자비 평가액, 실시협약상 미래현금흐름의 일정비율 등으로 협의하여 정하되 선순위 채무는 보장 • 불가항력 사유인 경우 정부 귀책사유에 의한 해지시지급금 범위 내에서 결정하되, 불가항력 사유의 유형에 따라 해지시지급금을 차등화하여 결정
2002년	상동
2003년	상동
2004년	**해지시지급금의 산정기준을 구체적으로 제시** 〈해지시지급금 산정기준〉 • 건설기간 중에는 기투입 민간투자자금을 기준으로 하되, 투입자금의 기회비용 보상 범위는 귀책사유별로 지급 수준을 차등화하여 산정함

연도	매수청구권 및 해지시지급금 산정기준
2004년	• 운영기간 중에는 기투입 민간투자자금의 상각액과 미래기대수익의 현가액을 기준으로 하되 귀책 사유별로 지급 수준을 차등화하여 산정함

<table>
<tr><th>귀책사유</th><th>건설기간</th><th>운영기간</th></tr>
<tr><td>사업자 귀책</td><td>기투입 민간투자자금</td><td>좌동의 상각잔액</td></tr>
<tr><td>비정치적 불가항력</td><td>기투입 민간투자자금 × [1+표준차입이자율(A)]</td><td>좌동의 상각잔액과 미래기대수익[2]을 잔여운영기간을 고려하여 가중평균[3]</td></tr>
<tr><td>정치적 불가항력</td><td>기투입 민간투자자금 × [1+(A+B)/2]</td><td>상동</td></tr>
<tr><td>정부 귀책</td><td>기투입 민간투자자금 × [1+경상수익률[1](B)]</td><td>상동</td></tr>
</table>

1) 경상수익률은 건설기간 중 실적소비자물가상승률을 반영, 계산
2) 해지 시 실적치에 근거한 미래기대수익흐름을 불변수익률로 할인한 금액
3) 상각잔액 × (1 −잔여운영기간비율) + 미래기대수익 × (잔여운영기간비율)

연도	매수청구권 및 해지시지급금 산정기준
2005년	**매출부가세의 정부부담을 명시하고 해지시지급금 산정기준을 더욱 구체화** ※ 해지시지급금에 부과되는 매출부가세를 정부가 가산하여 지급

<table>
<tr><th>귀책사유</th><th>건설기간</th><th>운영기간</th></tr>
<tr><td>사업자 귀책</td><td>기투입 민간투자자금[1]</td><td>좌동의 상각잔액[4]</td></tr>
<tr><td>비정치적 불가항력</td><td>기투입 민간투자자금 × [1+표준차입이자율(A)[2]]</td><td>좌동의 상각잔액과 미래기대수익[5]을 잔여운영기간을 고려하여 가중평균[6]</td></tr>
<tr><td>정치적 불가항력</td><td>기투입 민간투자자금 × [1+(A+B)/2]</td><td>상동</td></tr>
<tr><td>정부 귀책</td><td>기투입 민간투자자금 × [1+경상수익률[3](B)]</td><td>상동</td></tr>
</table>

1) 총민간투자비에서 건설이자를 차감
2) 건설기간 중 매년도 국고채(5년 만기)의 유통수익률의 연평균치를 각 연도 말 현재 투입된 민간투자자금의 누적금액의 비율에 따라 가중평균한 값에 2%를 가산

연도	매수청구권 및 해지시지급금 산정기준
2005년	3) 실질수익률에 건설기간 중 실적 소비자물가상승률을 반영, 계산 4) 기투입 민간투자자금을 실시협약에서 정하는 정률법에 의해 상각 5) 해지 시 실적치에 근거한 미래 불변기대수익의 흐름을 불변수익률로 할인한 금액 6) 상각잔액 × (1 - 잔여운영기간비율) + 미래기대수익현가 × (잔여운영기간비율) 단, 기 착공된 재정사업을 민간투자사업으로 전환할 경우 건설이나 운영에 전문성을 보유한 공공부문과 연기금이 각각 40% 이상을 공동으로 출자한 사업시행자에 대해서는 상기 기준에도 불구하고 따로 협약에서 정할 수 있음
2006년	상동
2007년	**매수청구 시 지급액 산정기준의 삭제** (다음의 문구가 삭제됨) 〈매수청구 및 협약 해지 시의 지급액 산정기준〉 • 효력 발생일 현재의 영업권을 포함한 '잔여 사용기간 또는 운영기간 동안의 기대수익의 현가액'을 상한으로 상호 협의하여 결정 • 매수청구권 실행 및 협약의 중도 해지 시의 지급금 기준은 그 사유와 조건이 같지 않는 한 차등을 두어 결정하여야 함
2008년	상동
2009년	**한시적으로 적용되는 운영기간 중 해지시지급금 산정기준을 제시** • 운영기간 중 해지시지급금을 산정하는 경우 아래의 기준에 의하여 산정할 수 있음 | 귀책사유	운영기간
사업자 귀책	기투입 민간투자자금[1]의 상각잔액[2]
비정치적 불가항력	상동의 상각잔액과 미래기대수익현가[3]를 잔여운영기간을 고려하여 가중평균[4]
정치적 불가항력	상동
정부 귀책	상동	

연도	매수청구권 및 해지시지급금 산정기준
2009년	1) 총민간투자비에서 건설이자를 차감 2) 기투입 민간투자자금을 실시협약에서 정하는 정액법에 의해 상각한 잔액으로 하되, 사업자 귀책의 경우 후순위차입금과 자본금은 차감 　* 건설종료일로부터 해지일까지의 물가변동분은 별도로 반영하지 않음 3) 해지 시 실적치에 근거한 미래불변기대수익의 흐름을 불변수익률로 할인한 금액을 기준으로 해지 사유별로 실시협약에서 정하는 바에 따라 차등 적용 4) 상각잔액 × (1 - 잔여운영기간비율) + 미래기대수익 × (잔여운영기간비율) 5) 해지 시점에 사업시행자가 타인자본조달조건 등의 요인으로 현금성자산을 보유하고 있을 경우 이를 해지시지급금에서 공제
2010년	상동

한시적으로 적용되는 운영기간 중 해지시지급금 산정기준의 한시적 적용부분 삭제

• 해지시지급금 산정 (2010.12.23 개정)

귀책사유	건설기간	운영기간
사업자 귀책	기투입 민간투자자금[1]	좌동의 정액법 상각잔액[4]
비정치적 불가항력	기투입 민간투자자금 × [1+표준차입이자율[2](A)]	상동의 정액법 상각잔액과 실적치에 근거한 미래기대 현금흐름[5]의 현재가치를 가중평균한 금액[6]
정치적 불가항력	기투입 민간투자자금 × [1+(A+B)/2]	
정부 귀책	기투입 민간투자자금 × [1+경상수익률[3](B)]	

1) 총민간투자비에서 건설이자를 차감
2) 건설기간 중 매년도 국채(5년 만기)의 유통수익률의 연평균치를 각 연도말 현재 투입된 민간투자자금의 누적금액의 비율에 따라 가중평균한 값에 2%를 가산
3) 실질수익률에 건설기간 중 실적소비자물가상승률을 반영, 계산
4) 기투입 민간투자자금을 실시협약에서 정하는 정액법에 의해 상각한 잔액으로 하되, 사업자 귀책의 경우 후순위차입금과 자본금은 제외
　* 건설종료일로부터 해지일까지의 물가변동분은 별도로 반영하지 않음

연도	매수청구권 및 해지시지급금 산정기준
2011년	5) 해지 시 실적치에 근거한 미래불변기대수익의 흐름을 불변수익률로 할인한 금액으로 해지 사유별로 실시협약에서 정하는 바에 따라 차등 적용 6) 상각잔액 × (1 - 잔여운영기간비율) + 미래기대수익 × (잔여운영기간비율) 7) 해지 시점에 사업시행자가 타인자본조달조건 등의 요인으로 현금성자산을 보유하고 있을 경우 이를 해지시지급금에서 공제 8) 운영기간 동안 사업자 귀책 외의 사유에 의한 해지시지급금이 사업자 귀책의 해지시지급금보다 적을 경우 사업자 귀책의 해지시지급금 적용 **운영기간 중인 수익형 민자사업에 대한 해지시지급금 산정의 특례** (2010.12.23 삭제)
2012년	사업자 귀책 시 해지시지급금 산정범위에 후순위채권(미지급이자 제외)을 한시적으로 포함 • 전술된 2011년의 해지시지급금 산정기준의 정액법 상각잔액의 주석 4)가 다음과 같이 변경됨 4) 기투입 민간투자자금을 실시협약에서 정하는 정액법에 의해 상각한 잔액으로 하되, 사업자 귀책의 경우 후순위차입금의 미지급이자 및 자본금은 제외한다. 다만, 운영기간 중 후순위차입금 원금을 해지시지급금 대상에 포함하는 경우는 실제 운영수입이 협약예정수입의 50%를 초과하는 경우에 한한다.
2013년	2012년 사업자 귀책 시 해지시지급금 산정범위에 한시적으로 포함했던 후순위채권을 해지시지급금 산정범위에서 다시 제외시킴 • 전술된 2012년의 해지시지급금 산정기준의 정액법 상각잔액의 주석 4)가 다음과 같이 변경됨 4) 기투입 민간투자자금을 실시협약에서 정하는 정액법에 의해 상각한 잔액으로 하되, 사업자귀책의 경우 후순위차입금(미지급이자 포함)과 자본금은 제외
2014년	상동

VII
자금재조달
(Refinancing)

1 개요

> ★ 민투법에 조문으로 규정한 사항 없음

- **자금재조달(refinancing) 세부요령 근거**
  - 민간투자사업기본계획 제27조, 제28조, 제29조, 제30조, 제40조 4호

- **자금재조달(refinancing) 세부요령 목적**
  - 세부사항에 대한 지침 제공
  - 자금재조달 업무의 투명성, 객관성 유지, 주무관청 업무 수행 지원
  - 실시협약에 반영 (세부요령에 따르고자 하는 경우)

- **자금재조달(refinancing) 세부요령 적용 사업 범위와 사업 방식**
  - 총사업비 500억 원 이상 BTO 사업 (단, 500억 원 미만이고 BTO 사업이 아니더라도 주무관청이 필요한 경우 예외적으로 실시협약으로 정함)

(1) 자금재조달(refinancing) 이익공유의 개념과 배경

실시협약(변경협약 포함)에서 정한 내용과 다르게 출자자지분, 자본구조, 타인자본 조달 조건 등을 변경하는 행위이다.

(2) 자금재조달 이익공유의 정의

자금재조달 이익공유란, 자금재조달로 인하여 발생하는 출자자의 기대수익 증가분을 사업시행자와 주무관청이 공유하는 것이다. (자금재조달에 관한 세부요령, 2014)

- 사업부지 지원 및 보상, 사업 관련 민원 지원
- 적정사용료 유지를 위한 건설기간 중 재정 지원
- 최소운영수입보장 또는 투자위험분담금 제공
- 산업기반 신용보증기금의 운용
- 사업 중단 시 해지시지급금 지급 등

(3) 자금재조달 이익공유 요건 (모두 충족해야 함)

① 자금재조달에 해당할 것
② 자금재조달 이익이 존재할 것
③ 이익공유 배제 사유에 해당하지 아니할 것

(4) 자금재조달 행위

1단계: 최초금융약정 체결 시 또는 체결 전 단계 (financing)	2단계: 최초금융약정 이후 단계 (financing)
다음 2가지 중 하나에 해당하는 경우	다음 3가지 중 하나에 해당하는 경우

• 5/100 이상의 출자자 지분 변경
  - 단, MRG 약정이 없는 경우로서 자본구조의 변경 또는 타인자본조달 조건의 현저한 변경을 수반하지 아니하는 5/100 이상의 단순 출자자 지분 변경은 제외함
• 자본구조 변경
	• 자본구조변경
	• 5/100 이상의 출자자 지분변경
	  - 단, MRG 약정이 없는 경우로서 자본구조의 변경 또는 타인자본조달 조건의 현저한 변경을 수반하지 아니하는 5/100 이상의 단순 출자자 지분 변경은 제외함
	• 타인자본조달 조건의 변경

※ 최초금융약정: 사업시행자가 실시협약에서 정한 민간투자비 재원을 조달하기 위해 금융기관 등과 최초로 체결하는 계약

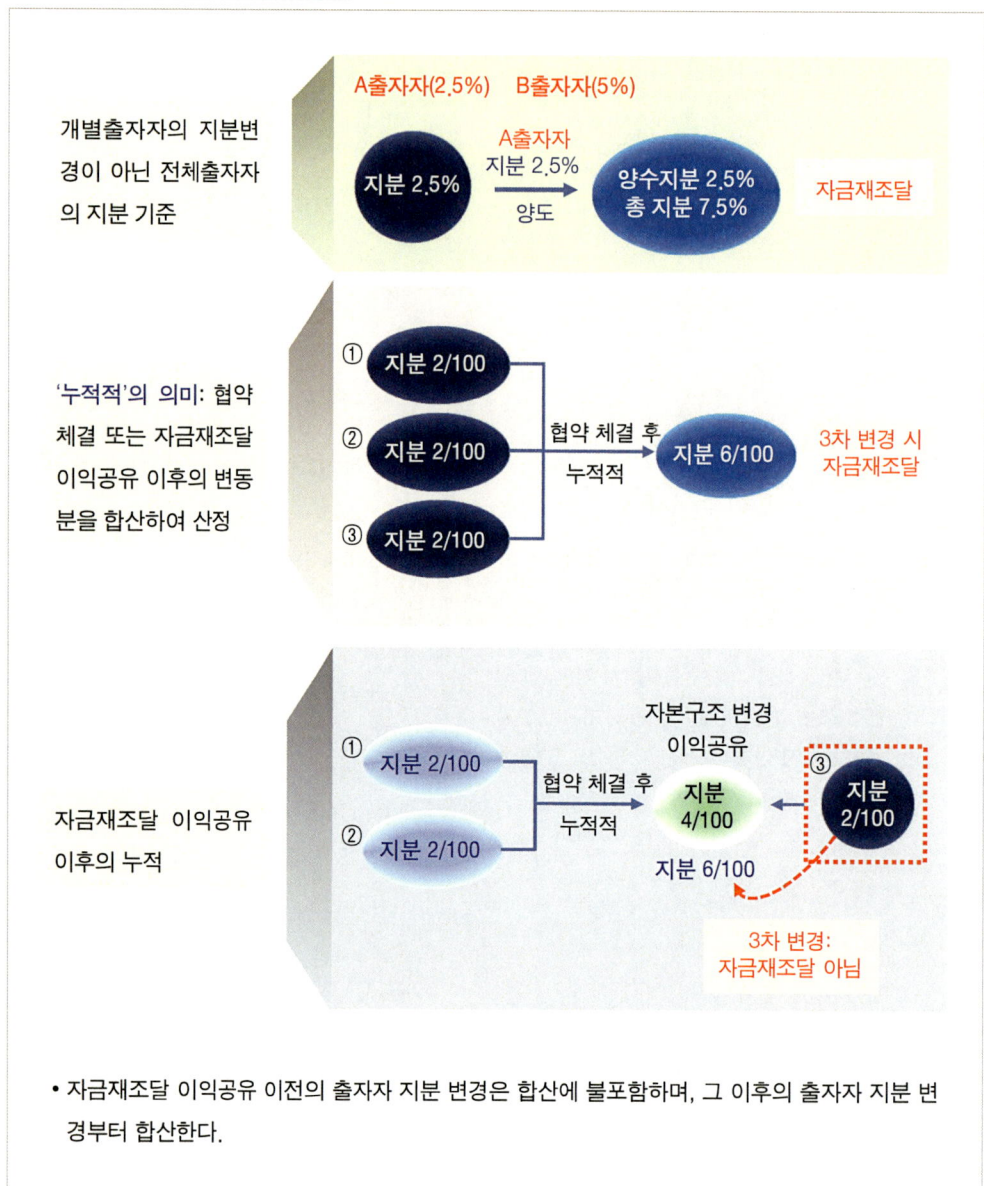

- 자금재조달 이익공유 이전의 출자자 지분 변경은 합산에 불포함하며, 그 이후의 출자자 지분 변경부터 합산한다.

예시 (가정) SPC의 자본구조가 자기자본 25% + 타인자본 75%일 때, A사가 자기자본을 100% 소유하고 있었으나 출자지분 60%를 B사에게 양도양수하는 경우 (총 투자비 1,000억)

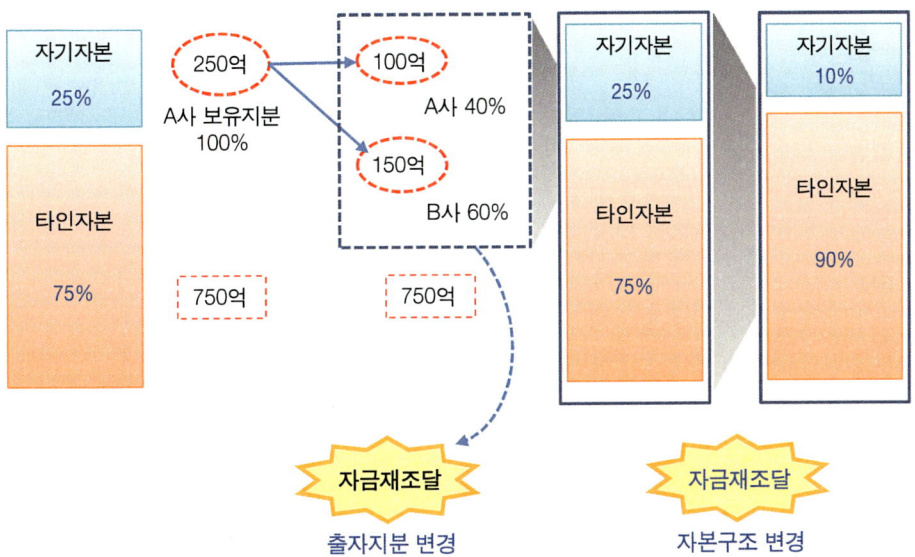

(5) 타인자본조달조건의 현저한 변경

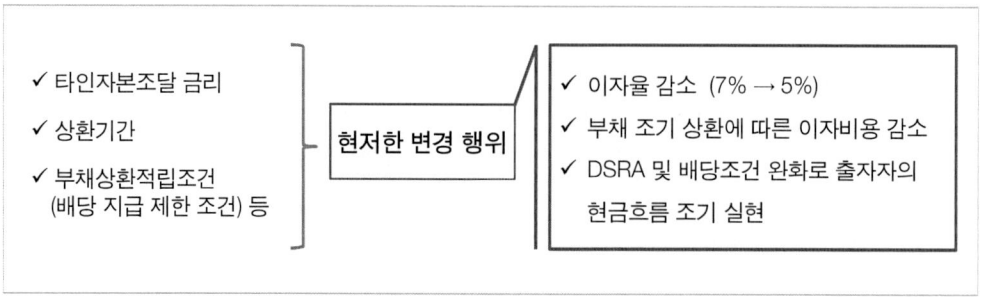

※ 현저한 변경 행위: 출자자 기대수익률(ROE)의 증가율이 5% 이상 되는 조달조건의 변경이나 자금재조달로 인한 출자자의 기대수익 증가분이 100억 원 이상 되는 조달조건의 변경 행위

- '현저한'의 의미: 누적 개념으로서 협약 체결 이후 당해 자금재조달까지, 또는 자금재조달 이익공유가 있었던 경우에는 가장 최근에 이익공유 대상이 되었던 자금재조달 이후부터 당해 자금재조달까지를 누적적으로 합산하여 판단한다.

$$출자자의\ 기대수익률의\ 증가율 = \frac{출자자의\ 세후\ 경상투자수익률\ (비교재무모델)}{출자자의\ 세후\ 경상투자수익률\ (기준재무모델)} - 1$$

(6) 자금재조달 이익 개념

- ✓ WACC 효과로 인한 이익
- ✓ 출자자 기대수익률(ROE) 증가 이익

→ 2가지로 정의

WACC 효과 ⟵ 실시협약 체결 이후 자본구조 변경으로 WACC가 하락하면서 발생하는 기대이익의 증분. WACC 효과를 자금재조달 이익으로 보는 것은 반론이 많다. (이에 대한 논리는 본장 마지막의 '3. WACC 효과 이익공유 반론' 참조)

- 자본구조 변경 전 세전불변사업수익률 (a)
- 자본구조 변경 전 세전불변사업수익률 (b)

WACC 효과로 인한 이익 = (b) - (a)

할증감자의 가중평균자본비용 효과의 포함 여부

자금재조달 세부요령에서 언급하고 있는 가중평균자본비용의 효과는 자기자본비율과 타인자본비율에 따라 산출되는 가중평균자본비용의 변경에 대한 효과를 측정하는 것으로, 실시협약 시의 자기자본비율에서 산출된 사업수익률과 자기자본 감자 후 자기자본비율(이하 "감자후비율"이라 함)을 적용하였을 경우 산출되는 사업수익률의 차이에 대해, 당초 실시협약 시부터 감자후비율을 적용하였을 경우 사용료, 관리운영기간 및 최소운영수입보장비율 등 출자자의 기대수익률과 관련한 지표가 변경되었다는 논리에서 파생된 것이다.

따라서, 유상감자의 형태가 어떻게 되었든, 감자가 되었다면 자기자본비율이 변경되었으므로 가중평균자기자본비용에 대한 효과를 측정할 수 있다.

(7) CASE STUDY

① WACC 효과에 따른 이익 산정

가정
- 자본금비율: Ec
- 자기자본수익률: Ke
- 차입이자율: Kd

실시협약
- CPI: 4%
- 경상사업수익률*: 13.76%
- 총투자비: 1,000억
- 자기자본: 334.1억(33.41%)
- 타인자본: 665.9억(66.59%)
- Pricing: 선순위대출 - 12%
  후순위대출 - 없음

협약 변경
- 총투자비: 1,000억
- 자기자본: 88.7억(8.87%)
- 타인자본: 911.3억(91.13%)

*경상사업수익률 = (1 + 불변사업수익률) × (1 + 물가상승률) - 1

1단계 자기자본수익률(ROE)의 산출: 실시협약상 사업수익률로부터 ROE를 산출

$$\text{WACC} = 자기자본비중 \times ROE + 타인자본비중 \times 이자비용$$
$$13.76\% = 33.41\% \times ROE + 66.59\% \times 12\%$$
$$ROE = 17.26\%$$

2단계 자본구조 변경 후 WACC 산출

$$\text{변경경상WACC} = 변경후\ 자기자본비중 \times ROE + 변경후\ 타인자본비중 \times 이자비용$$
$$\text{변경WACC} = 8.87\% \times 17.26\% + 91.13\% \times 12\%$$
$$\text{변경WACC} = 12.47\%$$

3단계 2단계에서 산출된 변경경상WACC에서 물가 제거 후 변경불변WACC 산출

경상사업수익률 = (1 + 불변사업수익률) × (1 + 물가상승률) - 1
12.47% = (1 + 불변사업수익률) × (1 + 4%) - 1
(12.47% + 1) / (1 + 4%) - 1 = 8.14%
불변사업수익률 = 8.14%

변경 전 사업수익률 13.76% → 수익률 차이 1.29% ← 변경 후 사업수익률 12.47%
자금재조달에 의한 기대이익 증가분 / 통행료 하락

4단계 자금재조달 이익산정 기준시점 이후 변경불변WACC를 적용하여 산출된 C/F로부터 불변사업수익률(불변재투자WACC) 산정

구분	자본구조변경 전		자본구조변경 후	
	1년차	2년차	3년차	4년차
민간사업비	A	B		
사업비 A의 재투자현금흐름		A×IRR	A×CIRR	A×CIRR
사업비 B의 자투자현금흐름			B×CIRR	B×CIRR
순현금흐름	-A	A×IRR-B	(A+B)CIRR	(A+B)CIRR

※ IRR은 불변사업수익률, CIRR은 변경불변WACC를 의미

5단계 ▶ 주무관청과 사업시행자는 공유 비율에 따라 이익공유

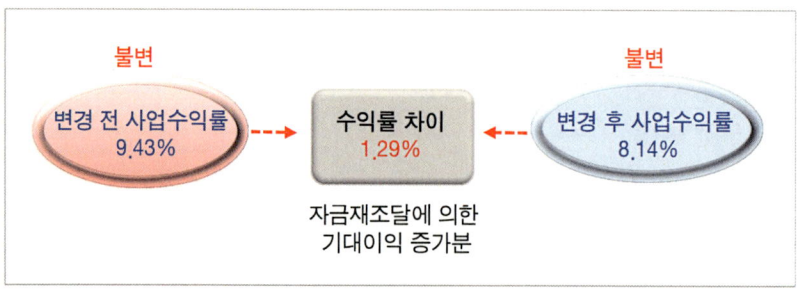

② 출자자 기대수익률 증가이익 산정: 기준재무모델 대비 비교재무모델의 출자자 경상투자수익률(Blended ROE) 증가분으로 산정

(8) CASE STUDY 결과

- 변경 전 ROE와 변경 후 ROE는 모두 17.27%로 변동이 없지만, 경상사업수익률은 13.76%에서 12.47%로 변경되었다.
- 변경 전 주주의 기대수익률(ROE)은 배당금(청산배당 포함)을 고려하여 산정되기 때문에 ROE의 변화가 없으므로 기존 출자자가 Refinancing을 통해 얻을 수 있는 수익은 없다.
- Refinancing 지침에 따르면 경상사업수익률이 하향 조정되었기 때문에(12.47%) 당초 13.76% 수준에서 통행료가 2000원이었다면 그보다 낮은 수준으로 떨어지게 되므로 이에 따른 Refinancing 차액이 발생하게 된다.
- 또한 Refinancing으로 인한 조기배당, 타인자본 증가로 인한 법인세 감소 효과도 발생한다.
- 이러한 효과까지 고려한다면 Refinancing에 의한 이익공유는 50:50 비율로 공유하는 것이 아니라 주무관청이 일방적으로 이익을 향유하게 되는 것이다.
- 본 사례에서는 Refinancing을 선순위만 있다고 가정하였으나, 후순위채를 고려하면 이익공유 문제는 더욱 논란이 될 수 있다.

- 왜냐하면, 후순위채가 준 자본의 성격을 갖기 때문에 주무관청에서 이를 자본금으로 볼 가능성이 높고, 사업자는 타인자본으로 볼 가능성이 높으므로 자기자본수익률에 큰 차이가 발생할 수 있기 때문이다.

(9) BTL 사업 적용 가능성

2013년 자금재조달 세부요령에서는 BTL 사업에 대해서 원칙적으로 자금재조달 원칙을 적용하지 않는 것으로 하되, 자기자본비율의 상당한 변동 등 자금재조달 효과가 예외적으로 크게 발생할 경우에만 적용하는 것으로 규정되었다. 그러나 2014년에는 기본계획 제27조에 의해 BTL 사업에도 적용 가능한 여지를 두는 것으로 개정되었다. 실제로 일부 BTL 사업에서 자금재조달에 대해 이익공유가 이루어진 사례가 있다.

(10) 재무모델 작성

① 기본재무모델: 실시협약의 사업시행조건에 자금재조달 이익 산정 기준시점까지 발생한 협약 변경사항을 반영하여 작성한다.

- 총사업비 변경, 법인세 변경에 따른 법인세액의 증감, 협약 변경사항, 사업조건 합의사항 등

② 기준재무모델: 기본재무모델에 운영수입, 운영비용, 실적물가상승률, 미래예측 불가상승률 등을 반영하여 작성한다.

- 미래 예측 물가상승률은 중기 물가 안정목표와 최근 3년간 물가상승률 실적치의 평균이다.
- 실시협약물가 적용기준과 동일하게 반영한다. (건설: 기말, 운영: 기초)
- 법인세비용 : 자금재조달 이익산정의 기준시점에서 재추정하여 반영한다.

③ 비교재무모델: 기준재무모델에 실제 금융약정(사전검토의 경우 자금재조달 계획서), 자금재조달 이익산정의 기준시점 당시의 공정한 시장가격 및 조건을 반영하여 작성한다.

2. 출자자 기대수익률 증가이익 산정

- 기준재무모델 대비 비교재무모델의 출자자 경상투자수익률(Blended ROE) 증가분으로 산정

구분	기본재무모델 (WACC 효과)			기준 재무모델	비교재무모델 I (자본구조 변경)		비교재무모델 II (타인자본조달 조건 변경)	
	반영 전	반영 후	공유 후		공유 전	공유 후	공유 전	공유 후
불변사업수익률	9.43%	8.14%	8.785%					
WACC 효과로 인한 이익	1.29%							
불변사용료 (원/km)	57원		55원					
Blended ROE				13%	17%	15%	18%	16.5%
ROE 증가이익					4%		3%	
불변사용료 (원/km)					51원/km		49원/km	48원/km

※ 이익공유 5:5 가정

(1) 사용자 편의제공수준을 고려한 자금재조달 이익 산정

① 개념

사업시행자가 실시협약 사용료보다 낮은 사용료를 징수 시 자금재조달에 따른 이익공유를 사업시행자가 미리 제공한 것으로 간주하여 자금재조달 이익공유에서 차감하여 적용한다. (단, 손실보전을 주무관청이 하기로 한 경우는 제외)

② 대상사업

주무관청과 협의에 의하여 매년도 작용사용료를 결정하고 징수한다. 도로, 철도 부문 등 불특정 최종이용자로부터 사용료를 수취하며, 사용료 인하로 사회적 후생을 증가시킬 수 있는 사업이다. (항만사업 제외)

③ 산정방법

사용자 편의제공수준을 반영하여 작성한 기준재무모델과 비교재무모델의 출자자 경상투자수익률의 증가분으로 측정한다. (단, 편의제공 기준재무모델 기대수익률보다 비교재무모델 출자자 기대수익률이 클 경우 초과분은 없음)

구분		편의제공수준 고려 전	편의제공수준 고려 후
비교재무모델	출자자 기대수익률	출자자 기대수익률 증가분	출자자 기대수익률 증가분
기준재무모델 (편의제공수준 반영)	출자자 기대수익률		
기준재무모델	출자자 기대수익률		

④ 편의제공수준을 반영한 기준재무모델의 운영수입 산정 방법

$$\text{기준재무모델(편의제공수준 고려)에 반영할 실적 운영수입}$$
$$= \text{운영수입실적치} \times (1 + \text{편의제공수준})$$

⑤ 각 사업연도의 편의제공수준 산정

$$\text{각 사업연도 편의제공수준}$$
$$\left(\frac{1 + \text{협약에 따른 사용료 최대 누적조정률}}{1 + \text{사용료 조정신고시 반영한 누적조정률}} - 1 \right) \times 0.8 \times \text{합의수준}$$

※ 0.8: 법인세율을 고려한 수치
※ 합의수준: 사업시행자와 주무관청이 사용자 편의제공의 대가 중 차기 자금재조달 시 공유대상이익 산정에 반영하기로 합의한 비율

(2) 편의제공수준 산정 예시

- 매 사업연도에 적용할 사용료를 전년도 소비자 물가지수 변동분의 범위 내에서 산정하도록 협약·체결된 사업에서 소비자물가지수가 매년 3% 인상되고 운영 1, 2, 3년차 사용료 조정률이 각각 3%, 2%, 1%이며 합의 수준이 50%인 경우의 편의제공수준

구분	협약에 따른 사용료 최대 누적조정율	사용료조정 신고시 반영한 누적조정율	합의 수준	편의제공수준
운영1년차	3%	3%		
운영2년차	6.09% (=1.03×1.03-1)	5.06% (=1.03×1.02-1)	50%	(1.0609/1.0506-1) × 0.8 × 0.5 = 0.0039
운영3년차	9.27% (=1.0609×1.03-1)	7.16% (=1.0506×1.02-1)	50%	(1.0927/1.0716-1) × 0.8 × 0.5 = 0.0079

(3) 자금재조달 이익의 재산정 (기본계획 제30조 1항 7호)

① 개념

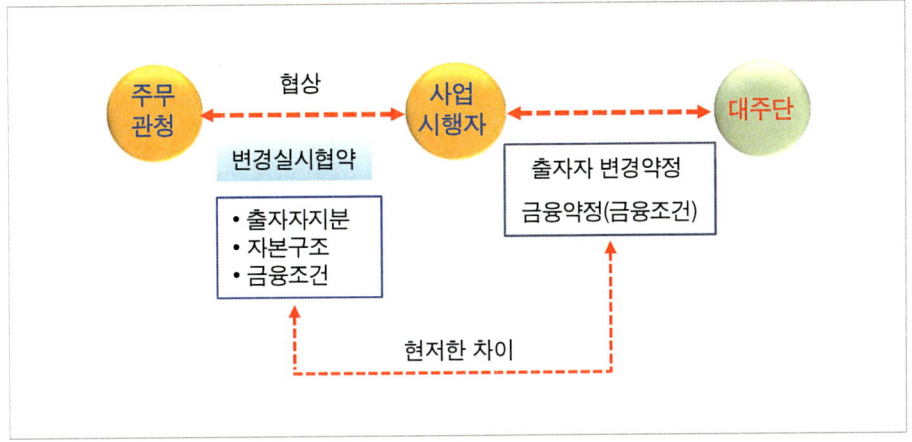

② 이익 재산정 절차 및 요건

실시협약 변경으로 사업시행자가 출자자 변경약정 또는 금융약정을 체결한 경우에는 그 체결일로부터 5영업일 내에 주무관청(국가관리사업의 경우 기재부장관 포함) 제출해야 한다.

✓ 제출서류
- 대출약정서 및 부속서류
- 변경실시협약(재무모델 포함)과 사업시행자가 실제 체결한 약정의 비교분석표
- 출자자지분 상세 변경 내역
- 자본구조 상세 변경 내역
- 주요 타인자본 조달조건(타인자본 조달금리, 상환기간, 배당 제한 조건, 금융조달수수료 등)의 상세 변경 내역

(4) 자금재조달 이익의 공유

① 개념

자금재조달에 따른 출자자의 기대수익 증가분을 사업시행자와 주무관청이 공유하는 것을 말한다.

- 공유이익: 주무관청에 귀속되는 이익
- 공유이익의 사용: 사용료 인하의 방법으로 사용하는 것

② 방법

✓ **공유이익**: 사용료 인하에 우선 사용 (도로, 철도 등의 사업)
→ 적절치 않은 경우, 개별사업의 특성을 고려한 MRG 축소, 무상사용기간 단축, 투자위험분담금 축소, 재정 지원 축소, 현금 수취 등 해당 민간투자사업의 사업시행조건 개선에 사용 가능하다.

※ 공유이익을 재정지원 축소에 사용할 경우 민간투자비가 변경되어 사업시행자의 추가 출자 및 재원조달등의 문제가 발생할 수 있으므로 주무관청은 이를 고려하여 사용방법을 결정해야 한다.

✓ **최소운영수입보장이 존재하는 도로사업**

실제 통행량을 고려할 때 MRG의 지급 가능성이 낮은 경우 자금재조달 이후부터 무상사용기간 종료일까지의 불변통행료를 인하하는 방식으로 고려 가능하다. 반대의 경우에는 잔여운영기간의 MRG 보장율을 인하하는 방식으로 공유이익 고려가 가능하다.

✓ **고정, 변동사용료가 존재하는 환경사업**

공유이익을 고정사용료에 100%, 변동사용료에 100%, 각각 50%씩 사용하는 방안 중에 실제처리량과 예상처리량을 고려하여 주무관청에 더 유리한 사용방안을 선택할 수 있다.

(5) 자금재조달 이익의 공유비율

주무관청과 사업시행자 간 이익공유비율은 30 : 70이다. 단, 운영기간 중 최소운영수입보장 또는 기본계획 제32조에 따른 투자위험분담금 제도가 존재하는 사업의 경우 50 : 50으로 한다.

(6) 이익공유 시점

① 건설기간 중

1) 자금재조달이 금융약정체결에 의하여 이루어지는 경우: 당해 금융약정 체결 시점
2) 출자자 변경만으로 이루어지는 경우: 주무관청 승인 시점 (기본계획 제26조 ①항 사전승인 대상)
3) 사전검토의 경우: 각 1), 2)항 시점의 예정일. 또는 가장 최근의 감사 또는 검토보고서상 결산기준일
4) 준공시점
5) 2013년 12월 31일까지 금융약정이 체결된 사업: 실시협약 체결 후 재무투자자의 철회 또는 변경으로 실시협약과 다르게 자본구조 또는 출자지분이 변경된 경우 주무관청 귀속분 중에서 50%는 준공시점, 잔여 50%의 공유이익은 준공 후 5년 되는 시점 (준공 후 5년 내에 자금재조달이 다시 일어나는 경우는 그 시점)

② 운영기간 중

1) 자금재조달이 금융약정 체결에 의하여 이루어지는 경우: 당해 금융약정 체결 시점
2) 출자자 변경만으로 이루어지는 경우: 주무관청 승인 시점 (기본계획 제26조 ①항 사전승인 대상)

(7) 자금재조달계획서의 검토

자금재조달은 국가관리사업 해당 여부, 총사업비 규모에 따라 아래와 같이 구분하여 진행한다. (사업시행자가 자금재조달계획을 제출한 경우와 주무관청이 요청한 경우를 모두 포함)

구분		민간투자사업 심의위원회	공공투자관리센터 사전검토
민간투자사업심의위원회 심의를 거친 국가관리사업		적용	적용
민간투자심의위원회 심의를 거치지 않은 사업	총사업비 500억 원 이상	미적용	적용
	총사업비 500억 원 미만	미적용	요청 시 적용

(8) 사업시행자가 자금재조달 계획을 제시한 경우

① 민간투자사업심의위원회 심의를 거친 국가관리사업

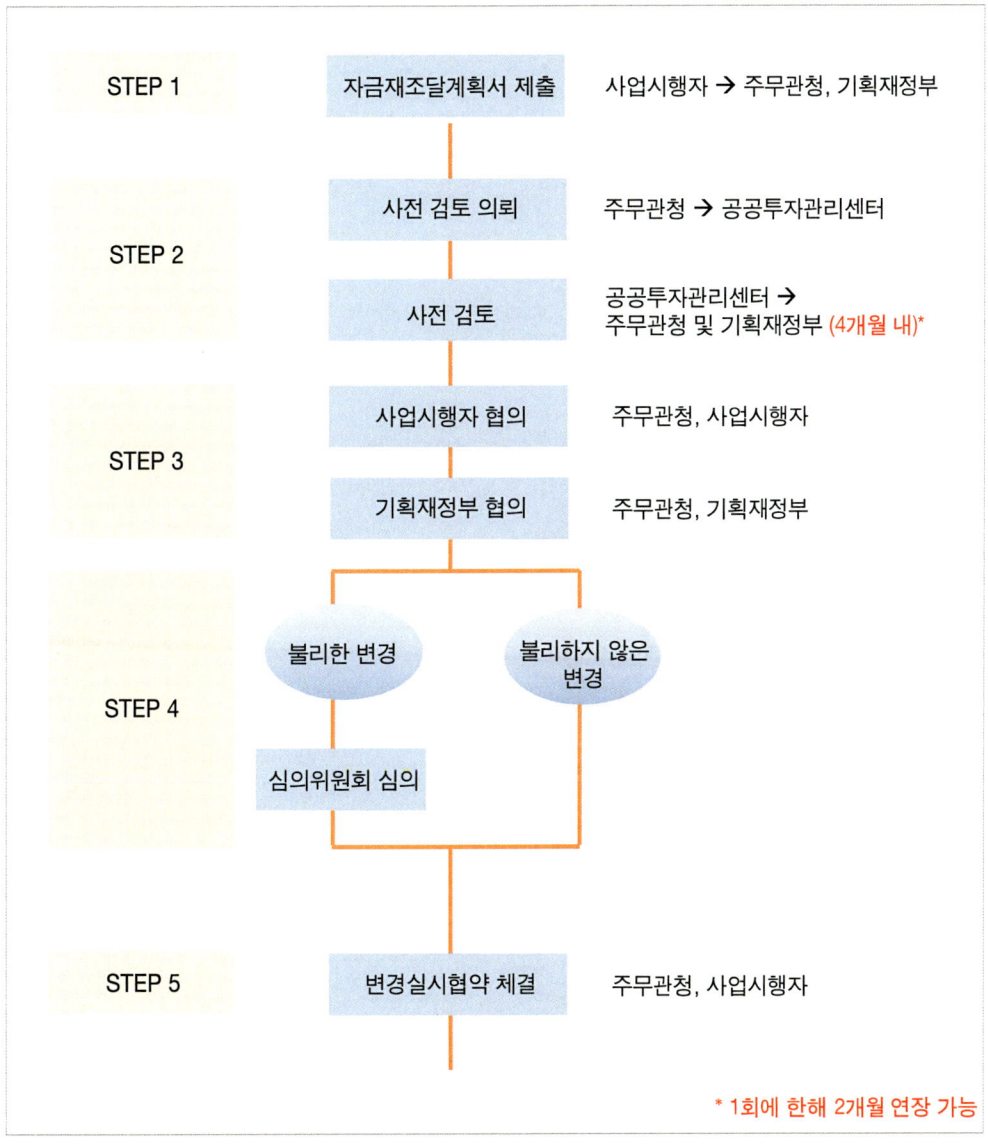

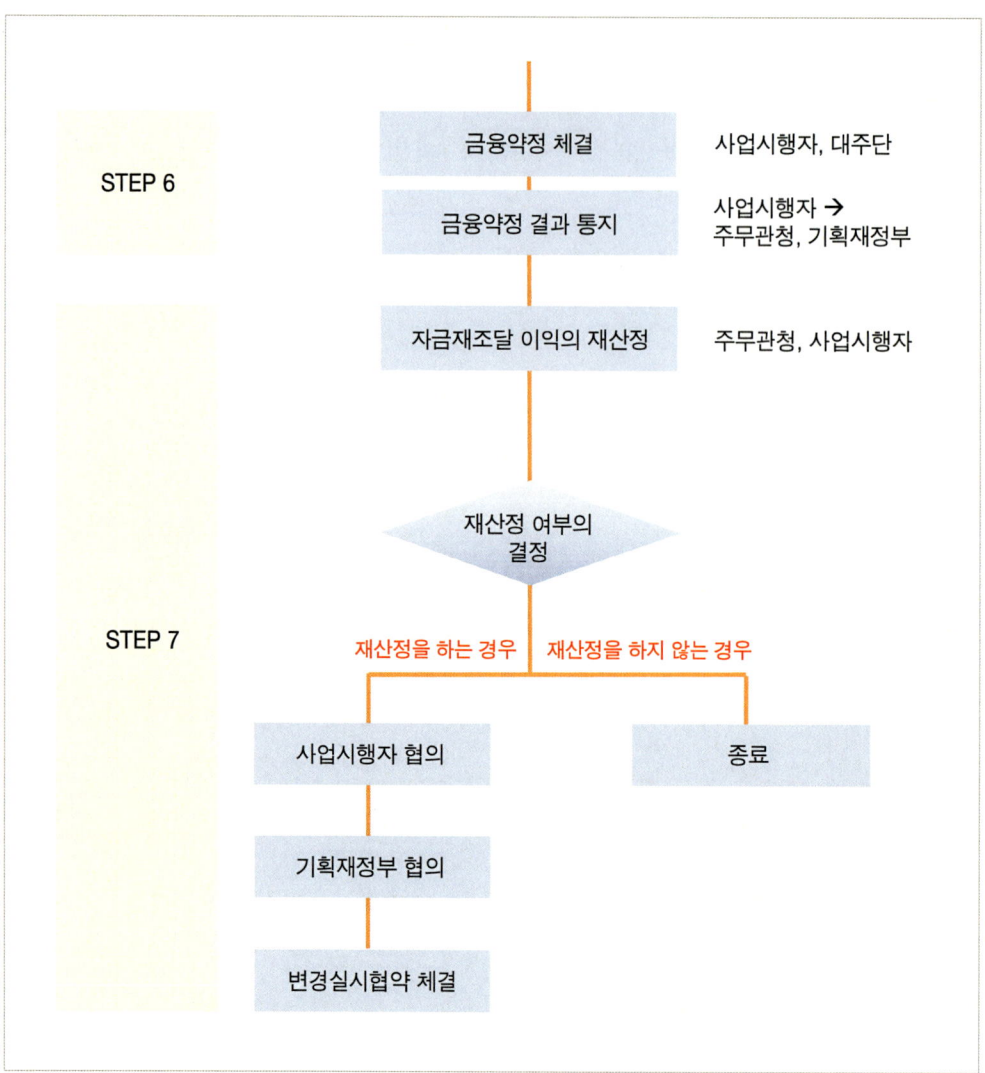

② 민간투자사업심의위원회 심의를 거치지 않은 사업으로 실시협약상 **총사업비가 500억 원 이상인 사업**

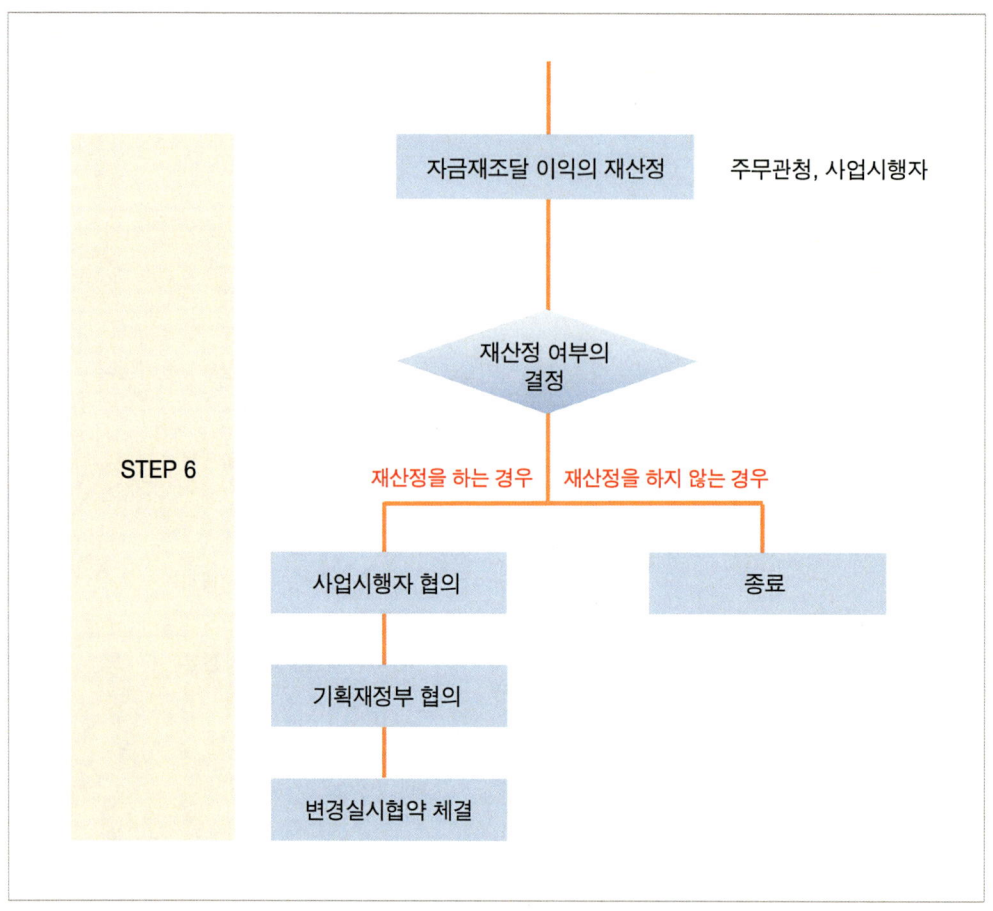

③ 민간투자사업심의위원회 심의를 거치지 않은 사업으로 실시협약상 총사업비가 500억 원 미만인 사업

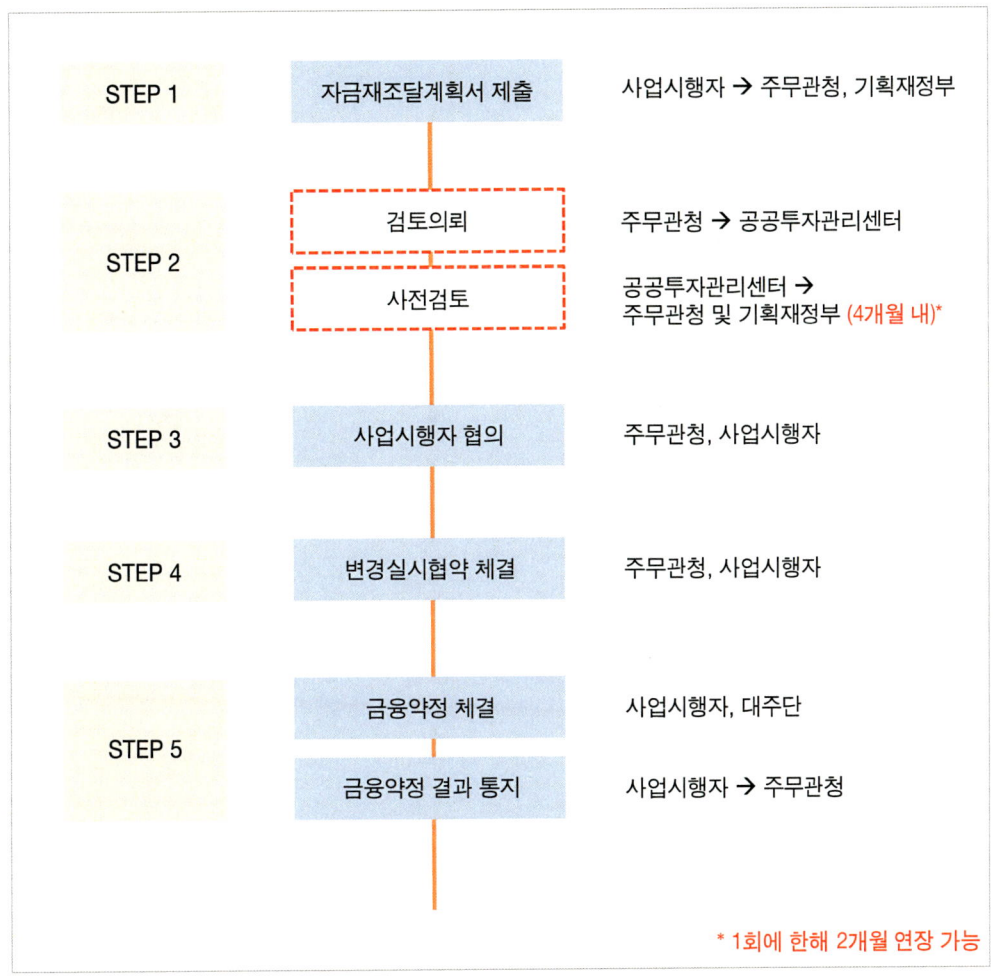

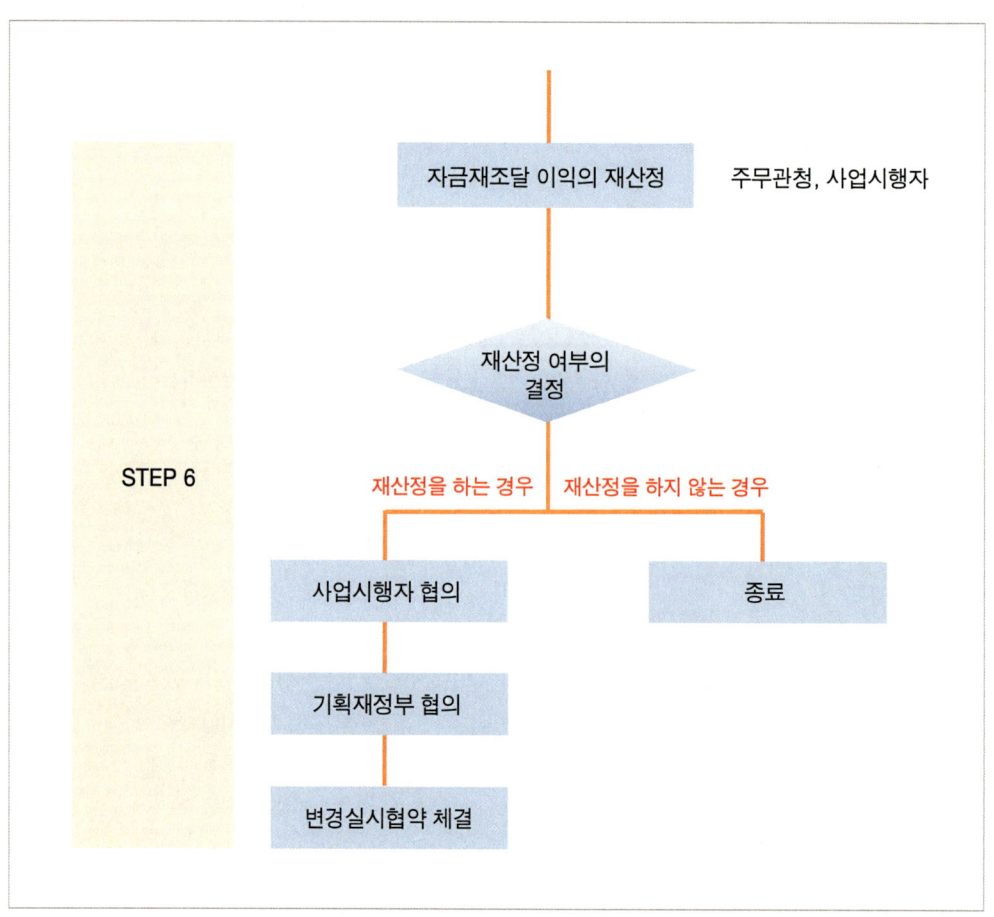

(9) 주무관청의 자금재조달 요청

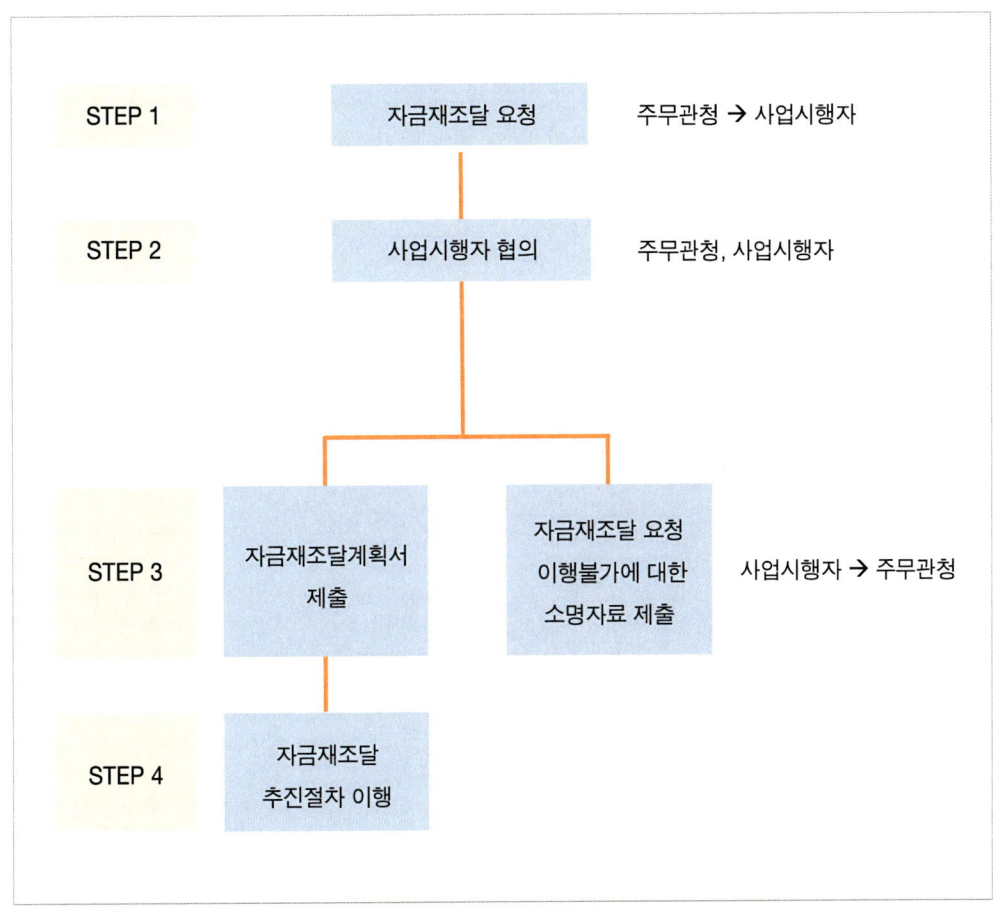

3 WACC 효과 이익공유에 대한 반론

- WACC는 자기자본비용과 타인자본비용을 가중평균한 자본비용으로서 자본예산에서 IRR 등 사업수익률과 비교하여 경제성을 평가하는 개념이다.
- WACC = 자기자본조달비용 × 자기자본비율 + 타인자본조달비용 × 타인자본비율
- 이는 자기자본과 타인자본을 포함한 프로젝트에 소요된 총투자비의 관점에서 접근된 사업수익률 개념이다. 예를 들면 대차대조표상의 자산(=총자본=타인자본+자기자본)을 기준으로 측정된 수익률 개념이다.
- 이와 비교하여, 자기자본수익률은 자기자본의 관점에서 접근된 수익률 개념이다. 예를 들면 대차대조표상의 자본(=자기자본)을 기준으로 측정된 수익률 개념이다.

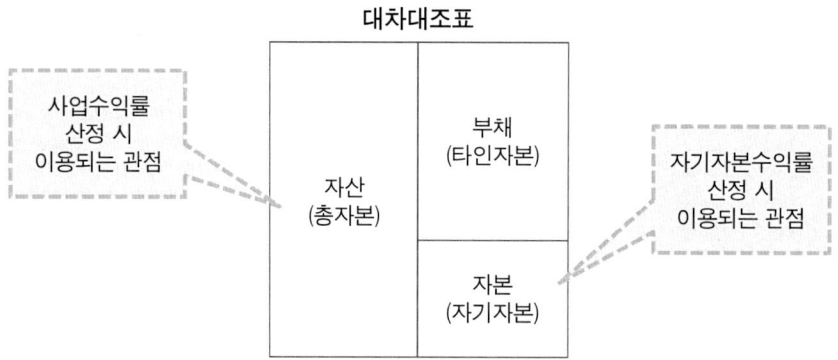

- 그러나, 상기 대차대조표를 예로 들어 설명한 바와 같이, WACC 효과는 자산을 기준으로 측정하는 수익률의 증가이고, ROE 증가이익은 자본을 기준으로 측정하는 수익률의 증가분이므로, 동 2가지의 증가분을 합쳐서 이익을 공유하는 것은 이중으로 이익을 공유하는 것이다.
- 따라서, WACC 효과는 이익공유 대상에서 제외되는 것이 바람직할 것이다.

VIII
민자 적격성조사

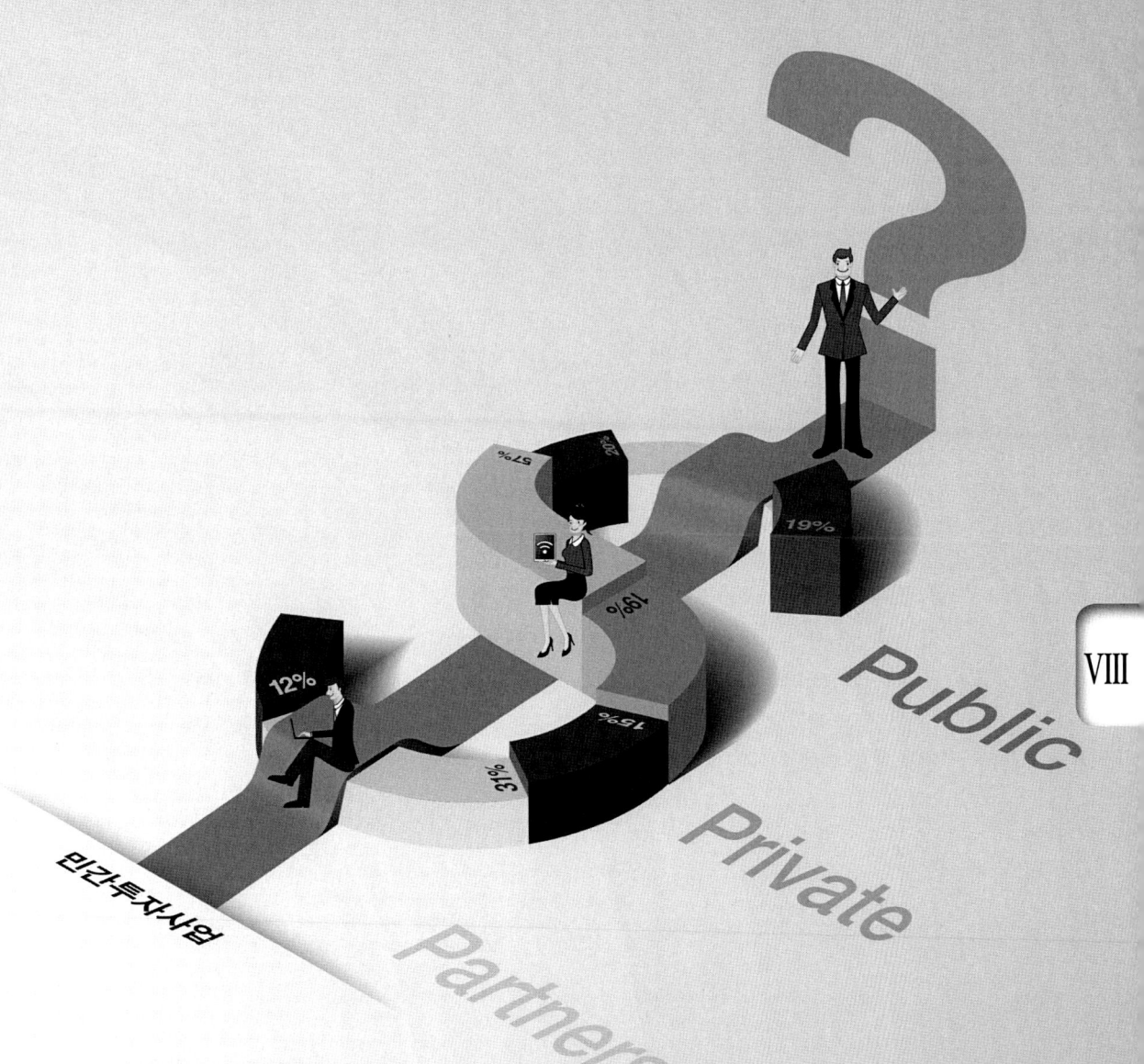

1 민자사업 타당성조사의 개요

임대형 민자사업(BTL)의 타당성분석은 사업 시행으로 인한 기대편익 및 시급성 등을 위주로 경제 및 정책면에서 타당성조사를 수행하고, 재정사업 추진 시와 대비하여 BTL 사업으로 추진 시 비용편익의 우월성 여부를 분석하는 것이다. (출처: 「BTL 사업타당성 및 민간투자 적격성조사 세부요령, 시설사업기본계획 작성요령, 표준실시협약안 정책연구보고서」, KDI 공공투자관리센터, 2011.03)

BTL 사업의 타당성분석

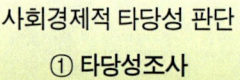

① 경제적 타당성(B/C) 판단과 정책적인 타당성 수행
② 재정사업 추진 시와 BTL 사업 추진 시에 Value for Money 산정, 비교를 통한 정량적 분석과 서비스 질 제고 등의 정성적 분석으로 어느 사업방식이 유리한지 판단
③ 민간투자 적격성이 있는 사업에 대해 재무분석을 추가적으로 실시하여 사업계획서 평가 및 우선협상 대상자 선정과정에서 중요한 가이드라인으로 활용

2 조사의 법적 근거

타당성조사 관련규정

구분	관련규정	제외시설
타당성조사	• 건설기술관리법시행령 제38조의 6: 모든 건설공사 • 민간투자사업기본계획 제107조: 모든 BTL 단위사업	• 건설기술관리법시행령 제38조의6 총 공사비가 500억 원 미만으로 예상되는 건설공사로서 해당 중앙관서의 장이 당해 건설공사의 특성상 타당성조사를 실시할 필요가 없다고 인정하는 경우

민간투자 적격성조사 관련규정

구분	관련규정	제외시설
민간투자 적격성조사	• 민간투자사업기본계획 제107조: 모든 BTL 사업에 대해 민자 적격성조사 실시 • BTL 타당성 및 민자 적격성조사 세부요령(민간투자사업 기본계획 제107조): 민투심 심의대상이 아닌 총 사업비 1,000억 원 미만 사업 중 군주거시설, 하수관거시설, 초·중등학교 시설은 간이 적격성조사 실시	• 제외시설 없음

3 타당성 재검증

주무관청은 당초 시설사업기본계획과 비교하여 협상 단계에서 다음과 같이 사업의 주요내용 등이 변경된 경우에는 협약 체결 전 민자 적격성조사를 실시하여 민자 적격성(VFM) 확보 여부를 재검증하여야 한다.

(1) 총사업비가 20% 이상 증가한 경우

> 추정수요량이 30% 이상 감소된 경우 등 당초 시설사업기본계획과 비교하여 총사업비, 추정수요* 등 사업내용이 대폭 변경되는 경우 협약체결 전 VFM의 재검증이 필요하다.
>
> *추정수요량의 감소는 BTL 사업에서 일반적인 경우는 아니나, 군대 배치 계획 변경 등으로 병영시설 또는 군주거시설의 수요 변경, 학생 수 감소 등으로 일부 학교시설에 대한 수요가 변경된 경우 등이 있을 수 있다.

(2) 재검증 시행이 필요한 경우

> 기 시행된 적격성조사에서 설정된 준거사업이 변동된 경우에는 준거사업을 재설정하고 이를 기준으로 PSC를 수정하는 것이 필요하다.

4 수행절차

> **1단계** 사업 추진의 타당성 판단(Decision to Invest)

✓ **해당 사업을 재정사업으로 추진할 때**

① 타당성조사를 실시해 왔던 경우는 BTL 대상사업이라 하더라도 예전과 같이 동일한 수준의 **타당성조사**를 수행한다.
② 타당성조사를 본격적으로 실시하지 않고 주무부처의 정책적 판단만으로 타당성 조사를 갈음했던 경우에는 동일한 수준의 '정책적 타당성 판단'으로 타당성 조사를 갈음한다.

- 단, 주무부처의 '정책적 타당성 판단'만으로 타당성 조사를 갈음하기 위해, 주무부처는 '정책적 판단의 절차', 판단 근거 및 내용 등에 관한 사항을 정리하여 기획재정부에 제출하고 기획재정부는 약식으로 심의한다.

정형화된 타당성조사

경제성 분석, 정책적 분석을 통해 결과를 종합하여 국가 경제적 측면, 정책적 측면에서 해당 사업이 추진되어야 할 당위성 여부를 평가한다. **(예) 국토부의 철도 건설 사업**

- 참조: 예비타당성조사 일반지침(KDI) 또는 주무부처의 타당성조사 수행지침
- 예타일반지침(제4판) 사회적할인율의 조정(KDI): 사회적할인율 값 6.5%(실질할인율)는 최근 실질기준이자율, 사회적 시간선호율 등을 고려한 5.5%로 하향 조정됨 (2007.7.5)

정책적 타당성 판단으로 갈음하는 경우

해당사업이 재정사업으로 추진되던 경우에 타당성조사 대신 주무부처의 정책적 판단에 의해 사업 추진이 결정되었다면, BTL 사업으로 추진할 경우에도 정책적 타당성 판단 과정만 거쳐서 타당성 유무를 평가한다.

- 참조: 예비타당성조사 일반지침(KDI) 또는 주무부처의 타당성조사 수행지침

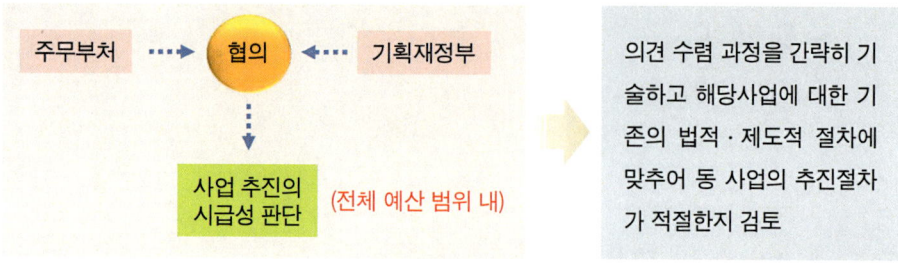

- 다만, 국가가 기초적인 서비스 제공을 위해 의무적으로 투자해야 하는 성격이 강하고 경제적 편익을 직접 계량화하는 데에 상당한 제약이 있는 사업들은 경제성 분석 등의 본격적인 타당성조사 수행이 사실상 힘들 것으로 판단된다.

타당성이 있는 사업으로 판명되는 경우 2단계 절차 수행

민간투자적격성 판단
Decision to PFI (Private Partnership in Infrastructure)

2단계 민간투자 적격성 판단(Decision to PFI)

(1) VFM(Value For Money) 분석 실시

VfM은 정부실행대안(PSC; Public Sector Comparator)과 비교 시 민간투자대안(PFI; Private Finance Initiative)이 적격한지 여부를 판단하는 것이다.

- VFM(Value For Money) 분석이란?

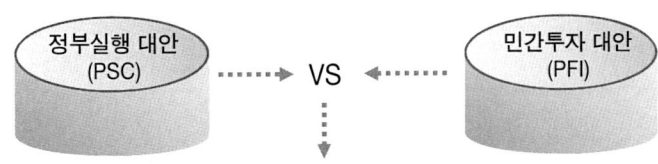

- VFM이 있는 대안이란?

 동일한 서비스 수준을 제공하는 사업방식을 비교할 경우, 비용 대비 높은 가치의 서비스를 공급하는 대안이다.

(2) 정량적 VFM 및 정성적 VFM 평가 결과를 종합적으로 분석하여 최종적으로 PFI 적격성 유무 판단

 정량적 평가와 정성적 평가의 종합 방법에 따라 타당성 유무의 오류 발생 가능 위험이 존재한다. 이에 대해 정성적 평가 방법론을 어떻게 구체화할 것인지가 issue다.

(3) 정량적 VFM 분석: PSC와 PFI의 생애주기비용(LCC) 비교

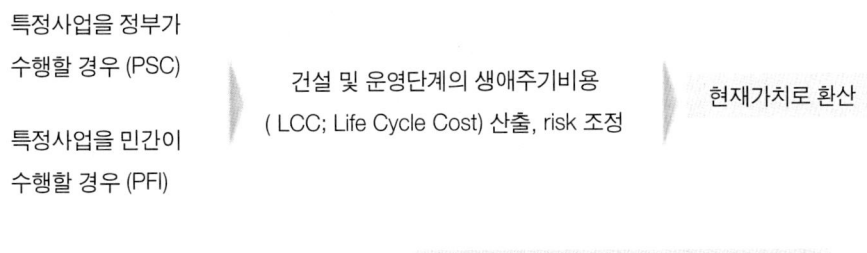

(4) 정성적 VFM 분석: 서비스 질 향상, 기술혁신, 파급효과 등 정량화가 불가능한 부분을 정성적으로 산출하여 비교

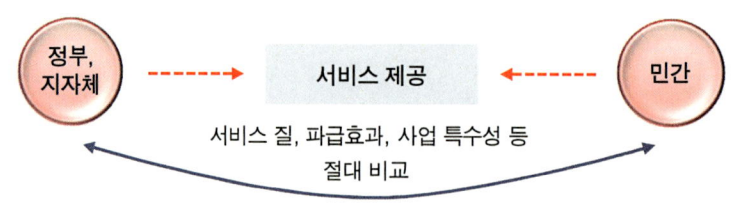

예시: 사업의 VFM 분석 결과 (단위: 원)

사업 대안	PSC	PFI		
		1안 (수익률 5%)	2안 (수익률 5.5%)	3안 (수익률 6%)
시설임대료	해당없음	1,429억 (매년 48억)	1,512억 (매년 50억)	1596억 (매년 53억)
총현금지출 (정부지급금)	1,612억	2,015억	2,188억	2,272억
총현금지출의 현가	880억	827억	861억	895억

참조: 2010년 민간투자 정책연구보고서 「임대형 민자사업 타당성 및 민간투자 적격성조사 세부요령, 시설사업기본계획 작성요령, 표준실시협약안」 2011.03

→ 1안과 2안이 (PSC) LCC > (PFI) LCC이기 때문에 VFM이 있다. 따라서 민간투자사업으로 시행하는 것이 유리하다.

(5) 종합평가: 정성적 VFM 분석결과와 정량적 VFM 분석결과를 종합하여 민간투자 대안의 적격성 유무를 판단한다.

정량적 평가항목과 정성적 평가항목의 배점기준, 평가항목 내의 소항목 간 배점기준 등은 사업별 특성을 고려하여 차등화하되 기급적 차이를 최소화하도록 한다.

(6) 민간투자 적격성 판단을 통하여 적격성이 있는 사업으로 판명된 사업의 경우 3단계인 실행대안 구축을 위해 재무분석 이행

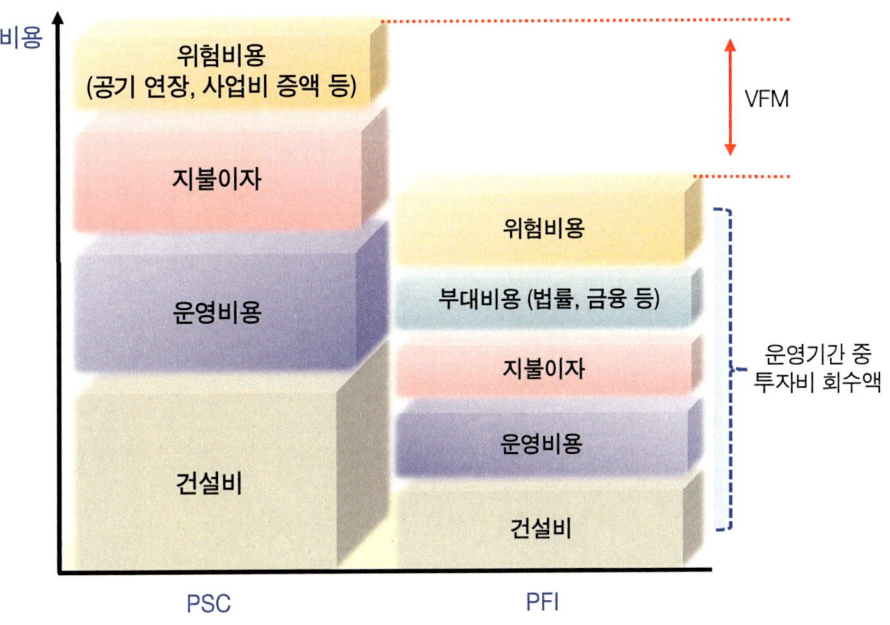

※ 출처: KDI 공공투자관리센터 「2013년 민간기업대상 민간투자사업 교육」 2013.05.24

3단계   민간투자 실행대안 구축

(1) 예상 정부지급금 (시설임대료 및 운영비)

- 시설임대료: 건설비에 대한 보상비 성격

(2) 사전적으로 산출되는 정부지급금 규모는 사업제안서 평가 및 우선협상대상자 선정 과정에서 중요한 가이드라인으로 활용

- 초기단계의 재무분석이므로 각종 시나리오에 대하여 최대한 많은 대안을 분석

타당성 및 민간투자 적격성조사 체계

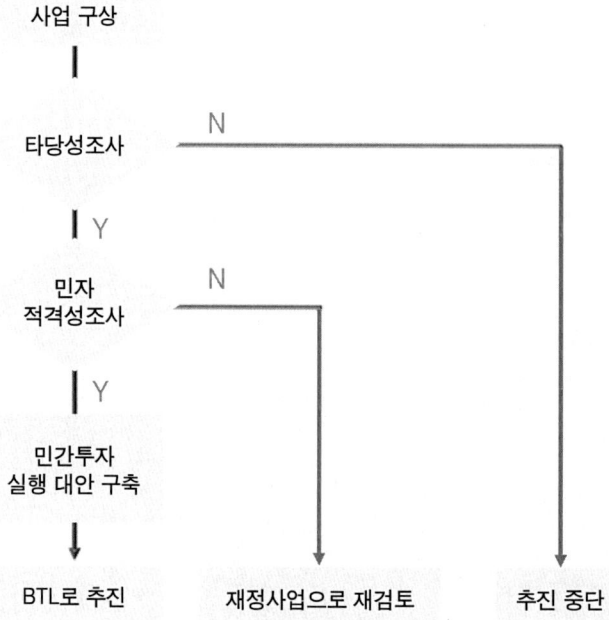

5 정량적 VFM 분석

준거사업의 설정	PSC와 PFI 모두 동일한 서비스 제공 전제로 분석 • 준거사업(Reference Project): 동일한 서비스수준을 제공하는 사업을 말하며, 성과요구수준서의 모든 요소를 만족시키는 가장 일반적이며 효율적인 사업으로 PSC와 PFI의 투자비, 운영비, 수입을 산정하도록 함 • 준거사업의 내용을 적격성조사보고서에 구체적으로 기술하여야 함
분석기준일 설정	불변비용을 적용하여 분석을 시행하므로 분석기준일이 필요 • 분석기준일의 가격으로 모든 비용을 산정하고 분석 • 특별한 사유가 없는 한 적격성조사를 시행하는 년도의 1월 1일로 설정 (예) 2011년에 추진할 예정인 한도요구사업의 경우, 전년도(2010년)에 타당성분석 및 한도액 요구를 하게 되므로 2010년 1월 1일을 분석기준일로 설정
기준원가의 산정	기준원가(Raw PSC)란? 준거사업을 직접 시행할 경우를 가정하여 산정한 해당 시설의 기초원가를 뜻함 • 사업기간 동안 발생할 건설비용, 운영비용, 유지관리비용, 운영수입 등을 포함하고, 개별 시설과 관련하여 법규에서 필요가 인정되는 제반 비용(점검비 등)을 VFM 분석에 반영

(1) 공정한 비교를 위한 조정 항목

정부 실행대안과 가상 민간 실행대안 간의 공정한 비교가 가능하도록 일부 항목에 대하여 조정한다(Adjustments).

항목	내용
사용료 수입 발생	PSC와 PFI 모두 동일하게 수입이 발생하므로 모두의 비용에서 차감 (예) 도서관 이용료
부대사업 실시비용	사전적으로 명백하게 부대사업으로 인정되는 시설물이 있는 경우에만 한정적으로 산정
민간투자 대안의 조세 납부 (부가가치세 등)	PSC에서는 (준)조세납부가 없으나 PFI에는 (준)조세납부가 있다. 따라서 동등성을 평가할 때 PFI에서 (준)조세납부는 제외된다. (정부의 수입으로 환수되기 때문) ※ RFP에는 PSC 비용을 고시할 경우 조세 관련 비용이 포함되지 않았음을 명시해야 한다.
보상비	정부가 보상비에 대한 예산을 별도로 확보하여 사업을 추진하는 경우는 분석에서 제외
정부의 Monitoring 비용	민간투자로 실행할 때 기존의 인력 및 자원 외에 추가적인 인력 및 자원이 상당부분 소요될 것으로 명백히 인정되는 경우는 PFI 산정에서 별도의 비용을 반영할 수 있음
기타	사업부문별로 PSC 및 PFI에서 조정해야 할 항목이 있다고 판단되는 경우에는 그 논거를 구체적으로 밝히고 추가로 조정하는 것이 가능

① 위험의 계량화

1) 공기 연장 및 공사비 증액 위험	• 정부 실행 대안의 경우, 턴키 및 대안공사 낙찰율 적용 • 턴키, 대안공사는 사업비 총액이 결정되는 경우 변경이 어려워 총사업비 증액 위험이 이미 비용화된 것으로 분석되는데, 이로 인해 낙찰율이 높게 형성됨
2) 금리 상승, 계약 해지 위험	• PSC의 위험 계량화 비용으로 반영하는 경우 PFI 보험 항목 중 일부를 반영

✓ VFM 산정 시 위험비용 계량화를 위해 보험료 등에 포함된 부분은 별도의 항목으로 산정하나, 여타의 위험요소는 사회적 할인율, 수익률(PFI 사업방식의 경우)등의 항목에 간접적으로 반영된 것으로 가정하고 분석한다. 단, 계량화할 수 없는 큰 위험요소가 명백하게 존재한다고 판단될 경우에는 명시적으로 기술하고 정성적 VFM 평가항목에 포함시켜 검토한다.

② PSC 및 PFI의 LCC 산정 및 비교

1) 생애주기비용 (LCC) 산정 원칙	• PSC 및 PFI의 정량적 LCC를 산정하여 평가하기 위해 두 대안에서 각각 정부가 지출해야 할 현금지출액을 항목별로 계산한 후 현재가치화하여 비교함

✓ PSC 및 PFI의 건설기간 동안의 현금지출액은 물가변동을 반영한 경상가격으로 산정한다.

(2) 사업비 및 운영비 산정 원칙

구분	PSC	PFI
사업비 및 운영비 세부항목	• 엔지니어링사업대가, 정부표준품셈 및 단가 (필요 시 재정사업으로 시행한 유사시설 실적자료 참조) • 운영비는 소비자물가지수 반영	민간사업자가 수행한 유사한 시설의 건설비, 유지관리비 및 운영비의 실적단가 참조
공사비	설계가 산정 후 최근 ① 턴키 공사, ② 대안공사 낙찰율 적용	
설계, 감리비 등	낙찰율이 적용된 공사비를 모수로 산정하므로 별로의 낙찰율을 적용하지 않음 ①, ②는 최근 3~5년간 유사시설의 주무관청이 시행한 유사시설의 평균 낙찰율을 적용하고, 사례가 없는 경우는 타 지역의 최근 3~5년간 동일 및 유사시설에 대한 평균 낙찰율을 적용	
기타	• 건설비 현금지출액 산정을 위한 실적자료 이용 시 건설투자 GDP deflator를 이용하여 불변가격 환산 • 부대사업계획이 사전적으로 확정된 경우 부대시설건설비 및 부대사업 운영비등 관련비용을 포함	

현금지출액 집계표

항목			PSC	PFI
시설투자비	사업비	건설비	(1) 조사설계비 (2) 공사비	(1) 조사설계비 (2) 공사비
		보상비	(3) 용지 및 지장물 보상비	(3) 용지 및 지장물 보상비
		부대비	(4) 타당성 조사비 (5) 교통영향평가비 (6) 환경영향평가비 (7) 감리비 (8) 각종 보험료	(4) 타당성 조사비 (5) 교통영향평가비 (6) 환경영향평가비 (7) 감리비 (8) 각종 보험료
		(9) 운영설비비		(9) 운영설비비
		(10) 영업준비금		(10) 영업준비금
	제세공과금 및 금융부대비용		(11) 금융비용	(11) 금융비용
	소계			
시설임대료			해당없음	시설임대료 (수익률 반영, 부대사업수익차감)
운영비			(12) 운영관리비(인건비, 제 비용) (13) 유지보수비 (14) 관리감독비	(12) 운영관리비(인건비, 제 비용) (13) 유지보수비 (14) 관리감독비
합계			현금지출 총액 (시설투자비+운영비)	현금지출 총액 (시설투자비+운영비)
현재가치 합계			명목할인률 6.0%를 적용한 평가시점 현재가치	명목할인률 6.0%를 적용한 평가시점 현재가치

항목별 LCC 산정

비목	산정기준
(1) 조사비	측량비 및 기타조사비 • 엔지니어링 기술진흥법 제10조의 규정에 의한 엔지니어링사업대가 기준에 의함
(2) 설계비	기본 및 실시설계에 소요되는 비용 • 엔지니어링 기술진흥법 제10조의 규정에 의한 엔지니어링사업대가의 기준 또는 건축사법 제19조의 3의 규정에 의한 대가기준에 의함
(3) 공사비	재료비, 노무비, 경비, 일반관리비 및 이윤의 합계액 • 국가를 당사자로 하는 계약에 관한 법률시행령 제9조의 규정에 의한 예정가격 결정기준과 정부 품셈 및 단가(정부고시가격이 있는 경우 그 가격)에 의함. 필요 시 유사시설의 실적단가 이용 • 사업추진에 적용되는 관련법규 및 제 기준 등을 적용하여 비용 산정
(4) 보상비	토지매입비(건물 및 입목 등의 매입비를 포함한 용지보상비), 지장물보상비, 이주대책비, 영업권 등의 권리에 대한 보상비 1안) 사업지 내 보상대상토지 중에서 용도지역, 지목 등 중요토지 특성을 고려하여 5% 정도를 표본으로 추출하고 한국감정평가협회 또는 한국감정원에 약식 감정평가를 의뢰하여 추정[1] 2안) 사업지 주변의 기 보상자료를 분석하여 사업자에게 보상할 보상배율을 추출하고 이를 근거로 용지보상비를 추정 3안) 표준보상배율표에 의한 용지매입비 산정, 지장물보상비는 각 사업현장 여건에 따라 용지구입비의 10~15% 수준에서 조정하여 추정
(5) 부대비	사업타당성분석비, 환경영향평가비, 교통영향평가비, 감리비, 건설사업관리비(CM, PM), 각종 보험료 및 재원조달을 위한 금융부대비용 등 • 타당성조사비, 교통 및 환경영향평가비, 감리비 등은 유사사업 실적자료를 이용하여 추정 • 사업이행보증보험은 PFI에서 사업시행자의 사업이행을 보증하는 것으로 PSC에서는 산정하지 않음

1) '예비타당성 조사 수행을 위한 일반지침 수정, 보완 연구(5판)'에 의한 보상비 산정 방법 준용 가능

비목	산정기준
(6) 보험료	보험료는 건설기간과 운영기간으로 나누어 산정 • PSC 산정에 포함되는 사고 발생 시 처리비용은 결국 정부가 부담하게 되므로 사업시설 및 시설이용자의 피해 및 손상을 부보하는 내용의 보험료는 위험계량화 측면에서 반영함 (예: 건설공사보험, 완성공사물보험, 영업배상책임보험 등) • PSC에서 휴지보험, 예정이익상실보험, 사용자배상책임보험 등은 주무관청이 사업별 특성 등을 고려하여 적용 여부 결정 • PFI는 실제 사업추진을 위해 필요한 보험항목을 설정하여 부보 내용 및 보험료 요율을 검토하고 비용 산정
(7) 운영설비비	시설 운영을 위해 최초로 투입하는 장비, 설비 및 가자재의 가액
(8) 제세공과금	공사의 시행, 준공, 등기 및 소유권 이전과 관련한 공과금과 기타 법률에 의하여 부과되는 각종 부담금은 재정사업의 경우 면제되므로 두 대안에서 모두 삭제
(9) 영업준비금	시설의 운영을 준비하기 위하여 필요한 민간투자 사업법인의 창업비, 개업비 등 운전 개시 이전에 소요되는 필수 경비 • PFI: 각 대안의 유사시설 실적자료 이용 • PSC: 창업비는 미반영, 개업비는 필요하다고 인정 시 반영 가능
(10) 금융비용	자금조달을 위한 이자비용 • PSC: 총사업비 조달을 위한 국채이자비용 • PFI: 총민간투자비 중 타인자본조달을 위한 건설이자비용
(11) 운영관리비	시설운영을 위한 인건비 및 제경비 • PFI: 운영기간 중 SPC 운영과 관련된 인건비 및 제경비 (부속시설을 직영하는 경우 관련된 인건비 및 제 경비 포함)
(12) 유지보수비	시설대체비 및 유지관리비 • 시설대체비 : 운영시설 설비에 대한 대체비용으로 해당시설 및 설비의 내용연수 및 대체비율을 고려하여 산정 • 유지관리비: 시설을 유지, 관리, 보수하는 데 소요되는 비용으로 유사시설의 실적자료를 준용하여 추정

금융비용	PSC	PFI
적용기준	• 가정: 국채 발행으로 재원조달 • 건설이자산정기준: 국고채 5년 만기 수익률 (평가시점 기준) • 적용방법: VFM 분석기준일 전월부터 과거 1년간의 5년 만기 국고채기준수익률을 분기별로 가중평균하여 적용[1] • 제반비용은 연말에 투입되고 이자는 다음 연도 연말에 발생(지급) • 재원조달이 국고채보다 지방채가 더 적당한 경우 지방채 금리를 국고채와 같은 기준으로 적용 가능	• 이자비용 산정: 자기자본비율, 타인자본조달형태, 대출금리, 원리금 분할상환 방식 등 고려 • 건설이자 산정기준: 3년 만기 무보증회사채(AA-)수익률 + β • 적용 방법: 분석기준일 직전 5영업일 동안의 3년 만기 무보증회사채(AA-)수익률 산술평균 금리 • β: 협약체결된 유사시설유형 BTL 사업의 가산금리(β) 등을 평균한 값

1) (예) 1분기 4.5%, 2분기 4%, 3분기 5%, 4분기 6%

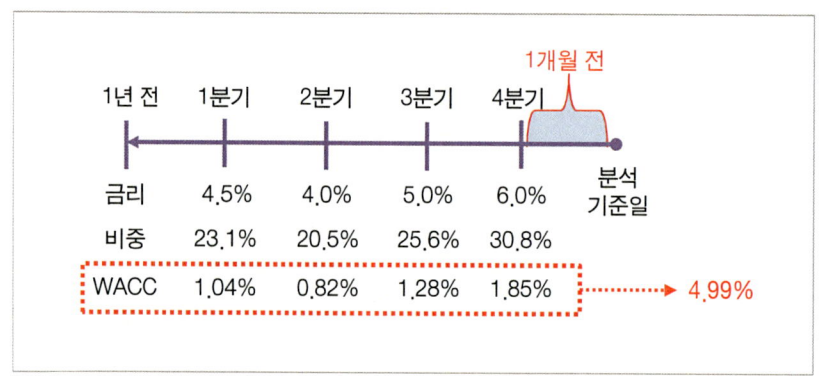

시설임대료 산정공식

- PFI의 경우: 총민간투자비에 수익률을 반영한 시설임대료를 운영기간 동안 매년 균등 분할하여 지급

$$시설임대료 = (시설투자비 - 부대사업수익의 현가) / PVIFA_{(n\,k)}$$

※ 단, 부대사업수익 현가는 명목할인율 6.0% 적용함

- 만기가 30년이고 수익률이 각각 5%, 6%인 사업의 경우 PVIFA는 현가율표에서 구하면 다음과 같다. 그러나 실제로는 사업모델에서 산식에 의해 계산된다.

$$PVIFA_{(nk)} = \sum_{t=1}^{n} \frac{1}{(1+K)^t}$$

(현재가치계수)

n : 운영(임대)기간   k : 수익률(%)

PVIFA(30, 5%) = 15.3725
PVIFA(30, 6%) = 13.7648

- 시설임대료 산정 시 민간사업자의 수익률은 5년 만기 국고채 기준수익률에 가산율(α)을 더해서 구하는데, 가산율(α) 값은 시나리오 설정을 통해 복수의 값을 적용토록 한다.

  - 5년 만기 국고채 수익률: 분석기준일 직전 5영업일 동안의 5년 만기 국고채 수익률을 평균하여 적용
  - 시설임대료 산정을 위한 가산율: 협약체결된 BTL 사업의 가산율(α) 등을 평균한 값

대안별 현금 지출 합계 및 현재가치 계산

| PSC 현금지출 합계 | • 정부가 부담하는 시설투자비 및 연간 운영비의 총 합계 |

| PFI의 현금지출 합계 | • PFI의 현금지출 합계를 정부지급금 총액으로 명명하고 시설 임대료와 운영비를 합산 |

※ 대안별 현금지출의 현재가치는 기본계획에서 규정한 재무적 명목할인율 6.0% 적용

연차별 투자비 배분

- 시설투자비 및 운영비의 연차별 배분은 각 사업 특성에 따라 적절히 설정하되, 조사비 및 설계비, 보상비, 부대비 등은 사업 착수 초기연도에 투입하고, 운영설비비는 운영개시 전년도에 투입하고, 개업비는 건설기간 중 균등하게 투입하는 것으로 한다.
- 공사비의 연차별 배분은 각 시설별 적정 공정율을 적용하여 설정한다.

IX

주요 factor가 사업성에 미치는 영향과 Risk

1 주요 Factor

주요 Factor	영향	CI	FI
비용 증가 (총사업비, 운영비)	• 사업수익률 하락 • 재정지원 증가 • 통행요금 상승 • 교통량 감소	• 투자비 증가 • 실행변경 無: 시공이윤 증가 • 사업수익률 하락 시 PF 및 운영 기간 중 매각 어려움	• 투자비 증가 • 사업 참여 리스크 증대
비용 감소 (총사업비, 운영비)	• 사업수익률 상승 • 재정지원 하락 • 통행요금 하락 • 교통량 증가	• 투자비 감소 • 실행변경 無: 시공이윤 감소 • 사업수익률 상승 시 PF 및 운영 기간 중 매각 용이	• 투자비 감소 • 사업 참여 리스크 감소
교통량 증가 (수입 증대)	• 사업수익률 상승 • 재정지원 하락 • 통행요금 하락	• 사업수익률 상승 시 PF 및 운영 기간 중 매각 용이 • FI의 교통량 Guarantee 요구	• 투자수익률 증대 • 사업 참여 리스크 감소
교통량 감소 (수입 감소)	• 사업수익률 하락 • 재정지원 증가 • 통행요금 상승	• 사업수익률 하락 시 PF 및 운영 기간 중 매각 어려움 • FI의 교통량 Guarantee 요구	• 투자수익률 감소 • 사업 참여 리스크 증가
재정지원 증가	• 사업수익률 상승 • 통행요금 감소	• 투자비 감소 • 사업수익률 상승 시 PF 및 운영 기간 중 매각 용이	• 투자비 감소 • 사업 참여 리스크 감소
재정지원 감소	• 사업수익률 하락 • 통행요금 상승	• 투자비 증가 • 사업수익률 하락 시 PF 및 운영 기간 중 매각 곤란	• 투자비 증가 • 사업 참여 리스크 증가
제안 제출시 주요공사비 및 제세금 등 사업비 누락	• 사업수익률, 재정지원, 통행요금 등에 영향 없음 • 사업비로 불인정 시	• 공사원가 증가로 사업성 악화 • PF시 반영 요구 시 PF 협상 어려움 • 정부 협상 지연 등	• CI에 리스크 전가
교통량 과대예측	• 사업수익률 상승 • 재정지원 하락 • 통행요금 하락	• FI 수익율 보전을 위해 교통량 보장 등 Back-up • 투자비 증가(사업비 증가 시)	• 사업 참여 리스크 증가로 CI에 리스크 전가

2   Risk에 대한 이해

- 어떤 행위 또는 의사결정의 결과에서 예상하지 못한 상황이 발생하는 것을 리스크라고 한다.
- 투자개발사업은 추진과정에서 리스크가 필연적으로 발생할 수밖에 없으며, 이를 체계적으로 예측·분석하고 관리해야 사업에 성공할 수 있다.

3   Risk 관리 절차

리스크 식별
- 인허가 리스크, 출자자 리스크, 건설/운영 리스크, 수요 리스크
- 재무, 재원조달 리스크, 기타(환경, 불가항력, 정치적 리스크)

리스크 분석
- 리스크 식별을 통해 파악된 리스크에 대한 중요도 파악
- 계량적 분석 기법을 통해 리스크 발생 규모, 영향 등 종합적 효과를 검토

리스크 대응
- 리스크 이전: 특정 리스크를 다른 이해관계자에게 이전
- 리스크 회피: 투자나 사업 수행 자체를 철회
- 리스크 감소: 각종 대책을 수립함으로써 리스크를 감소
- 리스크 보유: 다소의 리스크를 보유하면서 프로젝트 추진

4 Risk 관리 방안

(1) 보험 가입을 통한 리스크 관리

보험종류	보험내용
건설공사보험 (건설기간)	공사 중 공사목적물의 우연한 사고로 인하여 생긴 손해를 보상하여 주는 전위험 담보 보험
1) 재물손해담보	보험기간 중 보험의 목적 또는 그 일부가 예기할 수 없었고 갑작스런 물리적 손실 또는 손해를 입음으로써 발생하는 수리 또는 대체비용을 보상
2) 제3자배상책임담보	보험기간 중 재물손해담보에서 부보된 보험 목적물의 건설과 직접적으로 관련되어 발생한 사고로 인하여 피보험자가 법률상의 손해배상책임을 부담함으로써 입은 손해를 보상
3) 예정이익상실담보	보험기간 동안 보험목적물에 담보될 수 있는 손해가 발생함으로써 건설공사작업에 지장을 초래하여 준공이 지연됨에 따라 매출액의 감소로 인한 총이익의 상실액과 규정한 특별비용을 보상
완성토목공사물보험 (운영기간)	완성된 토목공사물이 우연하고도 급격한 사고로 손해를 입을 경우 보험목적물을 손해 발생 직전의 상태로 복구 시 필요한 비용 보상
1) 재물손해담보	보험기간 중 보험목적물에 우연하고도 급격한 물리적인 손실 또는 손해가 발생되는 경우 배상
2) 영업배상책임담보	담보지역에서 발생한 사고에 기인한 신체장해 또는 재물손해로 피보험자가 법률상의 손해배상책임을 부담하여 입은 손해를 배상
3) 기업휴지담보	담보목적물에 발생한 우연하고도 급격한 사고의 직접적인 결과로 사업의 영위가 중단되거나 방해되었을 때 보험 조건에 따라 이로 인한 총이익상실을 보장
기타	사용자배상책임보험: 근로자가 업무상 재해 시 산재보험으로 보상받는 금액을 초과하여 사용자가 해야 할 손해배상에 따른 손해를 배상

(2) 기타 리스크 관리 방안

분류	종류	리스크 완화방안
출자자 리스크	출자능력	출자자의 자본금 선투입
건설 리스크	공사비적정성	실시협약 협상, 대주단 Technical Consultant에 의한 검토
	공사비 초과	• 정부 요구로 설계 변경 시 정부에 부담 요구 (총사업비 변경) • 불가항력 시 일정 부분 정부 부담 및 보험으로 보전 • 정액급(Fixed Amount) 도급계약 및 CI 자금보충약정
	공사완공지연	• 시공사 공사이행 지체상금 부담 • 건설공사보험, 예정이익상실 보험 등 부보 • 정부 귀책 시 통행료, 재정지원, 무상사용기간 조정 등 • 공정율 미진 시 시공사 변경 및 시공사의 공사완공 보증
	국고보조금 지연	• 정부 귀책 시 타인자본 조기 투입 및 정부로부터 이자 수령 • 자금보충약정에 따른 출자자 자금보충 등
시장리스크 (통행수입)	운영수입 (교통량 등)	• 교통량 실사(DD) • 정부의 MRG • CI 자금 보충 약정 • 운영기간 중 Credit Line 설정 등
운영리스크	운영비용 증가	• 당초 예산범위 내에서 운영비용 통제 • 운영설비 교체 및 대수선 비용을 위한 유지보수비 적립 • 완성토목 공사물 보험 등 부보, CI 자금 보충 약정 등
금융리스크	이자율 변동	• 변동금리 및 고정금리, 상환기간 등 Trench 다각화 • 건설기간 중 물가상승률 관리 및 CI 자금보충 또는 Credit Line 설정
채무불이행	채무 불이행	• 귀책 사유별 리스크 전가: 해지시지급금으로 선순위 Cover • 부족금액에 대한 CI 자금 보충 등

부록
주요 용어 해설

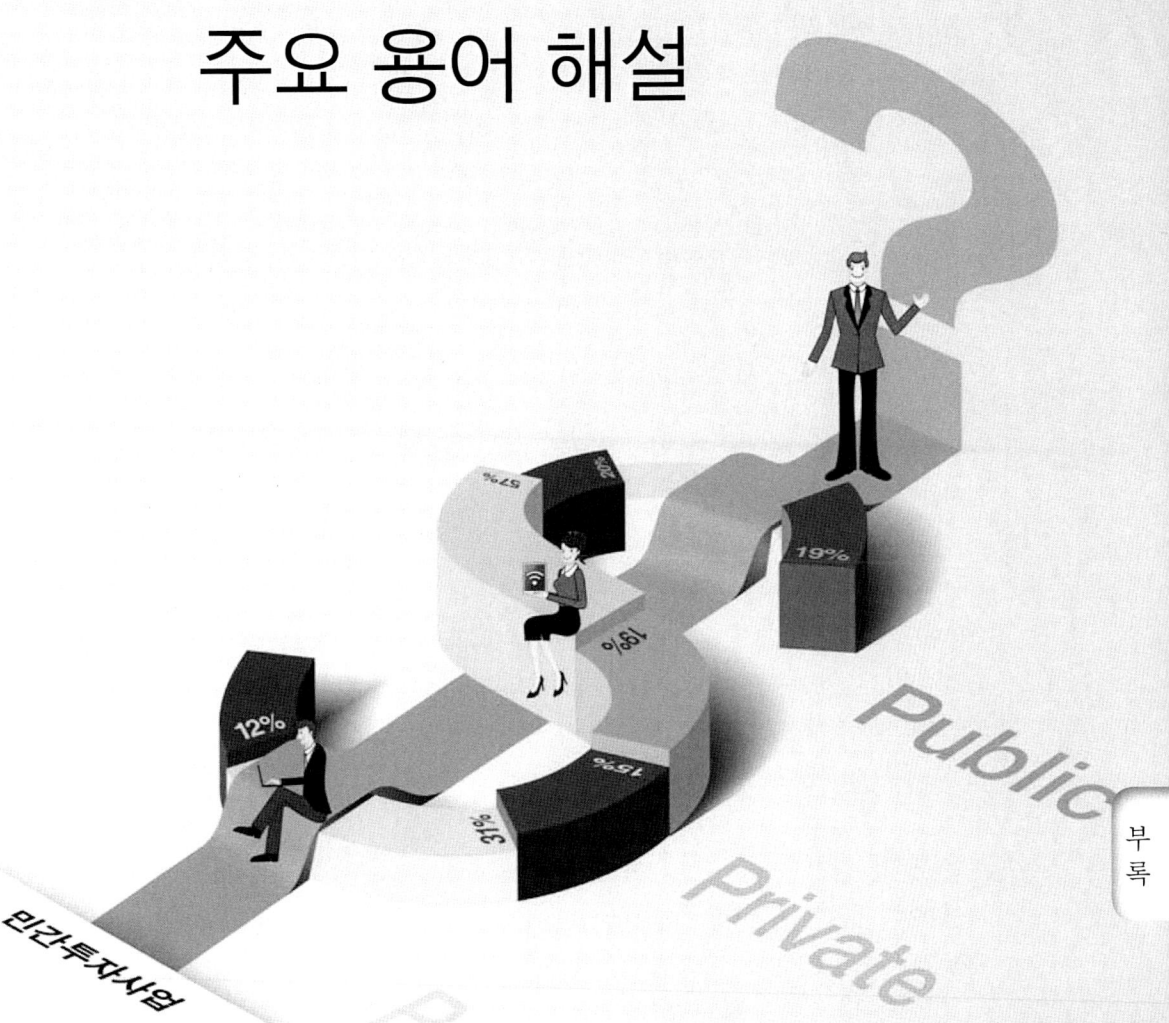

1. **특수목적법인(SPC: Special Project Company)**
   시설사업기본계획에 고시된 사업만을 주 업무로 하는 것을 목적으로 설립되는 Project Company로서 상법상의 주식회사.

2. **자기자본(Equity: 출자금)**
   사업을 위해 신설된 특수목적법인의 출자자(주주)가 자본금으로 납입하는 것으로, 보통 총민간투자비의 15~20% 정도이며, 출자지분율에 따라 상법상 권리와 의무가 부여됨. (엄밀한 의미로는 납입자본금이라고 해야 맞음)

3. **타인자본(Debt: 사채, 장기차입금 등)**
   금융기관 등 기업외부로부터 재원을 조달하는 것으로, 상법상 채권자로서의 권리와 의무가 주어지며, 건설기간 중에 자금을 조달하고 운영기간 중 일정기간 동안 원금과 이자를 회수함.

4. **준자본(Mezzanine Capital)**
   자기자본과 타인자본의 성격을 동시에 가지는 자본. (예) 전환사채, 후순위차입금(Subordinated Debt) 등

5. **건설보조금**
   주무관청에서 사업수익률 보전, 적정 통행료 유지 등을 위해 건설기간 중 제공하는 지원금. (재정지원이라고도 함)

6. **불변가격 & 경상가격**
   해당연도의 가격을 비교 시 **물가변동**으로 인하여 **절대금액**으로는 비교할 수 없으므로 기준연도를 설정하고 물가지수변동에 따른 가치변동을 조정하여 나타낸 지수가격으로 비교하는데, 이때 기준연도의 가격을 '불변가격', 기준연도의 불변가격에 해당연도의 시장물가지수(물가상승률)를 곱하여 얻은 가격을 '경상가격'이라고 함.

7. **가격 기준 시점**
   사업제안자가 비용 및 수익을 산출함에 있어 기준이 되는 날(고시사업의 경우 고시일 또는 주무관청에서 별도로 제시하는 날)이며, 평가와 협상 시 가격 산출에 대한 기준이 됨.

ex) 부전-마산 BTL: 2008년 7월 1일 불변가격(부가가치세 제외)을 기준으로 산출하며, 착공예정일은 2011년 1월 1일로 가정하여 사업신청서를 작성한다. 다만, 실시협약을 체결할 때 별도의 기준시점을 정하여 재산정 또는 조정 가능하다.

8. 건설업 GDP deflator & 건설투자 GDP deflator
   - 건설업 GDP deflator: 건설업의 생산으로 창출된 부가가치의 포괄적 지표.
   - 건설투자 GDP deflator: 건설업 GDP deflator 지표에 생산을 위해 투입된 건설자재의 물가변동수준을 포함한 지표.

   > 건설투자 GDP deflator = 건설업 GDP deflator + 투입된 건설자재의 물가변동

✓ 부가가치(가산법) = 경상이익 + 인건비 + 순금융비용 + 임차료 + 조세공과 + 감가상각비
   - 인건비: 판관비중, 급여, 퇴직급여, 복리후생비 항목, 제조원가명세서중, 노무비, 복리후생비 항목.
   - 순금융비용: 차입금이나 회사채 발행 등에 대한 대가로 지급되는 이자비용에서 이자수익을 차감한 잔액.

9. 차주(Project Borrower)

   Project Financing에서의 차입주체로 일반적으로 법인을 말함.

10. 대주단(Syndication)
    - 차주에 차입금을 제공하고 이자와 원금을 회수하는 금융기관 집단.
    - 주간사은행은 Project의 위험과 소요자금을 분담하기 위하여 여타 금융기관들로 대주단 구성.

11. 주간사은행(Arranger)
    - 대주단 구성에 주도적인 역할과 대주단을 구성하는 은행을 대표하는 은행.
    - 대주단을 대표하여 차주와 금융 및 보증계약 등 Project Financing에 필요한 제반 계약 주선.

12. 금융자문(Financial Adviser)
    - 사업주의 입장을 대변하여 Project 초기단계부터 완공까지 제반 자문, 계약서 작성, 대주단 및 정부와의 협상을 지원하는 금융자문회사.

13. 금융부대비용
- Management fee: 금융계약 체결 후 일정기간 내 지급(up-front fee), 주선수수료.
- Commitment fee: availability period(인출만료일) 금융기관의 자금 준비 부담에 대한 보상. (통상 10일 전에 인출 통보)
- Agency fee: 대리기관 수수료.

14. DSRA(Debt Service Reserve Account : 부채상환적립계정)
사업시행자가 운영 초기 교통량 부족에 따라 발생할 수 있는 차입금의 원리금 상환금액을 건설기간 중 자기자본과 타인자본으로 일정금액 유보하여 적립하는 계정. (대부분 1~2분기 기간의 원금 및 이자를 적립)

☞ 투자재원 투입 시기
- 건설기간: 자본금 → 후순위대출금, 재정지원금 → 선순위대출금, 재정지원금
- 운영기간: 현금흐름 부족 시 부채상환적립금 → 신용공여대출금 → CI 자금보충
  ※ 대주단과의 대출약정 내용에 따라 다소 변경 가능

15. 단순 DSCR(Debt Service Coverage Ratio: 부채상환비율)
프로젝트의 당해연도에 예상되는 현금흐름이 당해연도에 도래하는 차입금의 원리금 지급을 충분히 감당할 수 있는가를 보여주는 지표로, 동 계수가 1.0 이상이면 당해연도 가용현금으로 원리금 상환이 가능함.

산식 = (영업활동으로 인한 현금흐름 + 이자비용 및 금융수수료 − 재투자비용)
／ 당해연도 원리금상환액 (금융수수료 포함)

16. 누적(Accumulate) DSCR
단순 DSCR에 추가하여 당해연도 현금뿐만 아니라 전년도까지의 영업활동 등으로 인해 보유하고 있는 기초현금을 누적적으로 반영.

산식 = (영업활동으로 인한 현금흐름 + 이자비용 및 금융수수료 − 재투자비용 + **기초현금**)
／ 당해연도 원리금상환액 (금융수수료 포함)

☞ 부채상환비율이 일정수준 이상으로 산출되는 경우 사업이 안정적인 단계로 진입하였다는 판단기준이 되어, 주주의 자금보충의무, 부채상환 적립, 배당금 지급 등의 의무 해제 기준으로 활용됨.

17. 기대수익률
    - 주주기대수익률: 자기자본 투입에 대한 기대수익률로서 민간투자사업(BTO)에서는 운영기간 중 배당수입 규모를 근거로 수익률을 산정하고, 건설기간 동안은 시공이윤을 포함하여 산정하기도 함.
    - 총투자수익률: 총투자비(출자금 및 대출원금) 투입에 대하여 배당수입과 이자수입을 통해 수익률을 산정.
    - 기타: 전략적투자자 기대수익률 등

$$\sum_{n=1}^{m} \frac{\text{자기자본납입}_n}{(1+r)^n} = \sum_{n=1}^{m} \frac{\text{배당금}_n}{(1+r)^n}$$

18. 대기여신한도약정(단기차입약정, Stand-by Debt Facility)
    - 건설 및 운영기간 중에 우발적인 단기운영자금 부족액 충당을 위해 즉시 금융기관으로부터 자금을 인출할 수 있도록 대기여신한도를 설정하는 약정을 체결하는 것.
    - 민간투자사업에서는 사업계획서 제출 시에 예비재원조달계획에서 금융기관의 대기여신한도약정과 관련한 의향서를 제출하는 것이 일반적임.

19. 레버리지(Degree of leverage)

    영업 레버리지도(Degree of Operating Leverage)

    $$DOL = \frac{\text{영업이익증가율}}{\text{매출액증가율}} = \frac{\frac{\Delta OI}{OI}}{\frac{\Delta Sales}{Sales}} = \frac{\frac{\Delta Q \times (P - @VC)}{OI}}{\frac{\Delta Q \times P}{Q \times P}} = \frac{Q \times (P - @VC)}{OI} = \frac{\text{공헌이익}}{\text{영업이익}}$$

    재무 레버리지도(Degree of Financial Leverage)

    $$DFL = \frac{\text{순이익변화율}}{\text{영업이익변화율}} = \frac{\frac{\Delta NI}{NI}}{\frac{\Delta OI}{OI}} = \frac{\frac{\Delta Q \times (P - @VC)}{NI}}{\frac{\Delta Q \times (P - @VC)}{OI}} = \frac{\text{영업이익}}{\text{순이익}}$$

❖ DFL (Degree of Financial Leverage)

$$\Delta NI = \Delta OI$$

영업이익의 변화는 공헌이익의 변화와 같다. 따라서 고정비는 일정하므로 공헌이익이 늘어나면 영업이익도 그만큼 늘어난다.

영업이익 – 금융비용 = 순이익 (금융비용도 고정비 성격으로 일정한 금액)
즉, 공헌이익의 변화량 = 영업이익의 변화량 = 순이익의 변화량

금융비용이 얼마만큼 레버리지 효과를 일으키는지 나타내는 값이 DFL이다.

[생각하기] 달려라 도로주식회사는 고속도로 운영회사이다. 통행료는 이용자로부터 대당 평균 500원을 받고 있으며, 도로 유지보수에 들어가는 변동비는 300원이다. 한편 이 도로의 유지보수를 위한 투자에서 발생하는 고정비는 1000만 원이며, 일 교통량은 20만 대이다. 달려라 도로주식회사가 이자율 10%로 4,000만원의 부채를 사용하고 있다고 하면 이때 재무 레버리지는?

$$DFL = \frac{OI}{NI} = \frac{Q \times (P - @VC) - FC}{Q \times (P - @VC) - FC - I} = \frac{(500-300) \times 200{,}000 - 10{,}000{,}000}{(500-300) \times 200{,}000 - 10{,}000{,}000 - 40{,}000{,}000 \times 10\%} = \frac{15}{13}$$

→ 차입이자율이 낮아지면 금융비용 감소, 법인세 증가, 순이익 확대 효과

결합 레버리지도 (Degree of Combined Leverage)

$$DOL = \frac{\text{순이익변화율}}{\text{매출액증가율}} = \frac{\frac{\Delta NI}{NI}}{\frac{\Delta Sales}{Sales}} = \frac{\frac{\Delta OI}{OI}}{\frac{\Delta Sales}{Sales}} = \frac{\frac{\Delta NI}{NI}}{\frac{\Delta OI}{OI}} = DOL \times DFL$$

20. 옵션

- 옵션 매입자(Buyer or holder): 기초자산의 가격에 따라 옵션의 행사여부를 결정할 권리를 가짐.
- 옵션 매도자(Seller or writer): 옵션매입자가 옵션을 행사할 경우 거래를 이행할 의무를 가짐.
- 풋 옵션(Put Option): 매도청구권이 부여된 옵션.
- 콜 옵션(Call Option): 매입청구권이 부여된 옵션.
- 풋백 옵션(Put-back Option): 풋 옵션에 자산을 인수한 뒤 추가 부실이 발생하거나 자산가치가 하락할 때 본래 매각자에게 되팔 수 있는 권리인 백 옵션이 추가된 것. (인수시점에서 자산가치를 정확히 산출하기 어려울 때 맺는 일종의 손실보전 계약)
- 행사가격(Exercise price or strike price): 미리 정해져 있는 옵션 행사 가격.
- 옵션 프리미엄(Option premium): 옵션 매도자가 받는 일정한 대가.

❖ Call Option

[예시] 행사가격 1,200원으로 9월물 달러화 Call Option을 매입하고 그 대가로 프리미엄을 5원 지급했다면, 만기에 현물시장에서 달러화가 1,250원에 거래되고 있다고 할 때, Call Option 매입자는 어떻게 하겠는가?

→ 현물시장보다 싼 1,200원에 달러를 매입하고 현물시장에 1,250원으로 매각하면 달러당 45원의 이득이 생긴다. (1,250원 - 1,200원 - 5원 = 45원)

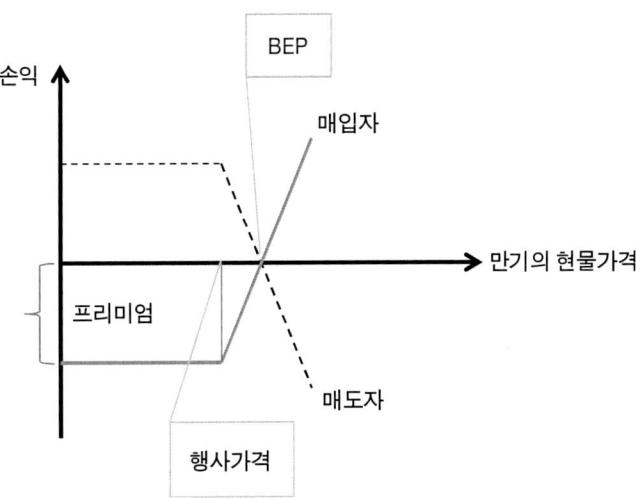

❖ Put Option

[예시] 행사가격 1,200원으로 9월물 달러화 Put Option을 매입하고 그 대가로 프리미엄을 5원 지급했다면, 만기에 현물시장에서 달러화가 1,150원에 거래되고 있다고 할 때, Put Option 매입자는 어떻게 하겠는가?

→ 현물시장보다 싼 1,200원에 달러를 매입하고 현물시장에 1,150원으로 매각하면 달러당 45원의 이득이 생긴다. (1,200원 - 1,150원 - 5원 = 45원)

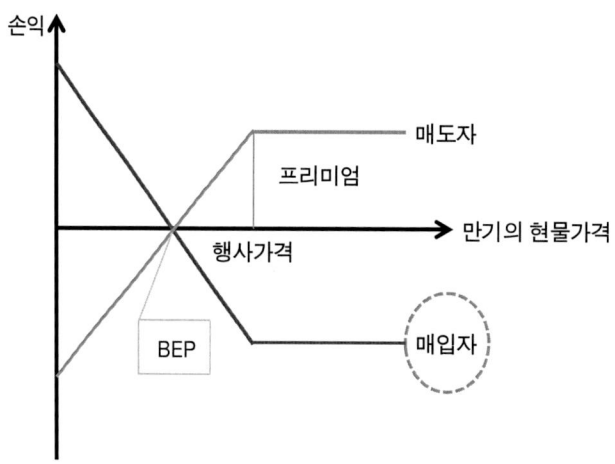

※ Put Option 만기일에 기초자산의 현물가격이 낮을수록 매입자에게 유리함

❖ Call Option과 Put Option의 응용

Call Option과 Put Option은 민간투자사업(BTO)에서 MRG 제도의 유명무실화로 FI의 참여가 사실상 어려워지면서, 전략적 투자자인 CI의 수익성을 제고하고자 FI 참여를 유도하기 위해 시도되고 있다. 최근에는 **FI의 투자비에 대한 손실 보전의 방식**인 Put-back Option 방식으로 적용된다.

(예) 재무적 투자자(FI: Financial Investor)에게 건설투자자(CI: Construction Investor)가 일정기간 동안의 예측교통량과 실적교통량의 차이를 약정하고 CI의 주식매도가격을 차등하여 약정하는 방법(Put Option), 또는 FI가 처음부터 일정 지분을 참여하고 운영 개시 초기에 CI에게 지분을 양도하는 방법(Put-back Option)으로 적용.

21. 스왑(Swap) 거래

21-1. 금리스왑(Interest rate swap)

- 동일 통화로 표시되어 있지만 금리 지불 조건이 다른 채무를 서로 교환하는 거래로, 금융시장에서 차입자의 기존부채 또는 신규부채에 대한 금리위험의 헤징(hedging)이나 차입비용의 절감을 위해서 거래되는 **가장 대표적인 금융상품**.
- 동일 통화를 대상으로 고정금리부채와 변동금리부채를 교환하는 방식으로 거래가 이루어지기 때문에 환율 변동의 위험성은 없으며, 고정금리부 차입시장에서는 금리 수준이 차입자들의 신용도에 따라 상당한 차등을 보이기 때문에 차입자의 신용도에 따라 금리 spread가 크게 나타나고, 변동금리부 차입시장에서는 차입자의 신용도에 따른 금리격차가 상대적으로 적게 나타남.

IRS (Interest rate swap)

정의	동일 통화에 대해 원금 교환 없이 서로 다른 형태의 이자지급만을 교환하는 거래
기본 개념	• 변동금리: 달러화 (유로화인 경우 RIBOR 사용) 　- 원화인 경우 CD(91물) 기준 • 고정금리: Swap 시장에서 고시됨 　(부전-마산의 경우: 국고채 5yr) • 금리 Swap의 금리: 변동금리와 교환되는 고정금리를 지칭
금리 결정 (swap rate)	자금시장의 신용위험 반영, 향후 금리변동에 대한 예상과 고정금리에 대한 수요 등에 의해 결정됨
금리 상승	신용 risk 증가, 장래 금리상승 예상, 고정금리 수요 감소
IRS를 하는 이유	금리 변동 위험 hedge

- IRS pay: 변동금리 수취, 고정금리 지급
- IRS recesive: 고정금리 수취, 변동금리 지급

고정금리 long(지급) 포지션 (③④⑤ 해당 투자자)	고정금리 short(수취) 포지션 (①②⑥ 해당 투자자)
• 금리 상승 시 유리 • 금리 상승 위험 포지션 보유 투자자 이용	• 금리 하락 시 유리 • 금리 하락 위험 포지션 보유 투자자 이용
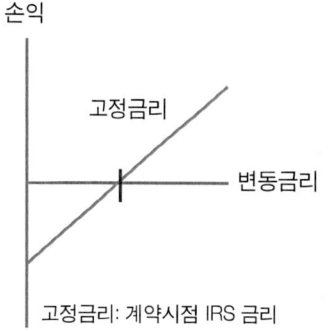	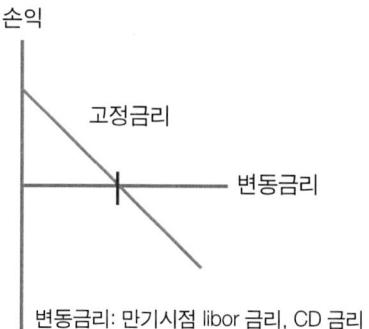

자금운용 risk (금리 risk)	자금조달 risk (금리 risk)
① 운용예정자: 대출채권투자 (하락 risk)	④ 조달예정자: 차입, 채권 발행 (상승 risk)
② 단기채권보유자: 예금, 대출, 채권 (하락 risk)	⑤ 단기채무보유자: 단기차입금 (상승 risk)
③ 장기채권보유자: 채권투자자 (상승 risk)	⑥ 장기채무보유자: 채권발행자 (하락 risk)

❖ Case 검토

신용등급과 차입금리 조건

5년 만기 차입	신용등급	고정금리	변동금리
H 은행	AAA	11%	LIBOR
S 기업	BBB	13%	LIOBR+0.9%
금리차		2%	0.9%

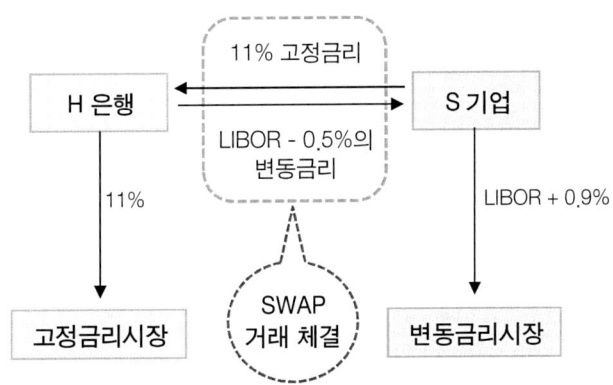

❖ 거래 결과

- H 은행: 변동금리로 조달한 결과가 됨. LIBOR - 0.5% = [LIBOR - 0.5% +11% - 11%]
- S 기업: 고정금리로 조달한 결과가 됨. 12.40% = [11% + (LIBOR + 0.9%) - (LIBOR - 0.5%)
- Swap의 총 이득: 1.1% = [고정금리격차 2% - 변동금리격차 0.9%]
- H 은행은 단독으로 변동금리로 차입하는 경우보다 0.5% 더 낮은 금리로 차입하는 이득을 얻고, S 기업은 단독으로 고정금리로 차입하는 경우보다 0.6% 더 낮은 금리로 차입하는 이득을 보게 됨.

21-2. 베이시스 레이트 스왑(Basis rate swap)

- 변동금리 차입자 간 거래
- 기준이 되는 금리: LIBOR, T-bill 수익률, CP 금리, Prime rate

❖ Case 검토

신용등급과 차입금리 조건

5년 만기 차입	신용등급	Prime rate 시장	LIBOR 시장
A 기업	AAA	Prime rate-0.25%	LIBOR
B 기업	BBB	Prime rate+0.15%	LIOBR+0.9%
금리차		0.4%	0.9%

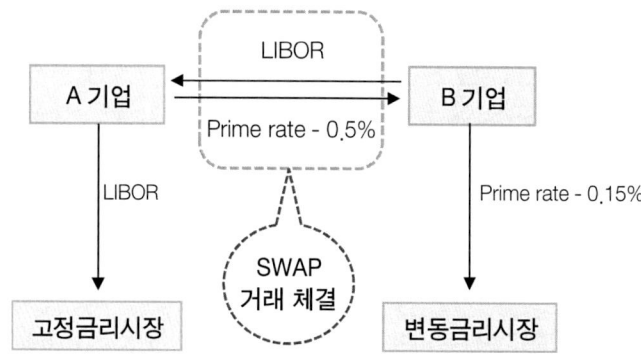

❖ 거래 결과

- A 기업: Prime rate - 0.5% [= (Prime rate - 0.5%) + LIBOR - LIBOR]의 변동금리로 조달
- B 기업: LIBOR + 0.65% [= LIBOR + {prime rate + 0.15% - (prime rate - 0.5%)}]
- Swap의 총 이득: 0.5% [= LIBOR 시장격차 - Prime rate 시장격차 = 0.9% - 0.4%]
- A, B 기업은 각각 0.25%씩 이득을 보게 됨.

21-3. 통화스왑(Currency swap)

- 두 차입자가 상이한 통화로 차입한 자금의 원리금 상환을 상호 교환하여 이를 이행하기로 하는 거래로, 거래 당사자가 서로 다른 통화로 표시된 명목원금에 기초하여 만기까지 상이한 통화로 표시된 이자를 지급하고, 만기일에는 거래일에 미리 약정한 환율에 의해 명목원금을 교환함.
- 이때 상호 교환하는 이자의 현금흐름은 둘 다 모두 고정금리, 모두 변동금리 또는 변동금리와 고정금리 교환 등 3종류로 분류됨.

21-4. 통화금리스왑(Currency-interest rate swap or Cocktail swap)

- 통화스왑과 금리스왑이 혼합된 형태로 이종통화표시 변동차입금과 고정금리차입 간에 이루어짐. (통화스왑 중 가장 대표적인 형태)
- 고정금리채무를 변동금리채무로 전환한다는 점에서 일반적인 금리스왑과 유사하나, 만기시점에 원금도 상환해야 한다는 점이 금리스왑과 다름. (일반적으로 달러표시 변동금리차입(6개월 LIBOR)과 타통화표시 고정금리차입 간에 이루어지는 경우가 많음)

❖ Case 검토

신용등급과 차입금리 조건

구분	한국의 자본시장	유로달러시장
미국 A사	5.0	LIBOR+0.25
독일 B사	5.75	LIBOR
금리격차(A-B)	-0.75	0.25

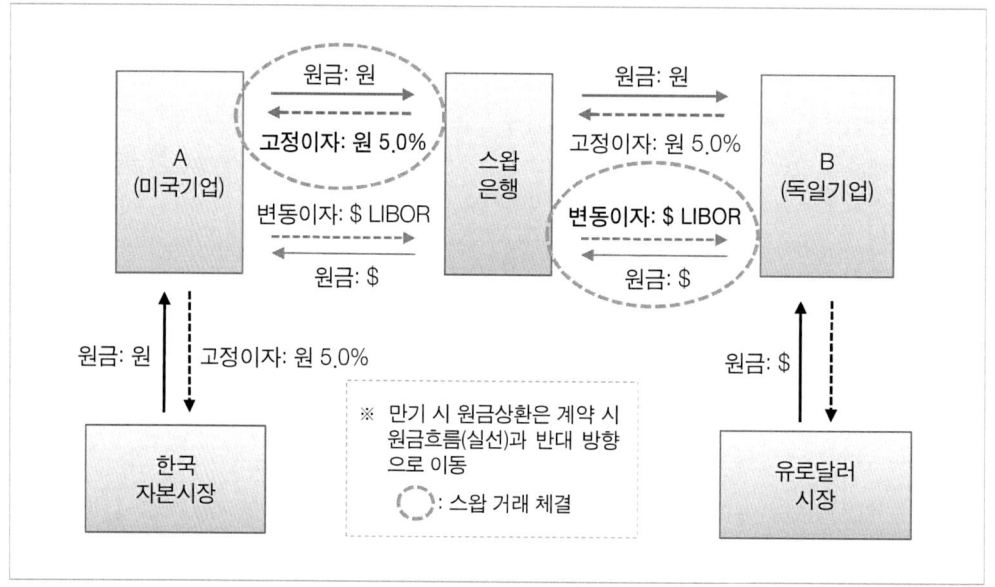

[예시] 미국의 A사는 주로 자국시장을 대상으로 영업하기 때문에 필요한 달러화 자금을 LIBOR+0.25%로 차입하고 있다. 한편 독일의 B사는 한국에 공장을 짓기 위해 원화를 고정금리로 조달하려면 5.75%의 차입비용이 들어간다. 딜러로부터 Swap 거래를 제의받는다면 어떻게 할까?

→ Swap bank fee 제외
- A사: 0.25% 비용 절감 가능. (= LIBOR + 0.25% - LIBOR)
- B사: 0.75% 비용 절감. (= 5.75% - 5.0%)

저자 이종윤

명지대 경제학과, 동 대학원 경제학 박사과정 졸업
현 SKEC 근무
민자사업 총 경력 19년 (1995년~현재)

주요 경력
- SOC FORUM 기획위원 및 기획위원장
- 수월회(대형 건설사 모임) 회장
- 표준협약(안) 제도 개선 건협 TFT
- BTL 사업 건설이자 적용 제도 개선
- 건설공제조합 45주년 대학원생 논문 공모전 우수상 수상
- 건설협회 협회장 표창
- 경기도 기술정보지 「자금재조달 이익공유 가능한가?」 기고
- 한국컨테이너공단 '광양항개발사업 타당성분석' 용역
- 부전-마산 BTL 철도 민자사업 국내 최초 유동화증권(ABCP) 발행으로 장기재원조달 성공(5,800억)
- SE 금융자문 'ANALYSIS of Construction RISK'
- 다산컨설턴트 「민자사업의 이해」 강의
- RISK 컨설팅 코리아 「SOC와 RISK management」 강의
- 기획재정부 「민자사업의 이해: 건설사, 금융기관의 입장」 강의
- 동아건설 사내 강사, SKEC 사내 강의 등
- 신용보증기금 '민자사업의 재원조달'
- 한화생명 'Public Private Partnership'
- PIMAC '민간투자합동교육(사업제안서 작성 방법)'
- 한국기술사회 'Public Private Partnership' 외

주요 담당 업무
- BUSINESS MODEL 분석 및 작성
- 세무, 회계, 금융, 협상(대 정부, 금융), 사업개발, 민자제도

주요 수행 프로젝트
- 주관사업: 신촌 민자역사, 천안 민자역사, 가평 STP, 보령 STP, 순창 STP, 김해 하수관거 BTL, 포항 1·2단계 하수관거 BTL, 광주 1단계 하수관거 BTL, 대전 하수관거 BTL, 부전-마산 철도 BTL, 용마터널, 청포 산업단지 외 다수
- 비주관사업: 서울-춘천도로, 천안-논산도로, 신공항고속도로, 구리-포천도로, 서울-광명도로, 울산대교 외 다수

최근 관심분야
- 민자 발전, 국내 민자사업의 사업구조화, 해외 환경사업의 사업구조화

저자 김 남 용

연세대 경영학과 학사 및 회계학 석사
회계법인 새길 대표이사 (구 신성회계법인 SOC 본부 대표)
공인회계사, 세무사 자격증 보유
민자사업 총 경력 20년 (1994년~현재)

전문분야
- 민자사업 리파이낸싱(지분 매각 및 매수 포함), 재구조화
- 민자사업 사업성분석, 금융자문, 협상, 적격성분석
- 민자사업 회계·세무 컨설팅, 민자사업제도 자문, 민자사업 강의

주요 경력
- 공공투자관리센터(PIMAC) 민자사업 평가 및 자문위원
- 한국환경공단 환경시설 민자사업 평가위원
- 부산시 테마파크 투자유치 협상 자문위원
- 한국채권연구원 PF 전문가과정 강사
- 한국건설산업연구원 민간투자사업추진과정 강사
- SOC포럼 감사
- SOC회계포럼 회장
- 인프라금융포럼 회원
- 한국교직원공제회 개발사업투자심의위원회 위원
- 수도권매립지관리공사 설계자문위원회 자문위원
- 한국가설협회 비상근감사
- 민간투자사업분쟁조정위원회 자문위원(기획재정부)
- 서울특별시 재정심의위원
- 수석호평 도시고속도로 민간투자사업비 검증자문단 위원(남양주시)
- 신규 민자사업 발굴 T/F 멤버(기획재정부)
- 민자도로 중장기 발전 방향 연구 자문위원(국토연구원)

주요 수행 업무
- 신공항고속도로, 부산 신항만 등 BTO 사업과 건축 및 토목분야 BTL사업 등 300건 이상 민자사업의 사업성분석 용역 수행 및 대정부협상위원
- 한일건설(주) 보유 출자회사의 지분유동화를 위한 금융자문
- 공항철도(주) 지분매각 회계·재무·세무 자문(현대건설컨소시엄)
- 제삼경인고속도로(주)의 지분매각을 위한 금융자문
- 천안논산고속도로(주) 지분매각 자문
- 일산대교(주) 지분매각 자문
- 신공항하이웨이(주) 지분인수 및 Refinancing 자문(교원공제회컨소시엄)
- 광주제2순환도로 4구간 금융자문
- 부산정관지구 열병합발전사업 금융자문
- 신대구부산고속도로(주) 지분매각 회계·재무·세무 자문
- 각종 민자유치사업의 정부측 평가 및 협상위원